Jürgen Hoops von Scheeßel

Die Moorsiedler
Buch 2: "Aufbruch"
Eine historische Familiensaga

Die Moorsiedler

Buch 2

"Aufbruch"

Eine historische Familiensaga

Jürgen Hoops von Scheeßel

Edition Noëma

Bibliografische Information der Deutschen Nationalbibliothek
Die Deutsche Nationalbibliothek verzeichnet diese Publikation in der
Deutschen Nationalbibliografie; detaillierte bibliografische Daten sind im
Internet über http://dnb.d-nb.de abrufbar.

Bibliographic information published by the Deutsche Nationalbibliothek
Die Deutsche Nationalbibliothek lists this publication in the Deutsche Nationalbibliografie; detailed
bibliographic data are available in the Internet at http://dnb.d-nb.de.

Coverabbildung: Aus der Chronik "225 Jahre Ostendorf 1764-1989" von Rainer Brandt, S. 11. Gemeinfrei.

ISBN-13: 978-3-8382-1669-0
Edition Noëma
© *ibidem*-Verlag, Stuttgart 2022
Alle Rechte vorbehalten

Das Werk einschließlich aller seiner Teile ist urheberrechtlich geschützt. Jede
Verwertung außerhalb der engen Grenzen des Urheberrechtsgesetzes ist ohne
Zustimmung des Verlages unzulässig und strafbar. Dies gilt insbesondere für
Vervielfältigungen, Übersetzungen, Mikroverfilmungen und elektronische
Speicherformen sowie die Einspeicherung und Verarbeitung in elektronischen
Systemen.

All rights reserved. No part of this publication may be reproduced, stored in or introduced into a
retrieval system, or transmitted, in any form, or by any means (electronic, mechanical, photocopying,
recording or otherwise) without the prior written permission of the publisher. Any person who does any
unauthorized act in relation to this publication may be liable to criminal prosecution and civil claims for
damages.

Printed in the EU

Inhalt

Prolog	7
Karten	10
Hauptpersonenregister	11
Glossar	14
Zeichnungen	15

**Buch 2
„Aufbruch"**

Kapitel 1 Die nächste Generation	17
Kapitel 2 Das Ende der Schwedenzeit	60
Kapitel 3 Übergang in Hesedorf	114
Kapitel 4 Der Weg zur Moorkate	147

Epilog

Auf der Suche nach der eigenen Scholle
„Aufbruch"
Eine historische Romanreihe über eine Familiengeschichte

Das Buch

In meinen vier vorangegangenen, historischen Romanen habe ich das vor über 350 Jahren erduldete Schicksal von Verfolgung, Ächtung, Anklage, Verurteilung und Hinrichtung unschuldiger Frauen einiger weniger Familien über vier Generationen geschildert.

Deren schwere Lebens- und Leidensgeschichte sowie deren Martyrium stehen dabei exemplarisch für die vielen Schicksale der im Hexenwahn und Aberglauben seinerzeit verfolgten und gequälten Menschen, überwiegend waren es Frauen. Im Fokus dieser Hexenprozesse, einstmals ausgelöst durch die Inquisition, ertrugen nicht nur die Opfer, sondern auch deren Familien unsägliches Leid, selbst noch zu Zeiten und im Gebiet der Lutheraner.

In dieser Romanreihe, die einer Familiensaga entspricht, schildere ich die erfolgreiche, aber auch entbehrungsreiche und leidvolle Geschichte der „zweiten Söhne".

Diese waren im Gebiet, in dem das Majoratsgesetz galt, nicht erbberechtigt. Ihnen blieb nur die Hoffnung, in einen anderen Hof einheiraten zu können, Knecht des hoferbenden Bruders zu sein, oder aber der Weggang.

Jürgen Christian Findorff wurde am 20. September 1771 von Georg III. offiziell zum Moorkommissar ernannt. Seit 1752 arbeitete Findorff bei der Moorkolonisation, was ein Projekt des Kurfürsten von Hannover war, in bisher ungenutzten Moorgebieten Neugründungen, sogenannte Moorsiedlungen, entstehen zu lassen. Dies hatte die Trockenlegung

der Moore zwischen Hamme und Wümme zum Ziel, um sie besiedeln zu können.
Damit wurde vielen Landeskindern die Möglichkeit eröffnet, in nicht allzu weiter Entfernung der bekannten Heimat, die Chance zu nutzen, sich über Generationen hinweg bis zum stolzen Besitzer einer ehemaligen Moorkate, nach hartem Kampf mit der Natur, hochzuarbeiten.
Es war quasi eine Auswanderung im eigenen Land, die viele hoffnungsvoll ergriffen, die jedoch unzähligen auch einen frühen Tod oder das Scheitern bescherte.

Um der Auswanderung oder Abwanderung entgegenzuwirken, ein Ausbluten des eigenen Volkes zu verhindern, aber auch um noch genügend wehrfähige Männer für zukünftige Kriege sowie für die Produktion von Nahrungsmitteln zur Verfügung zu haben, erließ der König in Hannover im Jahr 1832 eine Verordnung die ermöglichte.
Diese Maßnahme sollte die Hoffnung auf eigenes, neues Land für die bisher ohne Zukunft hier lebenden Menschen wecken, um sie zum Bleiben zu bewegen, indem sie die Stellen als Eigentum erwerben konnten.

Es handelt sich hierbei um eine belegte und überlieferte Familiengeschichte, wie sie viele andere, ja, fast alle *„Auswanderer in die eigene alte, aber für sie neue Welt"* an anderer Stelle, nicht nur im Königreich Hannover, erlebten. Die Gründung vieler Fehndörfer in Ostfriesland fußte auf einer ähnlichen Zielsetzung seitens der preußischen Krone.

In schwerer Not, mit harter Arbeit, vielen Entbehrungen und, manchmal auch ausweglos erscheinenden Erlebnissen als Moorkolonist, über Generationen hinweg eine Existenz für die Enkel zu schaffen ist mehr als eine anerkennenswerte Leistung. Oftmals gelang es dabei nur die eigene Familie mit viel Mühe und Not zu ernähren.

Darüber werde ich im Folgenden schreiben.

Die Romane sind wie eine Zeitreise durch die Geschichte unserer Heimat im Elbe-Weserraum am Beispiel einer Familie, wie sie viele andere Familien auch erlebt haben.

Noch heute, mehr als 250 Jahre später, leben viele stolze Nachfahren auf dieser Scholle, noch immer mit Familiennamen Hoops.
Eigentlich haben sich die Dialoge damals überwiegend nicht in Hochdeutsch, sondern im landesüblichen „Plattdeutsch" zugetragen. Die Geschichte nicht in Hochdeutsch niederzuschreiben, würde viele geneigte Leser und Leserinnen ausschließen, was keinesfalls gewollt ist. Dennoch war es mir ein besonderes Anliegen hier und da bestimmte Worte wie Aussagen in meiner Muttersprache Plattdeutsch zu halten, die nicht zwingend übersetzt werden mussten.

Viel Freude beim Lesen wünscht Ihnen

Jürgen Hoops von Scheeßel

Karte der Vogtei Sottrum [1]
„Die Heimat der Väter"

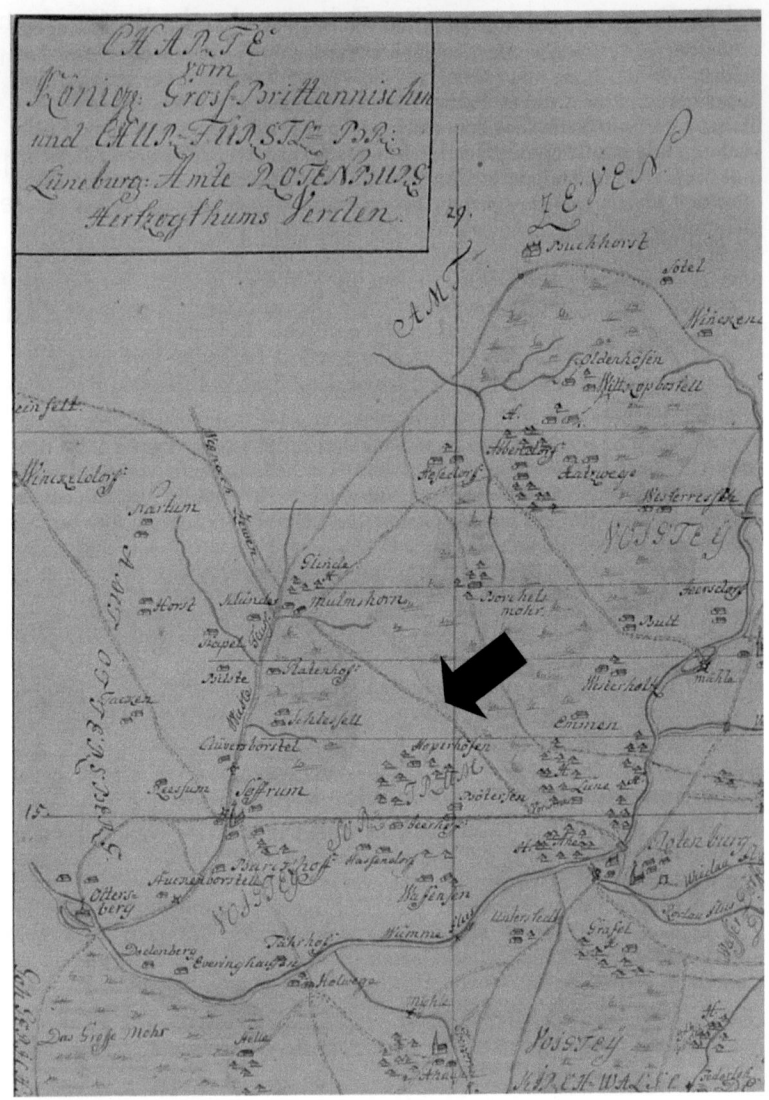

[1] Abb. 1 Karte der Vogtei Sottrum, HStA Hannover, Hannover Nr. 140, I 4, 1753; siehe auch Dörfler, Seite 27

Hauptpersonenregister

2. Generation – Die Familien in Hesedorf und Ostendorf

Cordt Hoops Urenkel von Warnke
[1613-1700] Anerbe Hoopshof in Höperhöfen
Tibke, geb. Mahnken [1630 -1720] Cordts 2. Ehefrau

Joachim Hoops Cordts 1. Sohn
[1659-1731] Anerbe Hoopshof in Höperhöfen
Margretha geb. Schlobohm Joachims Ehefrau

Cordt Hoops Joachims 1. Sohn
[1693-1774] Anerbe Hoopshof in Höperhöfen
Margretha geb. Papen Cordts Ehefrau

Johann Hoops "der Hesedorfer" Joachims 2. Sohn
[1696-1781]
Beeke geb. Fahjen [1687-1759] Johanns Ehefrau

Joachim Hinrich Hoops Joachims 3. Sohn
[1706-1784] Halbhöfner in Hatzte
Catharina geb. Kolckmann Hinrichs Ehefrau

Tibcke Hoops Joachims 1. Tochter
[1688-1762] verheiratet mit Claus Hastede, Halbhöfner in Bötersen

Engel Hoops Joachims 2.Tochter
[1690-1741] verheiratet mit Hans Westermann, Bürger in Rotenburg

Margaretha Hoops Joachims 3. Tochter
[1699-1752] verheiratet mit Cord Hinrich Sesemann, Halbhöfner in Abbendorf

Jochen (Joachim I.) Hoops Johanns Sohn
[1727-1811] 1. Moorkolonist in Ostendorf

Anna Catharina geb. Hoops Johanns Ehefrau
Tochter von Christian Hoops, einem Nachfahren der Hoops aus
Stemmen im Kirchspiel Scheeßel (gehört zur Familie des Autoren)

Anna Hoops Johanns Tochter
[1730-1808] verheiratet mit Friedrich Dormann, Gastwirt in
Oldendorf (heute Gasthaus Adebar, Dittmers Hof) bei Zeven

Johann Hoops Joachim I. 1. Sohn
[1758-1831] Halbhöfner in Kranenburg
Becke geb. Meyer Johanns Ehefrau

Joachim II. Hoops Joachim I. 2. Sohn
[1760-1820] 2. Moorkolonist in Ostendorf
Margarethe geb. Meyer

Cord Hinrich Hoops Joachim I. 3. Sohn
[1762-   ] Kohlenhändler in Bremervörde

Claus Hoops Joachim I. 4. Sohn
[1765- 1838] Gastwirt in Oldendorf (Gasthaus Adebar)
Marie geb. Könken Cords Ehefrau

Harm Hoops Joachim I. 5. Sohn
[1767- 1834] Kötner in Forst bei Stade
Lucia geb. Tiedemann Harms 1. Ehefrau
Engel geb. Matthees Harms 2. Ehefrau

Friedrich Hoops	Joachim I. 6. Sohn
[1778- 1841] Häusling in Forst bei Stade	
Margret geb. Kahrs	Friedrichs Ehefrau

Anna Hoops	Joachim I. 1. Tochter
[1770-] verheiratet mit Johann Wintjen, Neubauer in Ostendorf	

Margaretha Hoops [1773-1778]	Joachim I. 2. Tochter

Engel Hoops [1776-1776]	Joachim I. 3. Tochter

Claus Meinken	Mette Hoops Ehemann

Der Familienname wurde einstmals bereits vor 1500 „Hopes" geschrieben, wobei das „e" nur die ausgesprochene Verlängerung des „o" ist, und als Hoops ausgesprochen wurde. In Sottrum wird noch heute eine als Hops geschriebene Familie, wie Hoops mit einem weichen langen O ausgesprochen. Die Schreibweisen, wie die Aussprachen haben sich allerdings bei Abwanderungen regional auch in Hops, Hobst, Hoop und Hoeps verändert, wobei es in einem Stamm unterschiedliche Schreibweisen gibt.[2]

---

[2] siehe: Stammtafeln Hobst-Hoop-Hoops-Hops im Elbe-Weserraum Geiger, Horb am Neckar 2013, ISBN 978-3-86595-53o-2, Autor Jürgen Hoops von Scheeßel [vergriffen]

Glossar

Abdecker	Berufsbezeichnung für Personen, die in einem bestimmten Bezirk für die Beseitigung von Tierkadavern und die Tierkörperverwertung zuständig waren.
Altenteiler	Bauer, der die Führung seines Hofes an einen Nachfolger übergeben hat.
Bademutter	ortsübliche Bezeichnung für Hebamme
Braukufe	Braubottich
Büttel	Gerichtsdiener, Scherge
Flett	Diele mit offener Feuerstelle im Niedersachsenhaus
Fastelabend	Fastlam - heute Karneval
Greinen	greinende Kinder = wimmernde Kinder
Hagestolz	Junggeselle
Häusling	Bewohner eines kleinen Hauses ohne Ackerland
Häuslingshaus	kleines Haus, gehört zu einem Hof
Herrenmeier	Erbpächter eines Amtshofes
Hester	Bäumchen, kleiner Baum
Holzklotschen	geschnitzte Holzschuhe
Kate	kleines Haus mit wenig Ackerland
Kötner	Bewohner einer Kate
Pollholz	am Waldboden liegendes Astwerk
Platenmeier	Grundherr dieses Bauern war die Familie Plate, die den Meierbrief ausgestellt hat.
Schauer	überdachter Unterstellplatz für Fuhrwerke und Gerätschaften
snacken	Plattdeutsch für „sich unterhalten"
Vollhof	ein ungeteilter Hof, Voller Hof, Hele Hoff
Wams	Unterziehjacke

Das Flett [3]

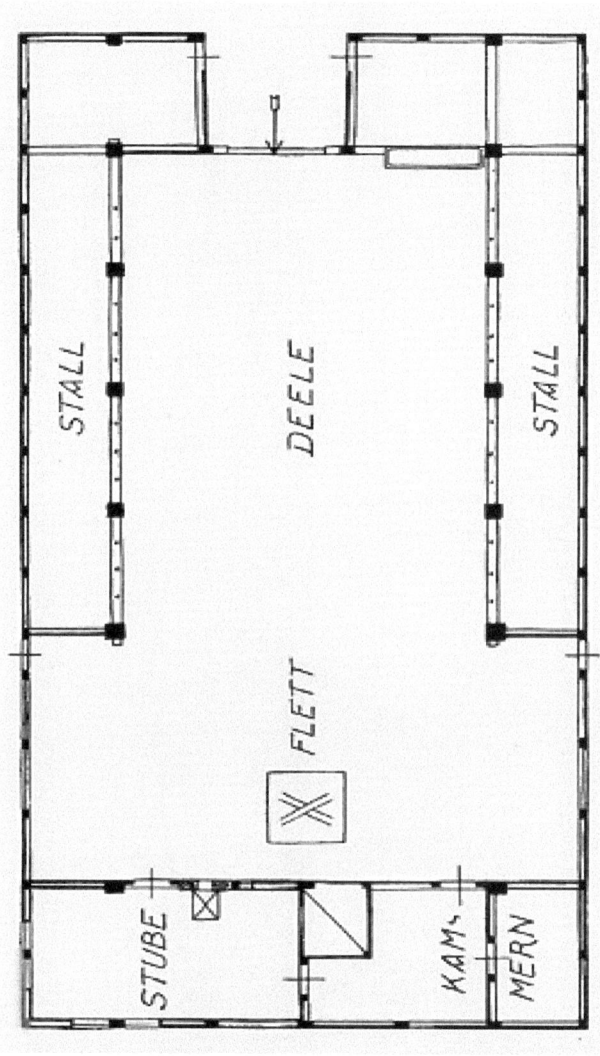

[3] Abb. 3 Grundriss eines Niedersachsenhauses mit Flett und Diele aus: Gerhard Eitzen, Bauernhausforschung in Deutschland, Seite 240 Abb. 15.2 Maßstab 1:200

Das Zweiständerhaus in Niedersachsen [4]

[4] Abb. 4 Fachwerkhaus aus Wilhelm Bomann, Bäuerliches Hauswesen und Tagewerk im alten Niedersachsen, Seite 6.

Kapitel 1

***

1693
Die nächste Generation

Inzwischen war Joachim endlich der ersehnte Hoferbe geboren worden. Sein Gretchen hatte 1693 eine komplikationsfreie Geburt erlebt und einem starken Knaben das Leben geschenkt.
Selbstverständlich wurde der Junge, wie sein Großvater, Cordt, getauft. Der alte Cordt strahlte von einem Ohr zum anderen. Dabei sah sein linkes Ohr eher wie ein Bauchnabel aus, seit ihm eine Horde von Tillys Söldnern, die für eine Nacht bei seinem Vater auf dem Hof einquartiert waren, eines seiner Ohren mit einem rostigen Messer abgeschnitten hatte, weil der damals 17-jährige Cordt den besoffenen Schändern nicht das katholische Glaubensbekenntnis, sondern nur das lutherische vorgetragen hatte. Sie beschimpften Cordt als „ein verdammter Lutheraner". Er hatte damals fürchterlich geblutet und heftige Schmerzen erlitten. Niemand konnte ihm helfen, denn die Bande war schwer bewaffnet und völlig skrupellos. Sein Vater hatte seinerzeit vorsorglich die jungen Frauen im Moor versteckt, aber nicht mit solchen Auswüchsen gerechnet.

Auch dem Kindsvater Joachim fiel ein Stein vom Herzen, als ihm die Hebamme die frohe Nachricht überbrachte.
„Damit ist unser Name auf dem Hof für eine weitere Generation gesichert", sagte Joachim stolz seinem Vater, der noch in seiner Glückseligkeit schwelgte und sich zufrieden über sein schulterlanges Haar strich, welches sein fehlendes Ohr seit damals verbarg.

Dass dieser Hof noch im 20. Jahrhundert durch einen direkten Nachfahren mit Familiennamen Hoops bewirtschaftet wurde, konnte damals weder Joachim noch Cordt ahnen, wenn sie es sich auch wohl sehnlichst gewünscht hatten.
Die beiden Schwestern des Neugeborenen beäugten das in den Armen der Hebamme liegende neue Familienmitglied reserviert zurückhaltend.
Die ältere der Beiden sah ihre Schwester ein wenig mürrisch an und sprach ihr leise, recht vorwurfsvoll, aber auch ein wenig mit Hähme ins Ohr „So verschrumpelt hast du damals auch ausgesehen, hast Tag und Nacht geschrien, in die Leinen gepinkelt, Mutters und Großmutters ganze Aufmerksamkeit gehabt, warst ein Esser mehr, wolltest später immer mein Spielzeugpferd haben, das Großvater für mich geschnitzt hatte, und …."
Ihr Vater unterbrach ihren bösen Redeschwall, indem er seine Hand über ihren kleinen Mund legte und sie strafend ansah. Sie schluckte und schaute verschämt zu Boden. Ihre Schwester grinste und wollte etwas sagen, doch der strafende Blick des Vaters hielt sie davon ab.
Als hätte der kleine Zwist nie stattgefunden, schauten beide ihren Vater lächelnd an, während die Hebamme das Geschehene gar nicht recht mitbekam, weil sie sich um den Säugling mühte.
„Cordt soll er heißen, so wie Großvater", meinte die inzwischen fast fünfjährige Tibcke zu ihrer zwei Jahre jüngeren Schwester Engel.
Bevor Engel darauf antworten konnte, wurden beide durch die Mutter in die Kammer ans Wochenbett gerufen.
Freudestrahlend, aber ein wenig ermattet, ließ die junge Mutter ihre Töchter dicht an die Bettkannte kommen und nahm sie überglücklich vor Freude die Arme.
„Habt ihr euer Brüderchen schon gesehen? Die Bademutter wäscht ihn gerade und zieht ihm erst einmal etwas Frisches

an", klärte sie die beiden mehr rhetorisch, als ernst gemeint auf.
„Ihr könntet euch freuen, denn nun seid ihr zu dritt", ergänzte die stolze Mutter.
„Darf ich nachher mit ihm spielen", fragte die kleine Engel daraufhin die Mutter.
„Nein, mein Engel. Mit dem Spielen musst du noch ein paar Monate warten. Zum Spielen ist Cordt noch viel zu klein", bekam sie zur Antwort.
Enttäuscht zog Engel, gefolgt von Tibcke, von Dannen.
„Was sollen wir denn mit dem, wenn wir nicht mit ihm spielen dürfen", maulte Engel vor sich hin.
„Stimmt", pflichtete ihr die Schwester bei.
Als sie aus dem Haus kamen scheuchten sie erst einmal die Hofhühner durcheinander, um ihrer Enttäuschung ein wenig Luft zu verschaffen.
„Alles dreht sich nur noch um den Neuen. Jeder redet von ihm und betütert ihn", schimpfte Tibcke.
Ein wenig eifersüchtig waren die beiden Schwestern doch, denn sie fühlten sich nicht mehr als Mittelpunkt.
Tibcke hatte das Gefühl schon einmal bei Engels Geburt erlebt, was ihr nun wieder deutlich aufs kindliche Gemüt schlug.

Aus der Zweisamkeit des Ehepaares war inzwischen eine richtige Familie, eine mit drei Kindern geworden, worauf beide Elternteile sehr stolz waren. Cordt sollte nicht das letzte Kind der Beiden gewesen sein.
Besonders glücklich war Gretchen darüber, dass alle ihre Kinder gesund waren und lebten. Sie hatte bisher weder Totgeburten noch schwächliche, oder gar ungesunde Kinder zur Welt gebracht. Sie hatte am meisten Angst davor, dass eines ihrer Kinder kränklich war, tot geboren wurde, oder gar sechs Finger an jeder Hand hatte, wie bei einer anderen Nachbarsfamilie in dem Jahr, als sie konfirmiert wurde. Die Leute im Dorf sprachen damals hinter vorgehaltener Hand

darüber, auch dass die Hebamme dem Kinde gleich nach der Geburt jeweils einen der kleinen Finger abschnitt, damit es wohl geraten aussah.
Sie drückte ihre beiden kleinen, streitsüchtigen Töchter ganz fest und war froh, dass der Junge gesund war.
Joachim feierte abends im Kreise der Familie und Anverwandten die Geburt seines Stammhalters, selbstverständlich nicht, ohne auch eine der Geschichten aus alten Zeiten zum Besten zu geben. Inzwischen hatte er seinen eigenen Stil gefunden, um die Erzählungen vorzutragen. Dabei half ihm nicht nur sein Talent, sondern auch, dass er inzwischen dreifacher Vater war, was er mit Stolz jedem erzählte.

Mit zunehmender Stunde wurde die Gesellschaft lockerer, was daran lag, dass die Männer um das Flettfeuer einen Pegel erreicht hatten, bei dem der Alkohol seine volle Wirkung zur Geltung brachte. Der alte Cordt wurde mit jedem Schluck ruhiger, er musste aufpassen nicht vom Stuhl zu rutschen. Die Frauen hingegen saßen am großen Tisch und redeten in einer Tour ohne Unterlass, ja scheinbar auch ohne Luft holen zu müssen, überwiegend über ihre besseren Hälften, aber auch über bestimmte „Frauenzimmer". Auch bei ihnen wirkte der Genuss des Alkohols auf ihre Redseligkeit.
Dem neutralen Betrachter bot sich hier der Anblick von zwei vollkommen unterschiedlichen Welten, ja Wesen, in einem Raum.
Das Ende eines solchen Abends verlief in der Regel immer gleich ab.

Irgendwann beschlossen die Eheliebsten heimgehen zu wollen, dabei lösten sie bei ihren Männern zwar Unmut aus, der sich allerdings in einem erträglichen Maß hielt. Entweder wurde lautstark protestiert, oder aber vollkommen wortlos, der eben ergangenen Weisung Folge geleistet.

Dieses Vermeidungsverhalten hatten sie bereits bei den Eltern kennengelernt, dann später selbst in ihr Verhaltensmuster übernommen.

Die Folgen bei Zuwiderhandlungen umfassten häufig das Ausbleiben von Zuwendungen, wie freundlicher Worte, Schweigen, Liebesentzug, sozialer Ausschluss, atmosphärische Störungen oder das Vorenthalten von Lieblingsspeisen.
Eine Woche nur Wasser- oder Kohlsuppe bewirkte rasch den gewünschten Effekt bei den *„Hausherren"*.
Die erlebten Sanktionierungen führten bei den meisten Männern rasch zum gehorsamen Einlenken und zukünftig zur Vermeidung der Herbeiführung solcher Reaktionen.

Was der Auslöser dieser ständig wiederkehrenden - *„Wir gehen jetzt nach Hause"* - Rituale war, blieb den Männern verschlossen, war hin und wieder aber Thema am abendlichen Feuer, wenn die Frauen nicht dabei waren. Besonders das betonte „Wir" rieb an ihnen. Zwar meinte einer: „Dann lass die Weiber doch gehen", das aber traute sich dann doch niemand zu tun.
Während sie so sprachen, fühlten sie sich wie Verschwörer, die einen Weg zu einer schmerzfreien Revolution suchten, sich dabei aber keinesfalls ertappen lassen durften.
Eigentlich wollten viele lediglich einen ruhigen Feierabend verbringen, ihr Pfeifchen genießen, ein wenig klönen und vor allem faulenzen und mal so richtig saufen, denn das Leben und Überleben sicher zu stellen war schwer genug.

Gegen das zügellose Saufen aber hatten ihre Frauen sehr handfeste Argumente.
Sie waren es nämlich, die die üblen Ausdünstungen, das laute, schlafraubende Schnarchen, das dann vermehrt auftretende unkontrollierte Entweichen von Gasen die ganze Nacht über ertragen mussten. Das aber, wollte keiner

wirklich hören und gelten lassen. So änderte sich nichts und alle machten weiter wie bisher.

Dennoch mussten sich alle häufig in der Predigt des Sonntags vom hiesigen Pastor das Wettern anhören, dass das eine Sünde sei. Meist hatte er wieder einmal von solch einem Gelage in einer Beichte gehört, oder es wurde ihm von einer sehr frommen Seele zugetragen.

Joachim war an diesem Tag froh, als der letzte Gast sein Anwesen verlassen hatte.
Er lehnte sich in seinem Stuhl zurück. „Endlich Ruhe", sagte er zu seinem Knecht, während die junge Magd noch um Ordnung bemüht war.
„Ich gehe nun auch zu Bett. Wir sehen uns morgen früh vorm ersten Hahnenschrei und werden dann die Arbeit auf dem Hohenacker zu Ende bringen."
Dann erhob er sich, ging die wenigen Schritte mit Bedacht, aber ein wenig schwankend und mit schmerzenden Knien in seine Kammer. Er stand vor seinem Bette und sah seine schlafende Frau eine Weile an. Dann legte er sich so rücksichtsvoll, wie es ihm eben gelang, mit voller Montour auf seine Bettdecke und schlief umgehend ein.

So endete diese kleine Feier auf dem Hoopshof.

***
1694

1694 wurde nach langer Zeit wieder eine große Hochzeit in der Familie gefeiert.
Der inzwischen 25-jährige Johann, Sohn des seligen Johann und seiner Ehefrau Rebecca, Vetter von Joachim, hatte sich vor einem halben Jahr mit der Gastwirtstochter Elisabeth de la Granza aus Rotenburg verlobt. Er hatte sie in Rotenburg kennengelernt, als er dort als Knecht beim Gastwirt Gustav de la Granza arbeitete. In den Augen seiner Mutter war ihre Schwiegertochter eine gute Partie.
„Ach, hätte das mein seliger Johann noch erlebt", sagte sie zu ihrem Sohn, als er ihr vor Monaten die frohe Kunde überbrachte.
An dem Abend hatte die alte Rebecca noch sehr lange auf der hölzernen Bank vor dem alten Rauchhaus gesessen und der untergehenden Sonne noch sehr lange nachgeblickt, bis es sie fröstelte.
Mit einem sehr tiefen Seufzer, in Erinnerung an ihren geliebten Johann, war sie aufgestanden und ins Haus gegangen. Er fehlte ihr sehr, seit er von ihr gegangen war.

Und so wurde die Hochzeitsfeier in der Gaststube in Rotenburg abgehalten, da stets der Brautvater diese auszurichten und zu bezahlen hatte. Ein wenig wollte der Bräutigam wohl auch damit angeben, nunmehr Gast- und Schankwirt werden zu sollen. Von einigen seiner Bekannten und Verwandten vernahm er unterschwellig die Hoffnung, nun auf seine Kosten saufen zu können, was ihm ernsthaft ein wenig Sorgen bereitete. Doch den bedrückenden Gedanken ließ er rasch fallen und dachte daran, dass sein Vater und sein Großvater bereits Johann gerufen wurden. Und das machte ihn schon sehr stolz, bedeutete für andere eine gewisse Kontinuität und Tradition in der Familie.

Er hatte eine sehr bestimmende und mit Gästen erfahrene Gastwirtstochter kennengelernt, die er nunmehr ehelichen würde. Was er am Hochzeitstag noch nicht ahnte war, dass er bei der Auswahl der Vornamen der Kinder anfangs wenig mitzureden hatte. Sie war die Erbin und Wirtin und er ihr Ehemann. Doch bei den letzten beiden Söhnen ihrer acht Kinder kam er zum Zuge, auch wenn Samuel Johann, Samuel gerufen wurde.

So fuhren die Familien Hoops aus Höperhöfen mit zwei Fuhrwerken nach Rotenburg, um an der Hochzeit des Vetters in der Friedenskirche von 1648 und der anschließenden Feier im dortigen Gasthaus teilzunehmen.
Gretchen hatte ihren Kindern dazu das beste Sonntagsgewand, und sich ihre prachtvolle Tracht angezogen.

„Tibcke, du passt auf deine kleine Schwester auf und du Engel, hörst auf deine ältere Schwester", mahnte sie die beiden Töchter liebevoll, aber sehr eindringlich.
„Und wer passt auf den kleinen Cordt auf", wollte Tibcke ein wenig schnippisch wissen.
„Das mache ich schon", beruhigte die Mutter ihre Große.
Inzwischen hatte Tibcke sich nicht nur mit dem Brüderchen abgefunden, ihn mit ihrer Schwesterliebe auch umsorgt und in ihr Spiel - Mutter-Kind - mit einbezogen. Engel bekam dann die Rolle der Hausmagd, was ihr gar nicht gefiel. Während die *„große Spielmutter"* sie nur rumkommandierte, durfte Engel nichts alleine entscheiden.
Einmal fragte sie ihre Mutter: „Modder, wann bekommst du das nächste Brüderchen?"
„Warum fragst du Engel?", wollte sie wissen.
Dabei neigte sie ein wenig den Kopf nach unten auf das fragende Kind.

„Na ja, dann habe ich auch ein eigenes Brüderchen zum Spielen, so wie Tibcke", kam prompt die für Gretchen überraschende Antwort. Die Frage selbst blieb unbeantwortet.

Auf der langen Fahrt nach Rotenburg sprachen Joachim und sein Vater Cordt, die vorne auf dem Bock saßen, miteinander. Joachim dachte einen Moment nach, was er dem Vater wie erzählen sollte, denn es gab sehr viele namensgleiche Neffen und Vettern, die Johann oder Harm gerufen wurden, dass selbst der Kundige durcheinander kommen konnte, und Joachims Vater Cordt war immerhin Jahrgang 1613.

„Vadder, mein Bruder Hermann ist nun schon 23 Sommer alt. Er will ab dem nächsten Frühjahr zu mir als Knecht auf den Hof kommen. Bis dahin bleibt er noch bei meiner Schwester Grete in Worschen in Stellung."

Der alte Cordt nickte nur, ohne ein Wort zu sagen. Das Zuhören strengte ihn schon ein wenig an, noch mehr aber, die holprige Fahrt, die seine 81 Jahre alten Knochen derart rüttelten, dass er seine Gicht recht arg zu spüren hatte.

Da Joachim keine Antwort bekam, schaute er im Augenwinkel auf seinen Vater und sah dessen schmerzgeplagtes Gesicht von der Seite. Deswegen hörte er auch sogleich mit der Unterhaltung auf.

„Bestimmt bekommen wir bald das Bier zum Vorzugspreis von Johann, wenn wir unsere Feiern abhalten", war die einzige Antwort, die der alte Cordt während der langen Fahrt nach einer Weile, ohne Anlass, herausbrachte. Bier trinken, ein Pfeifchen rauchen und in der warmen Sonne vorm Haus auf der Bank sitzen, oder am wärmenden Flettfeuer in seinem gepolsterten Stuhl, das waren seine einzigen Vergnügungen. Selbst das Essen fiel ihm zunehmend schwerer, denn die drei verbliebenen, ungesunden Zähne taugten nicht einmal mehr zum kauen weicher Speisen.

Aus diesem Grund bekam er meist Hirsebrei, Buchweizenschleim oder Suppe vorgesetzt. Für einen Mann aber war das eher erniedrigend, nicht einmal mehr kauen und richtig essen zu können. Keinen Schinken, keine Wurst, kein saftiges Brot oder andere schöne, knusprig gebratene Sachen. Selbst der Stuhlgang war für ihn beschämend breiig und stank abstoßend, wie seine Fürze.
Die Gicht plagte ihn in allen Gliedern, besonders auch in den Fingern, wenn er seinen hölzernen Löffel beim Essen halten musste.

Da die Familie darum wusste, hatte der Bräutigam seinen Onkel gefragt, was er sich zum Essen wünschen würde.
„Lieber Neffe, wenn du mich so fragst, dann hätte ich gerne eine Fischsuppe von einem Zander oder Hecht ohne Gräten und mit ganz weichgekochtem und klein geschnittenem Gemüse, aber ohne viel Wasser, damit ich alles auf dem Löffel halten kann."
Die Wahl erinnerte ihn an die Zeiten, wo er noch heimlich fischen ging. Er hatte sich niemals erwischen lassen, und diese beiden Raubfische hatten ihm immer am besten geschmeckt.
„Dazu möchte ich ein Brot vom Weißbäcker, das ich stippen kann. Die Suppe soll in einem richtigen Teller aus Porzellan sein und der Löffel nicht aus Holz. Dazu reiche mir einen großen Krug frisches, kühles Bier, und ich bin der glücklichste Mensch auf Erden", antworte der Alte mit einem verschmitzten Lächeln und wachen Sinnen, was seine drei dunklen Zahnstumpen erst so richtig zur Geltung brachte.
„Möchtest du nach dem Essen nicht noch ein Pfeifchen rauchen? Ich hätte da rein zufällig einen kleinen Beutel richtigen Tabaks aus Übersee vom Krämer anzubieten", lockte ihn sein glücklicher Neffe.
Die Heirat mit der Gastwirtstochter war nicht nur ein finanziell lohnender, sondern zugleich auch ein deutlicher,

gesellschaftlicher Aufstieg, vom Anerben eines Hofes zum Bürger und Gastwirt eines Fleckens.

Als Höfner war er nur Erbpächter, während das Haus, indem sich das Gast- und Schankgewerbe befand, Eigentum der Bürgerfamilie de la Granza war.

Selbstverständlich erteilte das Amt nur gegen Zahlung einer beachtlichen Gebühr, die Schankerlaubnis.

Für die de la Granzas war sie zugleich mit der Genehmigung zum Betrieb eines Wirtshauses verbunden. Damit durften sie Reisende beherbergen und mit Speisen bewirten.

Den Großvater de la Granza hatte es während des Großen Krieges hierher, aus Frankreich kommend, verschlagen. In der Familie wurde stets erzählt, dass seine Vorfahren aus Kastilien, im Süden von Spanien gebürtig herstammten.

Die Aussprache des Familiennamens war für die hiesigen ungewohnt. Es begann mit einem melodisch ausgesprochen, ja fast gesungenen „de la" und setzte dann mit einem gebrochenen „Gran – za" fort, wobei das „za" wie ein Peitschenschlag betont wurde.

Der 51-jährige Brautvater Gustav de la Granza hatte seine Frau Gertruth, die Tochter eines Krügers, in Rotenburg gefunden, geheiratet und aus dem kleinen Krug ein Gasthaus gemacht. Darauf war er sehr stolz. Doch machte ihm eine Krankheit schwer zu schaffen, weswegen die Eheleute froh waren, mit Johann einen Nachfolger und einen Ehemann für ihre älteste Tochter gefunden zu haben.

Ihre jüngeren Kinder, die 16-jährige Catharina und der 7-jährige Sohn, Carel Hinrich, machten ihnen viel Freude, zudem war Carel noch viel zu jung dem Vater nachzufolgen.

So wandte sich der alte Gastwirt an seinen Schwiegersohn.

„Richtig geführt ist der Krug eine Goldgrube, mein Junge. Zugleich bekommst du ja auch mit meiner Tochter noch eine erfahrene, fleißige Köchin und Wirtin", sagte de la Granza zu seinem Schwiegersohn, von dem er überzeugt

war, dass er der richtige Mann für seine Tochter, aber auch für das Geschäft war.
Bei Johanns Schwiegervater kehrten die Honoratioren der angehenden Stadt, aber auch die Beamten des Amtes ein. Selbst der gefürchtete und zugleich für seine Arbeit geachtete Henker zählte zu seinen Stammkunden, auch wenn er stets einen kleinen Tisch für sich alleine in der Ecke hatte, weil niemand bei ihm sitzen wollte. Alle fürchteten ihn.

Inzwischen waren die Hochzeitsvorbereitungen in Rotenburg abgeschlossen und die Hochzeitsgesellschaft war in der Rotenburger Friedenskirche von 1648 versammelt, während sich an diesem noch mäßigen Septembertag das Wetter, außerhalb des gut gefüllten Gotteshauses, in unterschiedlichen Facetten zeigte.
Im Inneren des Mauerbaus hingegen schmückte der Pastor die Trauung mit vielen schönen Worten aus. Dabei flocht er auch die Mahnung gegen übermäßigen Alkoholgenuss unterschwellig in seine Predigt mit ein.
De la Granza hörte die geschäftsschädigenden Worte und raunte leise vor sich hin: „Schwattkittel."

Die unterschiedlichen Trachten waren schon ein besonderer Anblick, wobei sich die Tracht der Braut von allen deutlich abhob. Die Brautkrone war schwer, aber Elisabeth trug sie mit Würde.
Diese, seit vielen Generationen in der Familie befindliche Tracht, hatte schon Johanns selige Mutter Rebecca zu ihrer Hochzeit getragen und ihr zu Ehren trug Elisabeth sie nun auch.
„Schaut sie nicht wunderschön aus", schwärmte der bis über beide Ohren verliebte Bräutigam und stand mit seiner Einschätzung keinesfalls alleine da.
Nach der Zeremonie verließ der Hochzeitszug, bei strahlendem Sonnenschein, das Gotteshaus und schritt durch die Gassen direkt zum naheliegenden Wirtshaus.

Als der Brautvater das Haus verließ, hörte ihn seine Frau nur mit erleichterter Stimme sagen: „Endlich!"
Die ganze Zeit hatte er sich über die Worte des Kirchenmanns geärgert, sich aber mit Äußerungen zurückgehalten.

Viele Rotenburger, die nicht mit in dieser Kirche waren, blieben am Gassenrand stehen und schauten sich das frisch vermählte Ehepaar auf ihrem Weg zur Feier an.
De la Granza hatte auf seinem großflächigen Hinterhof für alle seine geladenen Gäste Bänke und Tische aufstellen lassen.
Selbst für ausreichend Geschirr aus Blech war gesorgt und als Ehrengast war der Amtmann mit seiner Frau erschienen. Das inzwischen warme, sonnige Wetter verlieh dem Tag einen entsprechend glanzvollen Rahmen, was morgens noch nicht abzusehen war. „Lorenz ist dem Brautpaar wohl gesonnen", sagte einer der Anwesenden.

Erst wurden die üblichen Reden gehalten, dann gegessen und getrunken, zum Ende hin, nur noch getrunken.
Johanns Schwiegervater hatte eine Vielzahl Fässer Bier im Brauhaus von Rotenburg füllen lassen, auch sein eigener Kühlkeller war hinreichend gefüllt.
Schnaps hatte er mit Absicht nicht auf die Tische gestellt.
„Für meine Tochter wünsche ich mir eine feine und gelungene Feier. Bei dem herrlichen Sonnenschein schmeckt nur ein kühles Bier. Die Leute sollen sich mit euch freuen, feiern, klönen und essen, sich aber nicht sinnlos besaufen, Johann. Ihr habt ja den Herrn Pastor gehört", hatte er seine Entscheidung begründet.
Schnaps war ja auch wesentlich teurer als Bier, lachte er in sich hinein und dachte daran, dass er ja Geld sparte und dem Pastoren die Schuld geben konnte, wenn es jemandem nicht gefiel.
„Außerdem kann ich es auf den Tod nicht leiden, wenn es Morgen hier nach Erbrochenem nur so stinkt und die

heutige Feier, von sich auskotzenden Schnapsleichen gestört wird. Du wirst noch deine eigenen Erfahrungen mit Bier und Brandweintrinkern machen", prophezeite ihm der Alte. Anfangs war die Nachfrage nach Schnaps zu hören.

Die Antwort des alten Gastwirts war stets: „Du verträgst wohl kein gutes Bier? Trink Bier, soviel du willst. Schnaps kannst du zu Hause saufen."
Durch den weiteren Bierkonsum verebbte irgendwann der Wunsch, etwas anderes trinken zu wollen. Außerdem entfaltete der Alkohol im Bier nach wenigen Krügen, unterstützt vom warmen Wetter, alsbald seine bekannte und erwartete Wirkung.

Der alte Cordt Hoops war mit sich und der Welt zufrieden. Die gewünschte Fischsuppe war voll mit zartem Fleisch von Neunaugen und feinem, kleingeschnittenem Gemüse. Er musste nicht kauen, konnte alles mit der Zunge im Mund zerdrücken und genießen. Zudem kleckerte er nicht ständig, weil es keine Suppe, sondern eine Fisch- und Gemüsepfanne war. Das schmackhafte Weißbrot war auch mit seinen drei Zahnstümpfen gut zu bewältigen, und das kühle Bier brachte ihn allmählich in einen Zustand der Glückseligkeit. Die Krönung seines Gefühls aber, war der kleine Beutel mit Tabak aus Übersee, den ihm der Brautvater geschenkt hatte. Er verbreitete ein ganz anderes, sehr angenehmes und nie gekanntes Aroma in seinem abgenutzten Pfeifchen.
„Danke mein Lieber", kam es dankbar aus seinem Munde.

Der Neffe hatte dem Bruder seines seligen Vaters den Platz am Brauttisch zugewiesen, der seinem Vater, würde er noch leben, zugestanden hätte. Cordt war überglücklich.
Lange nach Mitternacht machten sich die Höperhöfener auf den Heimweg. Sie gehörten mit zu den letzten Gästen. Der alte Cordt lag auf der Rückfahrt, selig schlafend und auf

Strohsäcken gebettet, auf den Planken des Fuhrwerks und schnarchte, als hätte er einen ganzen Wald umzusägen.

Daheim angekommen trugen die Männer den Alten in seine Kammer, legten ihn, angezogen wie er war, auf das Lager und deckten ihn liebevoll zu. Anschließend trollten sich alle anderen in ihre Kammern und Koven. Dann kehrte Stille auf dem Hof ein. Nur das übliche Schnarchen und die Geräusche, die der Wind und das Vieh verursachten, war zu hören.

***

Gretchen hatte den Wunsch der kleinen, nunmehr 6-jährigen Engel offensichtlich erhört und war erneut schwanger.
„Wird es ein Brüderchen?", fragte die Kleine immer wieder aufgeregt nach. Sie erhielt stets die gleichlautende Antwort: „Warte es ab, Kind!"

1696 war es endlich soweit. Joachim ließ die Bademutter holen. Als sie eingetroffen war, überfiel Engel sie sofort mit der bekannten Frage: „Sag schon, wird es ein Brüderchen?"
Es dauerte noch einige Stunden, bis Engel die Antwort erhielt. Tibcke war das Treiben zwar nicht gleichgültig, aber bisher war mit jedem Geschwisterchen ein neuer Konkurrent in die Familie gekommen. Das Privileg, die Älteste zu sein, nutzte sie hingegen schamlos aus, und Gretchen ließ sie gewähren.
In der Kammer tat sich etwas, das bemerkte Engel, die mit den anderen in der Diele wartete, bis die Hebamme verkündete, was es geworden ist.
Ein Stöhnen, dann ein Klaps, gefolgt von einem kurzen Schrei unterbrach die Spannung, aber nur für einen Moment. Es dauerte noch eine Weile, bis die Bademutter ihren Kopf durch die Tür steckte.

„Es ist ein gesunder Knabe. Geduldet euch noch ein wenig. Der Mutter geht es auch gut." Dann schloss sich die Kammertür wieder und die davorstehenden schauten sich freudig, aber auch verdutzt vom Verhalten der Hebamme an.
„Ein Brüderchen, endlich habe ich ein eigenes Brüderchen", freute sich Engel. Dabei strahlte sie über alle vier Backen und streckte ihrer älteren Schwester heimlich die Zunge entgegen.
Die Eltern beschlossen den Knaben Johann taufen zu lassen, nach dem seligen Onkel.

Dass dieser Knabe, über 300 Jahre später als Stammvater eines sehr umfangreichen Familienzweiges gelten würde, konnte damals keiner seiner Eltern ahnen.

Drei Jahre später brachte Gretchen erneut eine Tochter zur Welt, die sie Margaretha taufen ließ. Es war ihr fünftes, gesund geborenes Kind. Bei jeder Geburt hatte sie Angst, dass sie im Kindbett, oder in der Geburt selbst sterben könnte, wie zwei ihrer jungen Nachbarinnen im letzten Jahr. Nach jeder geglückten Geburt danke sie dem Herrgott in leisen Gebeten daheim, wenn die anderen nicht im Haus, oder im Gottesdienst in Sottrum waren. „Das ist ungerecht, Herr", hatte sie immer und immer wieder ihrem Gott vorgeworfen, weil sie als Wöchnerin 6 Wochen als unrein galt, somit nicht am Kirchgang, oder der Kindstaufe ihrer Kinder teilnehmen durfte. Doch sie fügte sich ihrem Schicksal, wie viele andere Frauen ihrer Zeit.

***
1698
Die Burg Rotenburg

Der Abgesandte der schwedischen Regierung aus Stade besuchte die große Baustelle in Rotenburg und stand mit dem Amtmann vor dem fast fertigen Festungswerk. „Wann meint ihr, ist der Drost wieder wohlauf und kann mich empfangen?", fragte der Abgesandte mit einer ausladenden Handbewegung und hochgezogenen Augenbrauen, der sich nicht Ebenen gerecht aufgenommen fühlte, weil ihn der zweite Beamte und nicht der Drost persönlich empfing.
„Herr, das kann ich bedauerlicherweise nicht sagen, bin mir aber sicher, dass er es mit Freude tun wird, sobald es sein Zustand zulässt", war seine höfliche Antwort.
Sie schauten sich gemeinsam den Fortschritt des Bauwerks an, dass den schwedischen Anspruch auf dieses Land nur noch mehr festigen sollte. Schließlich waren für diese dickfälligen Kerle eine Menge schwedischen Bluts in vielen Schlachten geflossen, es war sogar ihr König gefallen, dachte er herablassend auf sein Gegenüber.

Währenddessen huschten die aus Stade mitgebrachten Beamten und Fachleute eifrig zwischen den Gerüsten und Mauern umher, das Werk zu begutachten und um dem Abgesandten später Bericht erstatten zu können.
Dem Drost war diese Visitation, diese Überwachung so sehr zuwider, dass er mit voller Absicht seinen Beamten vorgeschickt hatte, diesen überheblich auftretenden „schwedischen Beamtentölpel", wie er ihn in Gedanken bezeichnete, zu begleiten.
„Erfindet eine Ausrede, ich will diesen bürgerlichen nicht empfangen, geschweige denn, ihn bewirten", ordnete der Drost an, der zwar von niederem Adel war, aber immerhin adelig.

So kam es, dass in der Nähe der Baugerüste ein Tisch zur Bewirtung des feinen Herrn aus Stade aufgestellt und mit allerlei üppig wirkender Verpflegung gedeckt war, an dem die beiden Beamten Platz nahmen.
Die wirklich guten Sachen waren selbstverständlich im Arsenal und im Keller geblieben. Die Anordnungen des Drosten waren eindeutig.

„Von hier aus hat man einen guten Blick auf die Anlage und die Baustelle. Erfrischt Euch, trinkt und esst", forderte der Amtmann den Stader Besucher mit ein wenig übertriebener Freundlichkeit auf.
Der Angesprochene ließ sich trotz der ihm entgegengebrachten Unfreundlichkeit nicht lange bitten. Für die hageren und mit Mauerstaub bedeckten Gestalten, die auf der Baustelle ihrer körperlich schweren Arbeit nachgingen, wirkte diese Szene eher bizarr.
„Was sind das für Arbeiter?", wollte der Auswärtige wissen.
„Es sind die hiesigen Maurer und Handwerker, aber auch die Bauern die hier ihre Hand- und Spanndienste ableisten. Wenn ihr mögt, erzähle ich euch ein wenig von der Geschichte dieser Feste und des Fleckens?", bot der sehr erfahrene Amtmann an.
Unweit von diesem Tisch waren Höperhöfener Bauern unter der Leitung von Claus Bostelmann dabei, einen Graben auszuheben und zu befestigen. Durch die Nähe zu den beiden Hohen Herren, und der gerade stattfindenden Mittagspause, konnten sie jedes Wort hören.
„Oh, ja, berichtet mir davon. Bis meine Berater fertig sind, die übrigens keine Pause machen, fließt noch viel Sand durch die Sanduhr", war die unterschwellig mit einem Vorwurf versehene Antwort.
Die Verärgerung darüber, dass er hier und nicht an der Tafel des Drosten sitzen musste, merkte man ihm sichtbar, aber auch hörbar an.

„Ich zahle es diesem Pack zurück", sagte er in Gedanken zu sich. Schließlich hatte er ja noch einen Bericht im Namen der Krone anzufertigen, und den wusste er schon recht strafend für dieses Verhalten zu formulieren.

Unbeeindruckt davon, begann der Rotenburger Beamte über die Geschichte dieses Fleckens und seiner Burg zu berichten, gleichwohl wissend, dass es sein Gegenüber nicht wirklich interessierte.

„Alles fing damit an, dass das seit Langem ausgestorbene Geschlecht der Herren von Clüver dem Verdener Bischoff dieses Land zur Zeit der Kreuzzüge, für eine jährliche Pacht von 18 Stiegen Neunaugen, abgetreten haben soll. Wie ihr auf der Karte gesehen habt, ist diese Burg von drei Flüssen umgeben. Die Rodau und die Wiedau fließen hier in die Wümme. Damit ist der Ort genau die richtige Stelle für ein Bollwerk, meint ihr nicht?"

Der Angesprochene nickte nur, denn sein Mund war zu voll von den Speisen, als dass er antworten konnte. Zudem wollte er ihm auch gar nicht antworten.

Der Beamte fuhr vollkommen unbeeindruckt fort: „In den Jahrhunderten wurde die Anlage weiter befestigt, aber auch vergrößert und den Belagerungsmöglichkeiten der Feinde angepasst. Auch wurde sie als Amtssitz des Bischofs in Verden genutzt. Aus dem Umland wurden Ländereien, Güter und auch Dörfer zur Sicherstellung der Versorgung der Burgbesatzungen dem Herrn zu Rotenburg zugeschlagen. Dass es im Schmalkaldischen Krieg von Mansfeld bereits nach 14 Tagen gelungen war, diese Burg zu erobern, wobei er übrigens die Gelegenheit nutzte, den Flecken samt Kirche niederzubrennen, führte dazu, sie anschließend als Festung, oder auch Bastion auszubauen und mit hohen Wällen, tiefen Befestigungsgräben und Scharten für schwere Geschütze zu versehen."

Er nahm einen Schluck vom Rotwein, bevor er fortfuhr und den geschichtlich interessierten Mann aus Stade mit seiner Erzählung sichtlich besänftigte, wie er hoffte.

„Tilly hat die Festung Anno 1626 belagert und erobert, wie dann 1675 die Truppen des Kriegsbischof von Münster. Ihr seht, wie wichtig der Ausbau und die Ertüchtigung dieser Anlage ist, damit sie nicht nur 14 Tage standhält, sondern Monate oder noch besser, ewig."

Er machte eine kurze rhetorische Pause und wollte fortfahren, als ihn der Zuhörer mit einer Geste unterbrach.

„Also war der Ort und der bisherige Bau eine Fehlplanung", merkte der Schwede an. „Wie kann es denn sein, dass sie jedes Mal erobert wurde?", spitzelte er spöttisch seinem Gegenüber zu.

„Sehr geehrter Herr, deswegen ist es doch umso wichtiger, nunmehr eine Festung zu ertüchtigen, die nicht erobert werden kann", erwiderte der verbal angegriffene Beamte mit einem Lächeln und voller Höflichkeit. Dann fuhr er unbeirrt fort.

„Der Flecken ist nicht nur 1547 und 1626, sondern auch noch 1647, durch Feuer und Krieg, schwer in Mitleidenschaft gezogen worden."

Er endete, denn die Handlanger des Staders kamen, ihrem Herrn von den Prüfungsergebnissen zu berichten. Dieser stand auf, ließ ihn ohne ein Wort stehen und wandte sich seinen Prüfern zu. Das leise geführte Gespräch konnte der Rotenburger Beamte nicht verstehen, doch hatte er verstanden. Er ging schnurstracks zu seinem Herrn.

Claus Bostelmann forderte seine Höperhöfener und heimlichen Zuhörer auf, die Arbeit wieder aufzunehmen.

„Männer, eine schöne Geschichtsstunde und etwas für den Winterabend zum Erzählen. Nun ist es aber Zeit, den Dienst wieder aufzunehmen, damit wir fertig werden. Die Arbeit zu Hause wartet auch noch auf uns."

***
1700

Das Jahr 1700 brachte nicht nur einen Jahrhundertwechsel, sondern auch einen besonderen Generationenwechsel mit sich. Zudem gingen wieder Gerüchte um, die von Krieg sprachen.
Joachim wurde die letzten Tage mehrfach von seiner Mutter Tibke zu seinem Vater ans Krankenbett gerufen. Der war inzwischen 87 Jahre alt und hatte damit ein vergleichbar sehr hohes Alter erreicht. Die drei Stumpen in seinem Mund waren ihm längst abhanden gekommen und seine Gicht war derart fortgeschritten, dass er seit zwei Jahren darniederlag und sehr aufwendig gepflegt werden musste, damit er sich nicht wundlag und daran starb. Seine Finger waren derart verkrüppelt, dass er weder einen Löffel, noch seine geliebte Pfeife halten konnte. Einer der Hofbewohner nahm sich einmal am Tag die Zeit, dem Alten die Pfeife zu halten, während er sie rauchte, was für ihn als einzige Freude in seinem langen Leben geblieben war. Sein Zahnfleisch war ständig entzündet, was von den faulenden Zahnstumpen herrührte.
Dabei blieb er bis zuletzt im Kopf klar. Tibke war seine zweite Ehefrau und 17 Jahre jünger als er. Cordts erste Frau starb jung, während der Geburt des ersten Kindes, das tot zur Welt kam. Beide fanden ein gemeinsames Grab. Dass seine Gedanken ihn in diesen Tagen auch an dieses ihm auferlegte Schicksal plagten, ahnte keiner in seiner Familie. Am frühen Abend des 5. Juli 1700 versammelte Tibke die Familienangehörigen in ihrem Haus.
„Cordts Zeit ist gekommen uns zu verlassen. Ich glaube nicht, dass er den morgigen Sonnenaufgang noch erleben wird", verkündete sie den Anwesenden mit leiser Stimme, dem Grund ihres eiligen Rufs herzukommen.

„Cordt möchte, dass wir ihn alle in seiner Kammer bis zu seinem Ende begleiten. Also geht hinein und verjagt euch nicht, denn Gevatter Hein schleicht schon ums Haus."
Tibke hatte so lange mit ihrer Ansprache gewartet, bis alle eingetroffen waren. Den Pastor hatte sie nicht holen lassen, denn das wollten weder Cordt noch sie.
Nun gingen die versammelten Familienmitglieder geschlossen, mit betretenem Schweigen in das Halbdunkel der kleinen Schlafkammer, mit Bedacht leise auf den Dielenboden auftretend, als hätten sie Angst den alten Cordt zu wecken, obwohl er bald ewig schlafen würde.
Zentral stand das alte Ehebett mit dem Kopfende an der Wand im Raum, in dem der Todgeweihte lag. Es knarrte seit Jahren bei jeder Bewegung, und passte zu den alten Leuten. Beide hatten, gegen den Protest ihrer Kinder, eine Reparatur abgelehnt. Rechts davon standen ein eichener, mannshoher, reichlich mit bunter Malerei verzierter Kleiderschapp mit zwei Türen, links eine Truhe mit der eingeschnitzten Zahl 1525. Rechter Hand am Kopfende stand ein Lehnstuhl mit einem Kissen auf der Sitzfläche, der Cordts Frau vorbehalten war.

Tibke hatte sie ja vorgewarnt. Dass noch Leben in dem vollkommen ausgemergelten alten Körper war, konnte man nur bei genauem Hinsehen an den feuchten, offen stehenden Augen und an den schwerfälligen, flachen Atemzügen erkennen, welche das Laken kaum anzuheben vermochten.
Cordts Hautfarbe hatte ein bleiches, weißliches gelb angenommen. Die Haut war schwitzig und das wenige, schlohweiße Haar lag strähnig am Kopf an.
Joachim meinte den Ansatz eines Lächelns beim Vater erkannt zu haben. Seine Mutter Tibke setzte sich in den Stuhl, nahm die kalte, fahle Hand ihres sterbenden Mannes und drückte sie ein wenig. Den Altersunterschied zwischen

Cordt und seiner zweiten Ehefrau Tibke, der 17 Jahre betrug, sah man beiden deutlich an.
Nachdem er den Händedruck seiner Frau spürte, blickte er aufmerksam in die Runde. Er sah seinen Sohn Joachim mit seinem Gretchen und den Enkelkindern Tibke, Engel, Margaretha, Cordt und Johann, gleich neben seiner Tochter Grete mit ihrem Cordt Schlobohm und den Kindern Engel und Cordt stehen. Sein unbeweibter Sohn, Harm, stand gleich neben seiner sitzenden Mutter. Dann sah er seinen Großneffen Johann mit der Wirtstochter und dessen ledigen Geschwistern Hermann und Gesche. Viele andere Gäste standen zwischen der dichtgedrängt stehenden Familie, von denen er mit seinen alten Augen nicht alle erkannte. Auf der anderen Seite nahm er die Angehörigen seines seligen Bruders Harm wahr. Alke und ihr Mann Harm mit den drei, fast erwachsenen Söhnen und ihrem Bruder Hinrich. Als er dann noch seinen Schwager Barthold Pape aus Bülte erblickte, verzog sich sein Mund zu einem zarten, zufriedenen Lächeln. Zuletzt sah er, dass sich auch die Hoops aus Platenhof und Jeerhof im Raum versammelt hatten, obwohl die Kammer für alle eigentlich zu klein war. Aber irgendwie schafften sie es, ihm seinen sehnlichsten Wunsch zu erfüllen, in seiner letzten Stunde bei ihm zu sein. Inzwischen war es kurz vor Mitternacht und das fahle Licht der Kerzen, mit ihrem wechselnden Schattenspiel der Flammen, verbreitete eine noch bedrückendere Stimmung, als es der Anlass schon vorgab.
Der alte Mann nahm noch einmal all seine Kraft zusammen, denn er wollte nicht wortlos gehen. Bevor er aber sprach ging es ihm durch den Kopf, wie groß seine Familie doch geworden war, aber auch dass sie immer weitläufiger und verstreuter lebte, als er es aus seiner Jugendzeit in Erinnerung hatte.
„Tibke, meine liebe Frau. Ich danke dir, dass du sie ausnahmslos alle hier zusammengerufen hast, bevor ich meine letzte Reise antrete, um meine Eltern und meine

Geschwister zu sehen, und bei meinen Altvorderen meinen Platz einnehme. Denke daran, ich gehe nur vor und du folgst mir irgendwann. Du solltest dir damit aber noch Zeit lassen, denn die Enkel und Urenkel brauchen dich und deine Wärme."

Seiner Frau liefen bei diesen Worten die Tränen über die faltigen Wangen. Man bemerkte schon, wie sehr es ihn anstrengte und er sich gegen den vor der Tür stehenden Tod stemmte, um seine Botschaft loszuwerden und um sich von allen gebührend zu verabschieden.

„Ich habe mein Leben gelebt und genossen. 87 Jahre waren mir vergönnt unter euch und in diesem Haus zu leben", führte er mit immer schwächer werdender Stimme aus.

„Hier in diesem Raum wurde ich geboren. Haltet stets als Familie in jeder Situation zusammen, helft euch, vergesst nicht wo ihr herkommt und bewahrt vor allem die alten Geschichten."

Er brauchte eine weitere Pause und die Anwesenden hörten ihm auch weiterhin aufmerksam zu, auch wenn die Luft immer stickiger wurde, war es totenstill. Selbst die Kleinen waren vom Geschehen, der Atmosphäre, besonders aber von den Worten des Großvaters und Großonkels ergriffen und still.

Cordt war immer ein Mann weniger Worte gewesen, der angepackt und wenig um den heißen Brei herumgeredet hatte.

„Weibergehabe", nannte er abfällig den Haustratsch, der ihm in seinen Augen nur die Zeit zum Arbeiten, Schaffen, Gestalten, Pflügen, Sähen und Ernten stahl. Nun aber lief ihm erst einmal und zugleich letztmalig die Zeit weg, wo er noch etwas sagen wollte. Das spürte er deutlich.

„Ich möchte euch allen ein Lebewohl sagen, euch danken, dass ihr heute hierhergekommen seid, und ...".

Mitten im Satz hörte er plötzlich auf zu sprechen, schaute mit weit geöffneten Augen und offen stehendem Mund an den Punkt, den er zuletzt vor Augen hatte. Dann zerschnitt

das Geräusch eines langen, leisen Ausatmens die Stille. Zugleich entspannte sich der Körper des alten Mannes, der dabei kaum wahrnehmbar ins Kissen zurücksank.
Die Anspannung im Raum war unerträglich geworden und die Kinder wussten nicht, was geschehen war.
Tibke hielt ihre Tränen nicht zurück und ihre Hand drückte die ihres nunmehr toten Mannes fest, als könnte sie sein Gehen damit aufhalten.

Der erste der sich fasste war der alte Barthold Pape, Cordts Schwager. Er trat einen Schritt vor, beugte sich über Cordt und drückte ihm die offenen Augenlieder mit einer zärtlichen Handbewegung zu.
„Mach es gut und grüße mir meine selige Frau, deine Eltern und deine anderen Geschwister, alter Freund", sagte er zum toten Schwager, als er sich wieder erhob.
Barthold schaute die Witwe an, schlug die Augen nieder, als wollte er sagen: „Gevatter Hein hat deinen Mann soeben mitgenommen."
Barthold, selbst schon 80 Jahre alt, drehte sich zur Familie um, die noch immer ergriffen vom unerbittlichen Tod regungslos im Raum stand.
„Gevatter Hein hat den alten Cordt mitgenommen. Was er uns sicherlich noch sagen wollte war, dass er uns alle in sein Herz eingeschlossen hat und wir ihn in guter Erinnerung behalten mögen", sagte Barthold in einem sanften, ja fast liebevollen Ton, der der bedrückenden Anspannung ein Ende machte.
Die Tür und das Fenster wurden geöffnet, damit Cordts Seele ungestört den Raum verlassen konnte.
„Nicht einmal seinen letzten Satz durfte er beenden" mäkelte Grete, Joachims Schwester, leise in das Ohr ihres Mannes Cordt.
Dieser schaute seine ansonsten über alles und jeden leidenschaftlich tratschende Frau nur kopfschüttelnd an, um dann sofort mit einem Schmunzeln zu fragen: „Hast du Angst,

Gevatter Hein könnte deinem niemals endenden Rededrang ebenso abrupt ein Ende setzen?"

„Das hättest du wohl gerne", zischte sie zurück und erhielt dafür einen strafenden Blick der Witwe, ihrer Mutter, die noch immer, die erkaltende Hand haltend, in ihrem Stuhl saß.

„Nehmt nun Abschied, dann lasst mich mit ihm alleine", forderte Tibke die Familie auf.

Verschämt, trauernd und ergriffen nahm jeder in der ihm eigenen Art vom Toten Abschied und verließ die Kammer. Am Ende saß nur noch Tibke neben ihrem seligen Mann, während sich die Familie in der Diele versammelt hatte.

Einige standen in dieser lauen Nacht vor dem Fachwerkhaus, oder saßen auf der hölzernen Bank vorm Haus, wenngleich es inzwischen weit nach Mitternacht geworden war.

Mit Cordts Ableben endete eine Ära in der Familie, starb ein wichtiges Bindeglied der Generationen.

Joachim, der Hoferbe und Erzähler stand draußen und ließ laut Revue passieren: „Vadder hatte den 30-jährigen Krieg erlebt, den Einfall von Tillys Truppen, den Friedensschluss und die Folgen unter den Schweden, die Anfeindungen und Verleumdungen wegen Hexerei gegen seine Mutter, aber auch gegen seine eigene Familie, durch die seine Schwester Mette und seine Nichte Gretge zu Tode kamen, den Einfall der münsterschen Truppen, wie auch deren Abzug, den Tod seiner ersten Familie, den Tod all seiner Geschwister. Er hat aber auch die Geburt seiner Kinder und Enkelkinder miterlebt und sah darin die Zukunft und einen Sinn, dass das Leben auch ohne uns weitergeht. 87 Jahre sind eine sehr lange Zeit, die die Meisten nicht erleben dürfen. Ich gehe jetzt zu Mutter ins Haus."

Am Morgen übernahmen die Nachbarinnen ihre althergebrachte Aufgabe, den Toten zu waschen und herzurichten, während sich der Tischler und Zimmermann um die Aufbahrung in der Diele und das Zimmern des Sarges mühte.

Die Beisetzung fand zwei Tage später im Kreise der Familie und Nachbarn, abends in aller Stille auf dem Friedhof in Sottrum statt. Der Pastor fragte erstaunt, warum er nicht an das Sterbebett gerufen wurde, worauf ihm geantwortet wurde, dass der Tod vollkommen unerwartet zugeschlagen hatte.

Einen Leichenschmaus gab es nicht. „Cordt hatte es einst so festgelegt", klärte die Witwe den Fragesteller auf.
Stattdessen trafen sich die Hoops in der Diele am wärmenden Flettfeuer und lauschten einer von Joachim erzählten Geschichte, die sich der alte Cordt für genau diesen Abend gewünscht hatte. Der Pastor war nicht dabei.

Joachim fuhr am darauffolgenden Tag mit seiner Mutter zum großen Stein, damit sie ihrer seligen Schwägerin Mette von Cordts Ableben berichten konnte. Der große Stein, Mettes Grab, war zum Medium zwischen den Welten und den Generationen geworden.

***

1702

Als Hermann Lange in Höperhöfen verstarb, wurde ein Interimswirt und Ehemann für seine Witwe Metta und Stiefvater für ihre drei Söhne gesucht.
Die Familien hatten sich auf den unverheirateten, inzwischen 31-jährigen Hermann Hoops, Joachims jüngeren Bruder, der als Knecht bei ihm diente, geeinigt.
Die junge Witwe und der Grundherr waren mit der Wahl einverstanden. So zog Hermann zwei Wochen nach dem Tod des Bauern auf den Hof, in den er nach dem Ende des Trauerjahres einheiraten sollte.
Der Betrieb musste ohne Unterlass weitergeführt werden, und dazu waren ein Bauer und eine Bäuerin erforderlich.
Die Saat, die Felder, das Vieh und die Ernte nahmen auf Pietät keine Rücksicht. Der Winter strafte den schlecht Vorbereiteten stets hart und ohne Gnade, bis hin zum Tod.
Hermann und seine zukünftige Frau durften selbstverständlich noch nicht eine Kammer teilen, oder intim werden. Die ortsübliche Kirchenordnung sah bei Unzucht empfindliche Bußgelder vor, wie auch für den vorehelichen Verkehr, besonders dann, wenn er nicht ohne sichtbare Folgen blieb.
Zum anderen diente diese Zeit ja auch dem Schutz und zur Wahrung der Rechte für einen möglichen ungeborenen Hoferben, den der selige Bauer noch gezeugt hatte und der posthum zur Welt kam.
„Sollten sich die beiden nicht lieben lernen, dann gewöhnen sie sich wenigstens aneinander", sagte Tibke zur Frage der Gefühle.
Sie selbst wurde durch Beschluss ihrer Eltern dem damals jungen Witwer Cordt Hoops zur Seite gestellt, um ihn nach Ablauf des Trauerjahres zu ehelichen. Sie kannte nur zu gut, was in einem Menschen vorging, der nach dem Tod eines Ehepartners in eine Familie eingeheiratet hatte. Als ihr

Glück empfand sie dabei, dass sie niemals gezwungen war, Stiefkinder mit groß zu ziehen, wenngleich sie damit keine Probleme verbunden sah.
Aus anderen Familien hingegen waren ihr genau solche Probleme zu Ohren gekommen, hatte aber auch in der Nachbarschaft ähnliches hautnah mitbekommen.

Nach Ablauf des festgelegten Zeitraumes eines Trauerjahres, welches tatsächlich nur neun Monate währte, wurde die Hochzeit angesetzt und im Rahmen einer schlichten Zeremonie durchgeführt. Die anschließende Feier hielt sich in Grenzen und war eher eine Pflichtveranstaltung.

Tibke sagte nach der Hochzeit mit ein wenig Wehmut: „Wenn Cordt das noch miterlebt hätte, wäre er jetzt noch glücklicher. Alle unsere Kinder sind nun verheiratet und haben somit ihr Auskommen."
Und genau darum ging es!

***
1703

Joachim Hoops, Sohn seines vor drei Jahren verstorbenen Vaters Cordt, Neffe des seligen Harm Senior, saß seit sechzehn Jahren auf dem alten Stammhof. Er war für zwei Jahre als Kirchenjurat gewählt worden und erinnerte sich daran, wie sehr er sich vor knapp 20 Jahren als junger Mann über seinen Vetter Simon lustig gemacht, als dieser bei vollem Haus als Bauernvogt die neueste Kirchenordnung vorgelesen hatte und es nicht zu Ende bringen konnte. Heute waren der Küster und die Juraten beim Pastor in Sottrum vorgeladen. Sie hatten von einer neuen Kirchenordnung erfahren.

„Ihr seid mir als Juraten für die Aufrechterhaltung der Ordnung und Einhaltung der geltenden Kirchenordnung verantwortlich", begann der Geistliche als Begrüßung in seiner Pfarrstube.

„Heute habe ich eine neue Kirchenordnung mit Datum vom 19ten August diesen Jahres erhalten und sogleich akribisch durchgearbeitet. Ich werde sie am Sonntag von der Kanzel verkünden, und ihr werdet gleich Kopien für die Bauernvögte und die Schulmeister erstellen. Ein jeder also drei. Zuvor werde ich Euch die für mich wichtigsten Punkte erklären, was sie beinhalten und was das bedeutet", sprach er in seiner bekannten, ruhigen und geschulten Stimmlage.

„Es sind dieses Mal 26 Artikel, die sehr detailliert aufgeführt sind. Zunächst ist die Zeit des Gottesdienstes überall einheitlich für Sommer wie Winter festgelegt worden. Im Sommer beginnt er von Ostern bis Michaelis des Morgens um 8 Uhr, im Winter erst um 9 Uhr. Für den Küster bedeutet das, die Läutzeiten anzupassen."

Der angesprochene Küster nickte nur.

Dann nahm der Kirchenmann die neue, gedruckte Kirchenordnung zur Hand und las, das Papier vor Augen, vor: „Die erst unter der Predigt ins Gotteshause kommen, sollen der weltlichen Obrigkeit *zur Ahndung* übergeben werden, die darauf acht haben wird. Es ist auch die Aufgabe der Juraten, darauf zu achten, die Verstöße festzuhalten und die Sünder dem Amtsvogt nach dem Gottesdienst zu melden."

Joachim schluckte trocken, als er das hörte. Er war erstmals Jurat, ihm war gar nicht wohl bei dem Gedanken, die Menschen anzuschwärzen. Zudem war ihm diese Amtssprache nicht geläufig und auch nicht verständlich. Das erinnerte ihn an die Geschichte, die der selige Erzählonkel Harm über seine Schwester und ihre Tochter Gretge erzählte, denen wegen einer Anzeige und aufgrund von Denunziation der Prozess gemacht wurde, durch den beide zu Tode gekommen sind. Er hatte jetzt aber keine Wahl und musste zuhören.

„Die bei dem Kirchhofe während des Gottesdienstes und Gesangs stehen, sollen von der Obrigkeit bestraft werden", trug der Pastor den nächsten Punkt vor.

Der neben Joachim sitzende Jurat fragte dazu: „Wie sollen wir denn das bemerken, Herr Pastor, wenn wir selbst im Gestühl sitzen, der Predigt lauschen, oder am Gesang teilnehmen?"

Diese Frage gefiel dem Gottesmann offensichtlich nicht, er gab ihm aber eine wohl kaum zufrieden stellende Antwort: „Ich erwarte, dass alle aufmerksam sind."

„Weiterhin habt ihr ein Augenmerk darauf zu richten, dass sich hier keine Sechswöchnerin in den Gottesdienst einschleicht. Erwische ich sie, habe und werde ich sie unverzüglich korrigieren und aus der Kirche weisen. Seht ihr eine, handelt ebenso. Sie sind dem Amtsvogt zur Bestrafung zu melden!", fügte er mit scharfem Ton an.

Joachim wurde immer nervöser, seine Handflächen waren

schwitznass geworden. Das hatte er sich im Traum nicht vorstellen können, was ein Jurat für eine, aus seiner Sicht, unrühmliche Aufgabe hatte.
„Ihr habt zu regeln, dass am Sonntagmorgen nur kümmerliche Alte, Gebrechliche und Bregenklötrige zur Beichte angenommen werden. Alle andern sind auf den folgenden Sonnabend zu verweisen. Diejenigen, die sich beim Beichtstuhl halsstarrig zeigen oder sich beim Abendmahl vordrängeln, sollen abgewiesen oder, nach befundenen Umständen, vom königlichen Consistorio mit der Kirchenbuße bestraft werden."

Der Pastor machte eine kleine Pause, bevor er fortfuhr.
„Die Punkte, die die Schulmeister angehen, werde ich mit denen Morgen besprechen. Für die Konfirmation der Kinder wurden neue Vorgaben schriftlich festgelegt, die ebenfalls interessanter für den Küster und die Schulmeister sind."
Der Pastor besprach noch einige andere Punkte in der Runde, bei denen Joachim nicht mehr so recht zuhörte, denn seine Gedanken waren noch immer von dem *„anschwärzen"* gefangen. Auf dem Heimweg fasste er eine klare Entscheidung: „Ich werde nach den zwei Jahren nie wieder Jurat für diese falschen Vertreter Gottes werden!

***
1706

Womit niemand mehr in Höperhöfen gerechnet hatte, geschah dann doch noch. Joachim und Gretchen waren inzwischen 19 Jahre verheiratet und sie war nach dieser langen Zeit zum sechsten Mal in anderen Umständen.
Nach den problemlosen Schwangerschaften und Geburten von Tibcke, Engel, Cordt, Johann und Margaretha, rechnete niemand im Haus mit einer Komplikation.

Tibcke hatte inzwischen ihren 18. Geburtstag gefeiert und sah der erneuten Schwangerschaft der Mutter gelassen entgegen. Sie hatte nun schon eine Menge Erfahrungen durch die jüngeren Geschwister gemacht, dass ihr der spätere Umgang mit eigenen Kindern sicher leicht fallen würde. Altersunterschiede unter Geschwistern von bis zu 20 Jahren waren keine Seltenheit. Mit dem Sohn Joachim Hinrich schloss sich die Reihe des Kindersegens von Joachim und Gretchen. Sechs gesunde Kinder und ebenso viele problemlose Geburten konnten sich schon sehen lassen. Die Großmutter Tibke, inzwischen auch schon 76 Jahre alt, erfreute sich bester Gesundheit, sah sich bei jedem Kindersegen durch Cordts letzte Worte *„...die Enkel und Urenkel brauchen dich und deine Wärme"* gerne in die Pflicht genommen.

Joachim und seine Margaretha hatten ein seltenes Glück in ihrem Leben, denn alle ihre sechs Kinder kamen nicht nur ins heiratsfähige Alter, sie heirateten auch tatsächlich alle. Vielen Ehepaaren widerfuhren Früh- und Totgeburten, oder es starben ihnen die Kinder früh weg. Verstarb einer der Eheleute vorzeitig, musste der überlebende Teil erneut heiraten, um Hof und Kinder durchzubringen. Das alles erlebte dieses Ehepaar nicht.

Tibcke heiratete nach Bötersen und hatte sechs Kinder. Engel heiratete nach Rotenburg. Ihr wurde ein Kind geboren. Cordt erbte den Hof und er hatte mit seiner Frau fünf Kinder, aber keinen überlebenden Sohn. Seine älteste Tochter heiratete einen Vetter namens Johann Hoops. So blieb der Familienname auf dem Hof, aber das Geschichtenerzählen starb mit Cordt, Joachims Sohn, auf dem alten Stammhof aus. Der Sohn Johann heiratete und zog nach Hesedorf im Kirchspiel Gyhum. Seine Nachfahren im Mannesstamm waren sehr zahlreich. Margaretha heiratete nach Abbendorf ins Kirchspiel Scheeßel und Joachim Hinrich, der jüngste, heiratete nach Hatze ins Kirchspiel Elsdorf.

Die Familie verteilte sich sternförmig um die alte Heimat herum, was nicht ungewöhnlich war. Aber mit dieser Generation ging das Wissen um die alten Geschichten verloren, die Harm Senior, bzw. sein Nachfolger Joachim noch sehr intensiv pflegten, verschwammen mit jeder weiteren Generation ein wenig mehr, bis sie vollkommen verloren waren. Jeder Zweig entwickelte seine eigene neue Geschichte, die es zu erzählen lohnte, denn die über Jahrhunderte gleichbleibenden Abläufe und Verfahren, das ewig gleiche Gesicht der Dörfer mit wechselnden Herrschaften hatte keinen Wandel. Alles blieb für viele Generationen gleich, einzig galt es das Überleben zu sichern.

Nach 1648 brach eine vollkommen neue Zeit an, und das nicht nur im Amt Rotenburg, sondern im ganzen Heiligen Römischen Reich Deutscher Nation und darüber hinaus. Die Macht der Schweden über den Norden Deutschlands schwand immer mehr. Die Zahl der Bewohner in den Dörfern und Städten wuchs merklich, was auch die alte Weltordnung der hier lebenden Menschen entscheidend verändern sollte, aber auch viele neue Geschichten hervorbrachte, die hier erzählt werden sollen. Einiges änderte sich aber nicht, das waren die Menschen, der Hang zur Macht, der Wille zum Überleben, das suchen nach Glück und Sicherheit, wie die Angst vor dem Unbekannten.

***
1710
Landesmiliz

Von der Kanzel hatte der Sottrumer Pastor seine Abkündigungen verlesen. Wie gewohnt und landesweit üblich verkündete er im Anschluss noch die amtlichen Bekanntmachungen, die rein weltlicher Natur waren.
„In der nächsten Woche, also am letzten Sonntag im Januar, werden die Amtsvögte auf Anordnung aus Stade alle männlichen Bewohner der Vogteien, die auf Herrenmeierhöfen sitzen, gleich nach dem Gottesdienst erfassen und in eine aktuelle Landesmilizrolle eintragen. Die Älteren von euch erinnern sich noch, dass die letzte Erfassung Anfang 1692 stattfand, bevor sie mit dem Jordebuch anfingen."
Einige in den Reihen nickten zustimmend mit den Köpfen, bevor sie das Gotteshaus verließen.

„Was ist denn eine Landesmilizrolle?", fragte Cordt seinen Vater Joachim auf dem Nachhauseweg.
„Es ist eine Liste, in der alle Namen der Männer und Knaben unserer Vogtei niedergeschrieben stehen", erklärte er ihm.
„Und wozu braucht man diese Liste?", bohrte der Junge nach.
„Der Amtmann will wissen, wie viele Soldaten er hat, falls es wieder Krieg gibt, und es wird sicher wieder Krieg geben. Nun gib endlich Ruh", forderte er ein wenig genervt.
Wie angekündigt fand an dem besagten Tag, gleich nach den Abkündigungen, die Erfassung der wehrfähigen Männer statt.
Dazu trat der Amtsvogt vor den Altar.

„Hört zu. Die Junkernmeier und freien Bauern verlassen mit ihren Familien die Kirche, da ich nur die Herrenmeier erfassen darf. Auch die Frauen der Herrenmeier gehen mit ihren Kindern unter 10 Jahren nach draußen. Nachdem das geschehen ist, rede ich weiter."

Das war eine klare Ansage, der auch unverzüglich Folge geleistet wurde, denn der Amtsvogt war nicht alleine gekommen. Es dauerte aber eine ganze Weile bis er mit den Männern und Knaben, die seiner Gerichtsbarkeit unterstanden, alleine im kalten Gemäuer war.
„Warum gehen die Junkernmeier und Modder nach draußen", wollte der wissbegierige junge Cordt von seinem Vater Joachim wissen und der Vater gab ihm die passende Antwort: „Die Junkernmeier müssen ihrem Grundherrn dienen. Das ist aber nicht das Amt. Deswegen mussten sie raus. Und die Frauen werden keine Soldaten, die bringen nur welche zur Welt."
Diese kurze, klare Antwort reichte dem Knaben zunächst.

Der Vogt fuhr fort: „Der Amtsschreiber nimmt nun ein Dorf nach dem anderen dran. Dazu ruft er zuerst das Dorf, dann die einzelnen Höfe in einer von ihm festgelegten Reihenfolge auf. Und genauso tritt das Dorf vor den hier aufgestellten Tisch. Wer erfasst ist, verlässt die Kirche und ist nach Hause entlassen."
Dann begann der Schreiber mit Sottrum, es folgten die anderen Dörfer und gleich nach Jeerhof rief er Höperhöfen auf. Joachim gebot seinen drei Söhnen, sich zu erheben und ihm zum Tisch zu folgen. Der jüngste wollte beim Vater bleiben, auch wenn er unter 10 Jahre alt war. So blieb er beim Vater auf dem Knie sitzen und schaute aufmerksam und neugierig auf das Geschehen.
Als Joachim an der Reihe war, fragte ihn der Schreiber nach Namen und Alter der auf seinem Hof lebenden Knaben und Männern.
„Ich bin Joachim Hoops, 51 Jahre alt. Das sind meine drei Söhne Cordt, Johann und Joachim Hinrich. Sie sind 16, 13 und vier Jahre alt. Das ist mein Jungknecht Marten

Schlobohm, 12 Jahre alt und dieser Mann ist mein 20-jähriger Neffe Hinrich Hoops, Sohn des seligen Harm Junior, der als lediger Knecht bei mir arbeitet und lebt. Dieser Mann ist mein Großknecht Daniel Dreyer, 48 Jahre alt. Er hat keine Söhne. Einen Häusling habe ich derzeit nicht, Herr."

Nachdem der Beamte seine Liste mit den ihm gegebenen Daten ergänzt hatte, der Pastor und der anwesende Sottrumer Untervogt zustimmend nickten, deutete er Joachim an, er könne mit seiner Begleitung gehen.
Dass Joachim mit den falschen Altersangaben bewusst verhindern wollte, dass seine Söhne zum Militärdienst herangezogen werden, war ihm bewusst. Dennoch tat er es.
Zuvor hatte er seinen Söhnen verboten auch nur einen Laut von sich zu geben, egal was sie von ihrem Vater hören würden, und sie gehorchten.
Auf dem Kirchenvorplatz wartete Gretchen, fröstelnd auf dem Wagen sitzend, mit ihrer Schwiegermutter und den eigenen Töchtern auf „ihre Männer".
Nachdem alle aufgestiegen waren, fuhren sie gemächlich zum Hof zurück, auf dem nur die Jungmagd, Stine, zurückgeblieben war. Eine der Frauen, meist eine der Mägde, blieb stets als „Stall- oder auch Brandwache" zurück, um auf das Haus und das Vieh acht zu geben.
Nebenbei wurde selbstverständlich das Mittagessen, überwiegend eine Kohl- oder Wassersuppe, zubereitet.
„Vadder, müssen wir jetzt zu den Soldaten?", fragte Joachims Ältester.
„Nein Cordt, nicht alle, und nicht heute. Aber in den Sommermonaten müssen alle Männer zwischen 16 und 60, also auch du einmal im Monat zu Übungen", antwortete ihm der Vater mit Wehmut im Herzen.
„Was wird denn da geübt?", fragte der nunmehr dienstverpflichtete Junge.

„Schießen, marschieren hauptsächlich, aber auch andere Übungen. Du wirst es schon erleben. Ich nehme dich beim nächsten Mal mit, auch wenn es mir nicht gefällt. Und nun schweig still", mahnte er den Fragensteller mürrisch.

Joachim war eine Begebenheit, eine Geschichte vom seligen Onkel Harm eingefallen, just als er beim Eintragen in die Rolle den Amtsvogt mit seinem Stock in der Hand erblickte.
„Hör zu Cordt, du bist doch plitsch. Ich will dir eine Geschichte vortragen, die mir einmal dein Großonkel Harm erzählt hat. Den alten Harm kennst du ja leider nicht mehr, aber seine spannenden Geschichten, die seit Generationen erzählt werden", merkte der Vater an und der 16-jährige nickte zustimmend.
„Ja, die alten Geschichten finde ich unheimlich interessant und spannend", meinte der Knabe.
„Also. Du hast ja den Stock in der Hand des Amtsvogts gesehen. Zum nächsten Landgerichtstag nehme ich dich mit. Da müssen wir unsere Abgabe fürs Vieh, das Land und die Pacht zahlen, aber auch Teile unserer Ernte als Steuer abgeben. Außerdem sitzt dann der Amtmann zu Gericht, entscheidet kleine und größere Streitigkeiten, während die Mörder und Diebe auf der Burg vor dem Drost, dem höchsten Richter im Amt vor Gericht gestellt werden. Achte dabei auf die zwei Stäbe, die er für die jeweilige Entscheidung vor sich liegen hat. Einen bunten und einen weißen. Befindet er keinen für schuldig, zerbricht er den bunten. Lautet sein Urteil aber schuldig, so zerbricht er den weißen Stab und spricht:
„De Staff öber di is dörbroken, dat Urdeel is sproken. Minsch, du musst nu hangen."

Seitdem die Schweden hier regieren, darf das Hängen nur noch der Drost verkünden und der gehört zum Adel, den hohen Herrschaften. Der Amtmann hingegen nutzt die Stäbe weiterhin, wenngleich er sie nicht mehr bricht. Er greift nach dem weißen, wenn er jemanden verurteilt. Meist handelt es sich um Geldstrafen, aber auch mal um Tage, oder Wochen im Gefängnis, häufig lässt er den Sünder auch an den Pranger stellen."

Als hätte Joachim die Geschichte an den Rückweg angepasst, endete sie mit dem Durchfahren der Hofeinfahrt.

***
1710
Die Schule

"Leute, hört zu", sprach der Vogt bei einer Zusammenkunft der Bauernvögte in der Sottrumer Vogtei, zu der sich der Pastor, der Küster, der Untervogt und der Schulmeister gesellt hatten.
"Unsere Dorfschule wird in diesem Jahr 100 Jahre alt und das sollten wir feiern", schlug er den Anwesenden vor.
"Wer soll diese Feier bezahlen?", war die erste Frage von einem der Vertreter aus den Dörfern.
An dieser Stelle stieg der Schulmeister in das Gespräch ein.
"Das ist eine sehr gute Frage, denn bei der schlechten Zahlungsmoral einiger, wenn es um den Schulbeitrag geht, steht zu vermuten, dass auch hier keiner freiwillig auch nur einen Schilling herausrückt."
"Hör zu! Wer will denn hier überhaupt solch eine Feier? Wir sicherlich nicht. Wer dieses will, der soll es verdammt noch einmal feiern, aber auch zahlen!", klang es gereizt aus den Reihen der Bauernschaft.

"Schulmeister, hast du schon einmal darüber nachgedacht, dass es nur für anständige Arbeit einen Lohn gibt? Worin besteht denn deine Arbeit? Ich sehe nur, dass du den Kindern Flöhe in den Pelz setzt, sie von ihren Pflichten abhältst, den ganzen Tag schlau redest und wir dürfen dafür auch noch unser Geld zum Fenster hinauswerfen, und ...", erboste sich ein anderer Bauer, der barsch durch den Pastor unterbrochen und angefahren wurde.

"Du ungläubiger Thomas, was fällt dir eigentlich ein, in dieser Weise das Wort zu führen, und wage es nicht, mich zu unterbrechen", drohte ihm der Mann in schwarz.
"Der Schulmeister unterrichtet im Namen der Kirche und des Herrn sehr vieles, was du niemals erlernt hast. Ein

dummer Bauer, wirtschaftet schlecht, weil er weder Rechnen, Lesen noch Schreiben kann. Wenn du ein dummer Bauer bist und bleiben willst, dann ist das deine Angelegenheit, die teuer für dich werden könnte, teurer, als das angeordnete Schulgeld zu zahlen. Würdest du rechnen können, hättest du überblickt, dass die Geldbuße und die Säumniszuschläge dich mehr kosten, als das pünktliche Bezahlen der Gebühr. Außerdem ist es Aufgabe der Schulmeister, die Kinder im Katechismus zu unterweisen, damit sie auf die Konfirmation umfassend vorbereitet werden. Ich kenne zur Genüge die einfältigen Argumentationsversuche Deinesgleichen, und ich sage dir: Kehre um, gehe nicht den falschen Weg, den uns Martin Luther mit der Reformation gebracht hat. Am nächsten Sonntag werde ich für die Feierlichkeiten eine extra Kollekte einsammeln, und wehe dir, du wirfst nicht mindestens einen ganzen Taler in den Klingelbeutel, dann sollst du mich kennenlernen", wetterte der Kirchenmann sich immer mehr in Rage.

„Dann wäre die Frage, wer die Feier bezahlt, ja hinreichend geklärt", merkte der Untervogt an und griff beherzt in die sich aufheizende Stimmung beschwichtigend ein.
Der vom Pastor angegangene Hauswirt schaute noch eine Weile bitterböse, fand aber keine passenden Worte gegen die sehr emotional geführte Rede des studierten, redegewandten Kirchenmannes. Da auch sonst keiner der hier Anwesenden für ihn Partei ergriff, zog er es vor nunmehr zu schweigen.

„Herr Pastor, vielleicht erzählt der Schulmeister einmal allen hier vom Anfang der Schulgeschichte, denn die Wenigsten von uns werden sie wirklich kennen", versuchte der Küster zu schlichten und zugleich mit dieser Brücke, dem Schulmeister Gelegenheit zu geben, sich in dieser

Runde zu präsentieren, aber auch den erregten Gemütern Zeit zum Abkühlen zu verschaffen.
Er war ein Mann des Ausgleichs und besaß das Vertrauen der meisten hier anwesenden Männer.

Da niemand widersprach, erhob sich der Dorfschullehrer und begann die ihm bekannten Anfänge der Schulgeschichte zu erzählen, über die sich auf den Heimwegen noch lange unterhalten wurde.

Kapitel 2

***

1712

Das Ende der Schwedenzeit

Im Herbst des Jahre 1712 kam vollkommen überraschend eine panische Unruhe in den Dörfern, bei den einquartierten schwedischen Einheiten, auf.

Der junge Leutnant, der mit seiner Reiterschwadron in Höperhöfen lag und beim Bauernvogt auf dem Hof sein Quartier bezogen hatte, gab seinen Männern laute und nicht gerade freundlich klingende Befehle, mit denen er sie auch zur Eile mahnte. Reiter kamen, brachten Nachrichten und ritten gleich wieder wie vom Teufel gejagt fort.

Claus Bostelmann ging auf den Leutnant zu und fragte, was geschehen sei. Der Offizier legte seine Hand auf die linke Schulter von Claus, zog ihn sanft beiseite und sprach: „Die Dänen kommen. Sie haben unsere Flotte in der Ostsee versenkt und wir müssen zum Schutz der Heimat sofort nach Norden. Wir können hier keine Schlacht riskieren, weil wir jeden Mann brauchen, Schweden zu verteidigen."
Dann ließ er abrupt von Bostelmann ab. Inzwischen saß seine Schwadron aufgesessen und zum Abmarsch bereit. Ein entschuldigendes Nicken, Claus zugewandt, war sein ganzer Abschied.

Eilig aber diszipliniert verließen die Reiter mitsamt Wagen den Hof. Es dauerte noch eine ganze Weile, dann sah und hörte man von ihnen nichts mehr. Plötzlich war es ungewohnt still. Es war eine angenehme Stille, empfand Claus, als sein Blick über seinen Hof schweifte. Zugleich kamen ihm die zugetragenen Worte des jungen Offiziers

wieder ins Gedächtnis „Die Dänen kommen", wodurch sich aus der äußeren Stille schlagartig eine innere Unruhe breit machte.
Was würden die Dänen bringen? Würden sie wieder ihre Truppen in den Dörfern und Höfen einquartieren, und was waren das für Menschen? Aus der Unruhe wurde Unsicherheit und fühlbare Angst davor, dass sich für sein Dorf nichts zum Guten wenden würde.

Ab und an zogen andere Truppen der Schweden durch das Dorf, aber ohne hier lange anzuhalten oder plündernd einzufallen. Claus ließ aber Eimer mit Wasser an der Straße aufstellen. Die Bauern hatten in den vielen Jahren aus den unzähligen Einquartierungen und verschiedenen Truppen gelernt, wie sie möglichst ungeschoren davon kommen konnten. Wasser kostete nichts und war reichlich vorhanden. Nach Nahrung gefragt, konnten sie immer noch behaupten, die wurde schon von den anderen Soldaten mitgenommen.

Vorsorglich hatte er, nachdem der Leutnant fort war, ein wenig Vieh und Verpflegung im Dorf belassen. Sie hatten nicht alles fortgeschafft, weil das aufgefallen wäre.
Die Dänen kommen, war die Parole, die Ungewissheit in die Häuser und Menschen brachte. Gewiss, sie hatten schon viele Soldaten erlebt, aber noch keine Dänen, jedenfalls nicht bewusst. Die Angst war groß wegen der Ungewissheit, was sich ändern würde, welche Gefahren auf sie zukämen.

Die Zeit mit und unter den Schweden währte nun schon eine Lebenszeit, und nur die alten konnten von der mörderischen Zeit während des Großen Krieges berichten.
Sie konnten nur hilflos abwarten und auf die Amtsvögte in Rotenburg oder Otterberg hoffen.

Doch die Besetzung der Dänen dauerte nur drei Jahre und hinterließ keine einschneidenden Spuren, denn dazu waren sie noch allzu sehr mit den Schweden und anderen beschäftigt. Die eingesetzten Amtsvögte erfüllten ihre Pflichten wie unter den Schweden. Auch die Abgaben blieben, wie die Einquartierungen, wenn auch geringer und kürzer als unter den Schweden.

***

1714

Claus Hastede aus Bötersen fragte seinen zukünftigen Schwiegervater Joachim Hoops in Höperhöfen: „Sag mir bitte eines. Deine Tochter Tibcke will unbedingt, dass ich das Flett erneuere. Die Feuerhaken sind rostig, die Töpfe verbeult, der Feuerkorb wackelt und noch vieles mehr. Die Ausstattung hat schon zu Zeiten meiner Großeltern gute Dienste geleistet und würde noch mindestens zehn Jahre halten. Was soll ich tun? Was rätst du mir?"
„Nun ja, das ist nicht in einem Satz zu beantworten. Zum einen sei angemerkt, wenn sie es will und du es nicht machst, kommt der Tag, an dem du selbst das Essen zubereiten musst. Zum anderen wird ihre Stimmung dir gegenüber spürbar schlechter. Das Flett ist für die Frauen eine Art Heiligtum, wie dem Pastor sein Altar. Von dort aus kann man das Geschehen im ganzen Haus lenken, ohne sich selbst bewegen zu müssen. Hier brennt das im Winter lebensspendende Feuer, hier werden die leckeren Speisen zubereitet, hier wird abends zusammengegessen und hier spielt sich das Familienleben ab. Dazu meinen die Frauen eben, auch einmal einen neuen Topf haben zu müssen, als schmeckte es damit besser und läge nicht am Geschick der Köchin. Du wolltest meinen Rat. Gebe ihr, was sie verlangt, lege noch ein wenig drauf, und du hast ein entspanntes Heim. Diese Investition lohnt sich, glaube mir. Sie wird es dir danken."

„Küster, hast du die neueste Anordnung aus Stade gelesen?", fragte ihn der Pastor in Sottrum.
„Nein, ich konnte die Briefe noch nicht sichten. Die Halterung für den Glockenstrang macht mir Sorgen. Sie wird nicht mehr lange halten. Ich war eben beim Schmied, ihn zu beauftragen Ersatz zu schmieden. Dazu sind wir beide zu den Glocken im Turm hochgestiegen. Er wird eine volle

Woche zur Herstellung benötigen, aber er tauscht die alte Halterung noch vor Sonntag aus", verkündete er dem Pastor als seine größte Sorge.

„Ja, dann soll es so sein. Aber stelle dir vor, nun dachten wir, die Schweden sind weg und unter den Dänen wird es besser. Pustekuchen!", fluchte der Gottesmann gegen seine Überzeugung.

Der Küster nahm den Gefühlsausbruch wortlos hin, dachte aber: „Hätte das einer der Leute getan, würde er ihm glatt und ohne mit der Wimper zu zucken, einen Taler Kirchenbuße auferlegen."

„Nebenbücher sollen wir führen und am Jahresbeginn für das jeweils zurückliegende Jahr abgeben. Nebenbücher? Es sind reine Abschriften, also Kopien, die da gefordert sind. Bin ich denn ein Schreiberling oder doch Pastor, Seelsorger und Kirchenmann?", fragte er in den Raum, als erwartete er eine Antwort.

„Was dafür wieder an Geld für Papier, Tinte und Kopierkosten zu Buche schlägt", grummelte er vor sich hin, aber so, dass der Küster jedes Wort verstand.

„Das Urkirchenbuch zu führen verschlingt schon eine Unsumme an Geld und kostet mich viel Zeit. Die Auflagen der Kirchenordnungen, die zu führen sind, sind sehr umfangreich. Als wäre das noch nicht genug, schreiben sie uns Pastoren auch noch haarklein vor, was in jedem Buch zu stehen hat. Geburtsdatum und Ort, Taufdatum, die Paten mit Ort und Zugehörigkeit, bzw. Herkunft, und bei den Eltern sogar die Vor- und Familiennamen, Berufe und Orte und noch einiges mehr. Was das allein an Papier und Tinte verbraucht. Die Bürokratie nimmt immer größere Umfänge an, verursacht unnötige Kosten und stiehlt mir meine kostbare Zeit für den Dienst am Herrn", wetterte er weiter.

Er machte keinerlei Anstalten, sich auch nur ein wenig zu beruhigen.

„Erschwerend kommt ja noch hinzu, dass ich es im Winter, also im Januar erledigen muss. Da sind die Tage kurz, das

Licht sehr spärlich, und im Haus sind zum Schreiben Kerzen von Nöten. Was das alles kostet, hat sich sicherlich keiner unserer Vorgesetzten überlegt, glaube es mir. Sie müssen es ja auch nicht zahlen, aber das geht mir von den Einnahmen meiner Kirche ab", grollte er.

Dem Küster blieb nichts anderes übrig, als sich den Unmut seines frommen Kirchenmannes anzuhören. Einfach zu gehen, wagte er aber nicht.
„Die Juraten würden mich zu viel kosten, wenn ich es durch sie erledigen lassen würde. Sie schreiben mir zu langsam, und, naja, lassen wir das", brach er mit einer abwinkenden Handbewegung ab.
„Der Schulmeister wird es sich ebenfalls gut entlohnen lassen wollen, also bleibt es wieder an mir hängen."
Er schaute seinen Küster an und fragte: „Du hast von einer Halterung im Glockenturm gesprochen. Wieviel Geld will dein Schwager haben?"
„Der Schmied nimmt für das Anfertigen und Auswechseln einen Taler und 24 Schillinge", antwortete er.
„Das hält sich ja in Grenzen. Also gut, bevor dich der Strang während des Geläuts erschlägt und mich der Groll deiner Familie trifft, soll dein Schwager die Halterung in Gottes Namen auswechseln", lenkte der Kirchenmann ein.
Der vom Pastor an den Tag gelegte Geiz war schon mehreren aufgefallen. Einige fanden es gut, so sparsam zu denken und zu handeln, andere hingegen nervten seine ständigen, sehr umfassenden Ausführungen und Kommentare, wenn ihm etwas nicht gefiel.
Die Älteren aus den Dörfern merkten dazu nur an: „Jeder muss so genommen werden, wie er ist."
Damit war die Angelegenheit für den überwiegenden Teil der Kirchengemeinde erledigt.

***
1715

Das Leben änderte sich erst, als 1715 erneut eine neue Herrschaft die Gesetze schrieb und die Macht hatte.
Die zwei Herzogtümer Bremen und Verden fielen durch Kauf an das Kurfürstentum Braunschweig-Lüneburg, welche auch Kurfürstentum Hannover, oder kurz Kurhannover genannt wurde.

Für die Familie Hoops in Höperhöfen änderte sich in den Jahren nicht sonderlich viel, außer dass sie die Steuern indirekt wieder einmal an einen anderen Landesherrn zahlten, zwischendurch erobert, zurückerobert, gebrandschatzt, geplündert, ausgesaugt und nun verkauft wurden.
Abends am Flettfeuer hingegen war es schon ein Thema, denn jede Herrschaft quetschte die Bauern nur aus, so jedenfalls empfanden sie es. Sie waren nur Untertanen und nicht frei. Zudem hatten die Meisten der Bauern kein Eigentum an Land und am Hof. Sie fühlten sich nur als Sklaven ihrer Herren, ähnlich wie Leibeigene, wie die armen Anverwandten nördlich der großen Elbe es waren.

Der 56-jährige Joachim Hoops, Bauer auf dem Hoopshof in Höperhöfen versammelte im Herbst 1715 seine Familie, sofern er sie noch zusammenbekam, denn die Kriege und die vielen Herren hatten für eine Zerstreuung bei vielen Familien gesorgt. Seine blieb davon nicht ausgenommen, aber die neue Herrschaft versprach Hoffnung auf ein wenig Wohlstand und Frieden.
„Hört zu", begrüßte er sie, wobei er selbst stand. Meine Frau Margaretha und meine sechs Kinder, wie meine alte Mutter Tibcke mit ihren 85 Lenzen sind wohlauf, wenn wir auch keine Reichtümer anhäufen konnten. Ich habe Euch alle zu mir gebeten, weil ich die letzten Jahre erleben musste, wie die Familie zerrissen und in viele Richtungen

zerstreut wurde. Aus diesem Grunde möchte ich Euch an den Zusammenhalt, die engen Bande an die Familie, unserer Familie erinnern, aber auch einladen, dass ihr zeitlebens hier auf unserem Stammhof herzlich willkommen seid. Mein lieber Vater Cordt ist nun auch schon über 15 Jahre tot. Er hätte sich sehr gefreut, euch alle hier beisammen zu sehen."
Da einige der Jüngeren weitere Anwesende nicht kannten, begrüßte er sie alle namentlich, sofern er es selbst vermochte.

„Grete, meine liebe Schwester, ich freue mich, dass du mit deinem Mann und euren neun Kindern gekommen bist.
Hermann, mein Bruder, sei mir mit deiner Frau Metta und deinem Sohn Cordt Hermann ebenso willkommen.
Wie ihr sehen könnt, ist meine älteste Tochter Tibcke bereits verheiratet. Sie lebt mit ihrem Mann in Bötersen und sie hat mich bereits zum Großvater gemacht."
Stolz sah er zu seinem Enkelkind hinüber, bevor er fortfuhr.
„Meine beide Vettern Cordt und Hermann sind kinderlos verstorben. Sie waren die Söhne meines Vaters Bruder, Johann. Gesche, der Verlust deiner Brüder tut mir unendlich leid. Umso mehr freue ich mich, dass du heute hier bist, wenn auch noch ohne einen Ehemann gefunden zu haben."
Die angesprochene Base nickte dem Redner dankbar zu. Dass sie noch ledig war, wurde von niemandem als Makel empfunden.
„Hinrich, der Sohn von Hermann Hoops und Stiefsohn von Hermann Dodenhoff ist mit den schwedischen Truppen nach Norden gezogen. Wo er geblieben ist, kann ich Euch nicht sagen, auch nicht, ob er noch lebt. Ihr wisst doch, Hermann war auch ein Bruder meines seligen Vaters. Seine Tochter Alke ist auch schon über 20 Jahre tot. Dort steht ihr Sohn Harmen Lange aus Bötersen, der erst letztes Jahr seine Frau Margaretha geheiratet hat. Seit uns sehr herzlich willkommen. Die Verbindungen nach Bülste und ins

Kirchspiel Scheeßel sind leider versiegt, wenn wir auch wissen, dass wir mit dem einen oder anderen über sieben Ecken miteinander verwandt sind. Wer ist das hier nicht", fügte er mit einem Schmunzeln auf den Lippen an.

Die Zuhörer brachen in ein fröhliches Gelächter aus, denn Joachim hatte Recht mit dem, was er sagte. Zugleich berührte es sie, wie viele in den letzten 15 bis 20 Jahren von ihnen gegangen waren. Die gemeinsame Zeit dieser ungewöhnlichen Zusammenkunft verlief fröhlich, vom Alkohol und den alten Geschichten getragen. Joachims Sohn, Johann, war unter ihnen. Wer konnte damals schon ahnen, dass sein Sohn der Stammvater der Hoops`schen Moorsiedler mit vielen Hundert Nachfahren Hoops sein würde.

Die letzten der Geladenen verließen nach fast einer Woche den Stammhof. Alle hatten die Zusammenkunft genossen und nur schweren Herzens verlassen. Aber die Pflicht auf den eigenen Höfen rief einige recht rasch, einige etwas später wieder in den Alltag und Kampf ums Überleben zurück. Der Samen, die Verbindungen zu den Familien zu halten war erneut gelegt, aber ohne zu wissen, ob er auch aufgeht und Früchte trägt.

***
1720

„Amtmann, hör genau zu", sprach der Drost seinen Untergebenen an. „Seitdem die Dänen vor einigen Jahren die Herrschaft der Schweden im Land abgelöst haben, ordneten sie das Land mittels Verordnungen immer häufiger neu. Diese ständigen Veränderungen kosten uns eine Menge Geld, aber auch viel Zeit und benötigen einen nicht unerheblichen, zusätzlichen Aufwand. Nun sollen die Ämter eine Art Bestandsaufnahme erstellen, die im weitesten Sinne die Fortschreibung der schwedischen Jordebücher von 1692 darstellen. Als Überschrift haben sie den Begriff *Mannzahl* gewählt. Hier ist die Order und das dazugehörige Muster. Nehme Er es, und setze Er es um, als mein Vertreter in meinem Amt. Mich aber lasst damit in Ruhe", entlastete er sich.

„Was ärgert Euch, Herr?", wollte der Amtmann wissen.

„Hätte der Schwede sich in Russland militärisch nicht so unglücklich verhalten, wäre uns der zu Stockholm im letzten Jahr unterschriebene Friedenschluss erspart geblieben. Als Drost war ich selbstverständlich zu dieser beschämenden Zeremonie beordert worden. Mich wundert nur, dass man uns beide in Amt und Würden belassen hat. Es war der 9te November, dem Geburtstag meiner Gattin. Ich vergesse den Tag nie mehr, weil sie mich alljährlich durch ihre ungezügelte Feier- und Kauflaune wiederkehrend daran erinnert. Die anschließende Leere in meiner Börse ist der unwiderlegbare Beweis dafür, der mich notfalls doch erinnert", jammerte er unbewusst seinem engsten Vertrauten und Untergebenen vor.

„Nun gehören dem Welfen in Hannover, der sich Georg I. nennt und unser allerhöchster Kurfürst ist, auch noch die beiden Herzogtümer. Mit Bremen und Verden hat er einen strategischen Landgewinn gemacht, mit direktem Zugriff zur Nordsee. Karl der XII. hat uns durch seine Unachtsamkeit verraten. Nun ist es aber genug mit meinen Auslassungen. Geht und erledigt diese lästige Order."

Die Amtsvögte riefen bald nach bekannt werden der neuen Order ihre Bauernvögte zusammen, um das *„Mannzahlregister"* zu erstellen.

„Hört zu. Jeder von euch bereitet für sein Dorf diese Befragung vor. In gewohnter Weise reise ich erneut mit dem Untervogt dann von Dorf zu Dorf, das erforderliche zusammen zu tragen. Dazu erwarte ich, dass ihr alles so vorbereitet, dass ich nur kurze Verweilzeiten inklusive aller Annehmlichkeiten pro Dorf habe. Ich beabsichtige eines am Vormittag und eines am Nachmittag zu bereisen. Im ersten Haus speise ich zu Mittag, im zweiten übernachte ich, wobei ich mein Quartier und meine Wirkstätte stets beim Burmester eingerichtet haben will", wies der Vogt die Vertreter der Dörfer an.
„Warum sollen wir nicht einzeln zu euch nach Sottrum in die Vogtei kommen?", wollte ein weißhaariger Mann wissen, der aus Everinghausen stammte.

Dass hinter dem Vorschlag und der Fragestellung die Einsparung der Verköstigung von mindestens zwei hungrigen Männern stand, war dem Vogt bewusst, scherte ihn aber keinesfalls.
„Wenn ich Nachfragen habe, meist habe ich ja welche, kann ich diese sofort und direkt vor Ort klären", war seine nicht widerlegbare Antwort.

Dann stellte er den Männern seinen Zeitplan vor, der keine Verhandlungsgrundlage, sondern eine Order war. Danach entließ er die gerufenen Vertreter aus ihrer Pflicht.

Der Burmester aus Höperhöfen konnte mit diesem Zeitplan sehr gut leben, denn der Vogt sollte morgens gesättigt von Bötersen kommen, nach dem Mittagessen bei ihm in Höperhöfen direkt nach Schleeßel weiterfahren, wo er dann dort mit dem Untervogt zu übernachten gedachte.

"Das kostet mich nur eine Mahlzeit, während andere Dorfvorsteher die beiden Herren, geschafft vom Tagwerk, einen ganzen Abend zu verköstigen und zu unterhalten haben. Erschwerend kommt hinzu, dass sie morgens noch einmal hungrig sind und abends nur saufen", reimte er sich zusammen.
Dass er mit seiner Einschätzung richtig lag bestätigten ihm die so Betroffenen später in Gesprächen, wobei sie sich vielerorts über die gezeigte Fresslust und die Saufereien bitterlich beklagten.

Der Tag war gekommen. Der Höperhöfener Vorsteher hatte mit dem aus Bötersen abgesprochen einen Boten zu senden, während die Bagage sich beim Frühmahl den Wanst vollschlug, damit sie sich vorbereiten konnten.
Als der Knecht angeritten kam, sandte Claus Bostelmann seinerseits seinen eigenen Großknecht zu den Bauern im Dorf aus, um sie zu informieren und zusammen zu rufen.
Vollzählig angetreten, begrüßten sie gemeinsam die Kommission des Amtes, die umfangreicher als erwartet war, und baten sie ins Haus.

„Meine Herren, bei guter Zuarbeit, werden wir bald weiterfahren können. Der Amtsvogt wird mit jedem Bauern die Angaben des Jordebuches abgleichen, während der Untervogt eine Aufstellung der Wirte mit den Vorwirten erarbeitet. Fangen wir also an!", wies er an.

Als der inzwischen 60-jährige Joachim Hoops an der Reihe war, gab er zu Protokoll: „Ich führe den Hoopshof, gebe ihn aber im nächsten Jahr an meinen inzwischen 27-jährigen Sohn Cordt ab."
„Von wem hast Du den Hof übergeben bekommen?"
„Das war vor 33 Jahren Herr, da übernahm ich ihn direkt von meinem Vater Cordt."
„Und welcher Wirt saß davor auf dem Hof?"
„Das war meines seligen Vaters Stiefvater und Interimswirt, Harm Dreyer."
„Weißt du auch noch, wer davor diesen Hof bewirtschaftete?"
„Aber ja. Davor war mein Großvater Joachim Hoops der Bauer auf der Scholle, und davor sein Vater Harm."
„Das gereicht mir. Nun soll der nächste vortreten", ordnete der Beamte an.
Joachim wunderte sich, warum diese Aufstellung so wichtig war und wozu sie dienen sollte. Er wagte aber nicht deswegen nachzufragen.

Dass viele solcher Aufstellungen noch Jahrhunderte später den Nachfahren die Möglichkeit und Chance boten, die eigene Familiengeschichte nachzeichnen zu können, ahnte seinerzeit niemand. Das war ja auch nicht Anlass und Ziel dieser Erfassungen und Niederschriften.

Die ganze Angelegenheit dauerte bis an die Mittagszeit heran und wurde so rechtzeitig beendet, damit das von den Frauen beim rechten Nachbarn zubereitete Essen auch dort eingenommen werden konnte. Die Herren fuhren danach rasch nach Schleeßel weiter. In Höperhöfen atmeten alle auf, den Amtsschimmel endlich wieder los zu sein. Sie verabschiedeten sich herzlich, denn sie wollten den Rest des Tages noch etwas wegschaffen.

Nur Joachim ging schweren Herzens nach Hause. Auf dem Hoopshof in Höperhöfen schlich schon seit mehreren Tagen Gevatter Hein ums Haus, die alte Witwe und Hausmutter Tibke zu holen. Sie hatte inzwischen das stolze Alter von 90 Jahren erreicht, und war damit bereits drei Jahre älter, als ihr seliger Ehemann Cordt geworden.
Seit zwei Jahren war sie nicht mehr gut zu Fuß, wurde bettlägerig und musste seitdem gepflegt und gefüttert werden, wie einst der alte Cordt.
„Gretchen, deine Frau ist eine Seele von Mensch", hatte die alte Bäuerin ihrem Sohn einmal mit zufriedener Sanftheit in ihre Stimme gesagt. Sie pflegte ihre schwer kranke Schwiegermutter mit sehr viel Hingabe und Geduld, wobei Tibke stets bescheiden war, und vor allem nicht zur Last fallen wollte.

Am Morgen des 15. November schaute Gretchen nach ihr, wie immer gleich frühmorgens nach dem Aufstehen. Heute blieb sie im Türrahmen stehen, wagte aber nicht weiter zu gehen. Dann schloss sie die Tür ganz leise wieder, als fürchtete sie, die Alte würde aufwachen. Traurig und betreten ging sie zu ihrem Mann Joachim und legte ihm ihre Hand auf seinen Arm.
„Dien Modder is dod bleven. Gevatter Hein wör hier un het se mitnommen", sagte sie schlicht mit weicher Stimme und Tränen in den Augen.
Der Bauer nickte nur stumm, schritt zögerlich zur Kammer seiner alten Mutter, öffnete sachte die Tür, blieb eine ganze Weile im Türrahmen stehen, trat wortlos hinein und schloss sie hinter sich wieder. Er wollte mit seiner Mutter alleine sein, um sich zu verabschieden.
Gretchen hingegen blieb im Flett zurück, weckte die Kinder und sandte den Knecht aus, die traurige Nachricht allen Nachbarn und der Familie im Dorf, aber auch Grete, Joachims verheirateter Schwester in Worschen, zu überbringen.

Als der Knecht in Worschen auf den Hof ritt, erwartete ihn Grete in der Tür stehend, als hätte sie es geahnt.
„Ist etwas mit meiner Mutter?", begrüßte sie ihn unerwartet geradeheraus.
„Es tut mir leid Bäuerin. Sie ist heute Morgen nicht mehr aus dem Reich des Schlafs zurückgekehrt. Gevatter Hein hat sie in der Nacht geholt."
„Richte meinem Bruder aus, dass ich mich gleich auf den Weg mache", antworte sie, drehte sich um und verschwand im Haus. Dass sie selbst einmal 86 Jahre leben würde, hätte sie zu diesem Zeitpunkt sicherlich angezweifelt, wenn auch gewünscht. Tratschen, besonders über andere, gehörte zu einer ihrer Lieblingsbeschäftigungen. Nur heute war ihr plötzlich jegliche Lust darauf vergangen.

Die Nachricht vom Tod ihrer Mutter schlug ihr schon aufs Gemüt, daher machte sie sich alsbald auf, um die nächsten drei Tage auf dem elterlichen Hof zu verbringen.
„Cordt, Modder is dod", informierte sie ihren Mann.
„Ich bleibe bis zur Beisetzung in drei Tagen in Höperhöfen. Wir sehen uns zur Trauerfeier", war der sehr knapp gehaltene Hinweis.
Er dachte nur: *„Sie tut immer so hart und gefasst, legt sich mit Gott und der Welt an, aber heute ist sie weich wie heiße Hafergrütze."* Diese weiche Seite hatte er bei ihr bis zur Hochzeit geschätzt.

Danach war ihr dieser liebliche Wesenszug plötzlich abhanden gekommen, als sei über Nacht ein innerer Sinneswandel von statten gegangen. Es war, als sei die Frau, die er geheiratet hatte, durch eine andere, die genauso aussah, ersetzt worden. Er hatte mit seinem verliebten Blick, wahrlich ihren Hochmut übersehen. Nach der Hochzeit sah sie sich als die Großbäuerin, als Herrscherin über einen Hofstaat von Mägden und Knechten. Sie ließ diesen, von ihr irrtümlich angenommenen Unterschied, alle deutlich spüren. Die Realität hingegen sah anders aus. Die erfahrenen und fleißigen Bediensteten schmissen den Hof und ließen die geschwätzige Mutter eher links liegen, natürlich niemals offen. So hatte es der Bauer nicht bemerkt, vielleicht auch, weil er es nicht sehen wollte. Nun war er aufgewacht.

Als Grete auf dem elterlichen Halbhof eintraf, über den sie nach ihrer Hochzeit abschätzig sprach, weil sie ja nun die Bäuerin eines vollen Hofes war, überkam sie ein mulmiges Gefühl.
Ihre Knie waren ihr schon ein wenig weich geworden, wie sie so vor der kleinen Seitentür stand, die sie vom Zusammentreffen mit dem Tod und der trauernden Familie, vor allem aber, von ihrer toten Mutter trennte.
Die sonst so resolut auftretende, inzwischen 55-jährige Frau zögerte die Tür ihres Elternhauses aufzustoßen und hineinzutreten, es fiel ihr sichtlich schwer. Dann tat sie es doch und sah beim Eintreten in viele tränenverquollene Augen.
Joachim trat sofort zu ihr und nahm sie liebevoll in den Arm, wie es Geschwister üblicherweise zu tun pflegen.
Nachdem sie selbst alle begrüßt hatte, wollte sie zur Mutter in die Schlafkammer gehen, um von ihr Abschied zu nehmen.
Der Zimmermann war noch immer mit der Herstellung des Sarges beschäftigt, denn das Geräusch vom Sägen und Nageln drang aus der Scheune über den Hof, bis ins Haupthaus. Sie hasste dieses Geräusch seit jeher.

Erst wenn er seine Arbeit beendet hatte, würde die alte Bäuerin im Kreise ihrer Familie und engsten Nachbarn im offenen Sarg, im Flett des Hauses, aufgebahrt werden. Zuvor würde sie von den Nachbarinnen hergerichtet und für die letzte Reise zurechtgemacht werden.

Die Frauen waren schon da, warteten aber dezent im Hintergrund, bis auch das letzte Familienmitglied „Lebe Wohl" gesagt hatte.
Grete war die Letzte. Sie stand betreten am Fußende und schaute in das bleiche, eingefallene Gesicht der Mutter, das einen vollkommen friedlichen Eindruck vermittelte. Die alte Frau lag tot auf ihrem Sterbebett, Mund und Augen geschlossen und die Arme über der Brust verschränkt.

Der sonst so redseligen Tochter kam kein einziges Wort über die blassen Lippen, so sehr hatte sie der Tod der Mutter, das Ende dieses Lebens, mitgenommen.
Mit ihren 55 Jahren war sie noch sehr gut beieinander, körperlich fit und im vollen Besitz all ihrer Sinne, doch fürchtete sie nichts so sehr, wie den eigenen Tod.

Nach einer ganzen Weile setzte sie sich, wenn auch zögerlich, auf die Bettkante und legte ihre rechte Hand auf die Schulter der Mutter. Sie erschrak bei der Berührung, denn der sonst so warme Körper war kalt und fühlte sich eigenartig an. Die fahle Blässe der Haut kannte sie ja schon von anderen Leichen, die sie in ihrem Leben gesehen, auch gewaschen hatte. Hier aber lag die Frau, der sie ihr Leben zu verdanken, die sie geboren und aufgezogen hatte.
Grete fasste sich ein Herz, schnaufte tief aus und tat einen tiefen Atemzug: „Modder, danke für alles. Mache es gut, und grüße Vadder von mir. Er wartet bestimmt schon mit seiner rauchenden Pfeife auf dich."

Diese wenigen Worte waren ihr sehr schwer gefallen. Sie war aber selbst erleichtert darüber, dass sie den Mut aufgebracht hatte, diese paar Worte auszusprechen.

Danach erhob sie sich und verließ mit hängendem Kopf den Raum. Nachdem sie zu den anderen getreten war, gingen die Nachbarinnen daran, ihren Liebesdienst an der alten

Tibke zu verrichten. Sie wuschen und reinigten sie, zogen ihr das Leichenhemd an, kämmten ihre Haare und flochten sie zum gewohnten Dutt zusammen. Sie schnitten ihre Fingernägel und falteten dann erst ihre Hände, denn inzwischen war die Leichenstarre wieder aus dem Körper gewichen.

Der Tischler hatte währenddessen sein Werk vollendet. Der Sarg stand auch schon vor der Kammer und die Böcke, die zum Aufbahren benötigt wurden, befanden sich ebenfalls im Flett. Es war ein schöner Sarg, befanden die Anwesenden. Er war sauber gehobelt, hatte auch noch einige Verzierungen, die der Handwerker ins eichene Holz geschnitzt hatte. Das Innere war mit weißen Leinen ausgeschlagen, das von Gretchen beigesteuert worden war.

Dann öffnete sich die Kammer. Eine der Nachbarinnen stand in der Tür und sagte: „Wir sind soweit."
Das war das Zeichen für die Männer, den Sarg in Tibkes Kammer zu tragen. Den Deckel ließen sie im Flett zurück. Nachdem sie ihn abgestellt hatten, verließen sie den kleinen Raum wieder und platzierten die Holzböcke so, dass sie darauf den offenen Sarg mit der Toten lagern konnten.
Währenddessen hoben die Nachbarinnen die Leiche in das Erdmöbel, betteten sie, falteten ihr erneut die Hände, richteten noch einige Strähnen der Haare, zogen die Decke glatt und betrachteten, ob ihnen der Liebesdienst gelungen war.
Wieder öffnete sich die Kammertür. Die Männer trugen nun den belegten Sarg in das Flett. Sie hielten kurz an und hoben ihn auf die Böcke, dann verneigten sie sich und traten zurück.
Eine der Nachbarinnen stellte noch vier Kerzen aus Bienenwachs auf und entzündete sie mit einem Kienspan. Dann holte sie zwei Stühle für die Totenwache.

Jetzt war es an der Zeit für die Anwesenden das Gesamtbild zu betrachten. Überraschend klopfte es an der Tür. Sie öffnete sich unaufgefordert und der Pastor trat ein.

„Entschuldigt, dass ich erst jetzt komme, aber als mich die Nachricht vom Tod eurer Mutter erreichte, stand ich einer jungen, sterbenden Frau bei, deren Todeskampf lange währte. Auch meine Gebete wurden nicht erhört. Lasst mich nun euch Trost spenden und mich meine Aufgabe für die alte Tibke verrichten."

So tat der Gottesmann, was zu tun war. Segnete, betete, spendete Trost und gab Antworten auf Fragen, war eben der Seelsorger. Dass er auch hier wieder nicht ans Sterbebett gerufen wurde, wie beim alten Cordt, machte ihn stutzig, auch wenn man ihm versicherte, die alte Frau tot im Bett gefunden zu haben.

Sie sprachen auch gleich die Beisetzung und die Modalitäten ab, bevor der Fromme das Trauerhaus wieder verließ.

Gretchen hatte für ihre Schwägerin einen Platz zum Schlafen hergerichtet. Da sie aber die erste Nacht an der Totenwache teilnehmen wollte, gesellte sie sich zu ihrem Bruder, der seiner Mutter ebenfalls diesen Dienst erweisen wollte.

Joachims Kinder waren längst zu Bett gegangen. So verbrachten die beiden Geschwister gemeinsam die Nacht bei der Mutter. Sie hatten sich schon seit Jahren nicht viel zu sagen gehabt und schwiegen sich an, jeder in seinen eigenen Schmerz vertieft, bis hin zum ersten Hahnenschrei.

Über ihre Gefühle zu reden hatten sie nicht gelernt, es war auch nicht üblich. Grete wechselte zwischendrin die niedergebrannten Kerzen aus, während Joachim ebenso wortlos das offene Flettfeuer auf kleiner Flamme am Brennen hielt. Schließlich war es bereits Mitte November. Wenn auch der Winter noch keinen Einzug ins Land gehalten hatte, waren die Nächte doch schon recht kalt.

Gretchen hatte eine sehr unruhige Nacht verbracht. Sie stand unmittelbar nach dem ersten Krähen in der Diele, um die Frühmahlzeit zuzubereiten. Beide Wachen begrüßte sie herzlich, bemerkte aber schon beim Eintritt ins Flett die eigenartig bedrückende Stille. Da sie es auf die Begebenheit der aufgebahrten Schwiegermutter zurückführte, verschwendete sie keinen weiteren Gedanken daran.

Es gab, wie schon seit längerer Zeit, Buchweizenbrei, und das sollte sich die Wintermonate über kaum ändern.
Die vier Kühe wollten auch in der kalten Jahreszeit gemolken und die zwei Schweine gefüttert werden. Das gehörte zu den Aufgaben der Magd Hanna und des Knechts Matten. Hanna hatte sich leise aus ihrem Alkoven geschlichen und war unbemerkt am Euter der ersten Schwarzbunten zu Gange. Matten war ein wenig poltriger aus seinem Alkoven gekrochen, brachte ein verschämtes, langgezogenes „Moin" heraus. Er trollte sich, in Holzklotschen, gähnend aus dem Haus in Richtung Schweinestall. Er schlief üblicherweise in seiner Arbeitskleidung, die ihn nachts wärmte, aber morgens frösteln ließ, bis er sich warmgearbeitet hatte.

Die Ernte der Kastanien und Eicheln erbrachte in diesem Jahr glücklicherweise einen hohen Ertrag, der durch das fleißige Sammeln der Frauen und Kinder sichergestellt wurde. Sie verwahrten das für die Hofschweine wichtige Winterfutter in Säcken aus Jute oder Hanf, die im Stall an der Decke hingen. So kamen ungebetene Fresser nicht an den Vorrat und der Bestand blieb zudem trocken. Die Sauen hingegen wurden nach einem auf Erfahrung begründeten Plan gefüttert. Die Bauern wussten wieviel Futter für jedes Tier, nicht nur für die Schweine, benötigt wurde, um sorgenfrei über den Winter zu kommen. Entsprechend dieser Erkenntnisse musste die Vorratshaltung ausfallen. So bekam jede Sau auch heute genau ihren Anteil abgemessen.

Matten hatte eine kleine Holzschale, die er zum Abmessen nutzte. Dann schüttete er das Futter in den Trog. „Ihr habt es gut. Ihr könnt den ganzen Tag lang nur fressen und faul auf dem weichen Heidestreu liegen. Wegen euch muss ich immer so früh raus. Aber wenn ihr fett genug seid, geht es mir besser, denn dann habe ich euch zum Fressen gern", drohte er scherzend den schmatzenden Viechern. Diese waren mit dem Futter beschäftigt und kümmerten sich nicht weiter um ihn.

Hanna hingegen war schon komisch zumute. Sie saß auf dem Melkschemel zwischen den Kühen, die im Haus abseits in ihren Boxen standen, während wenige Schritte von ihr entfernt die tote Altbäuerin in ihrem offenen Sarg lag, als schaute sie sich die im Rauch über ihr hängenden Würste und Schinken an. Das flackern der Kerzen, deren Lichtspiel auch den Bauern bedachte, der mit seiner Schwester am Eichensarg saß, ließ die Magd für Momente in Gedanken versinken, dass sie das Melken vollkommen vergaß.

Ihre Holzschuhe, die extra für diese Arbeit bestimmt waren, bewahrten sie davor, mit den Füßen direkt im Kuhmist stehen zu müssen. Die Streu aus Heideschnitt war vom Urin der Rinder getränkt und mit den Fladen verschmutzt. Dass Matten alle drei Tage die Streu auf den Misthaufen brachte und den Stall neu einstreute, änderte am Geruch und dem Bild nur vorübergehend etwas.

Die Unruhe der Kuh, weil zwei ihrer Zitzen ohne die gewohnte, entleerende Bewegung zwischen den Fingern der jungen Frau ruhten, holte sie wieder zu ihrer Tätigkeit zurück, den hölzernen Eimer mit der warmen Flüssigkeit zu füllen. So molk sie nun ohne Unterlass das Milchvieh, während die Bäuerin, Joachims Gretchen, das einfache und kärgliche Frühmahl zubereitete.

Hanna hatte Hunger und fror ein wenig, denn die morgendliche Temperatur lag, trotz der Tiere im Haus und

des über Nacht brennenden Feuers, nur knapp über dem Gefrierpunkt. Die letzten Tage hatten sich Nachtfröste angekündigt, die bisher glücklicherweise ausgeblieben waren.
Als Gretchen mit ihrer Arbeit fertig war, kam Matten just ins Haus zurück. Hanna beendete gerade das Melken. Sie setzten sich alle an den großen Tisch, auf dem eine Schüssel mit dem Buchweizenbrei und die warme, frisch gemolkene Milch stand. Inzwischen waren auch Joachims und Gretchens Kinder aufgestanden und hatten ihre Plätze eingenommen.
„Grete, Joachim. Bitte kommt an den Tisch, um ein wenig zu Essen und zu Trinken. Eure Mutter hätte gewollt, dass ihr nicht hungrig an ihrem Grabe steht", motivierte sie die Trauernden, sich aus ihrer Starre zu lösen.

Die Arbeiten im Haus lagen nun weitgehend bis zur Beisetzung brach. Joachim überbrückte die Zeit mit der Versorgung des Viehs, wobei ihm der Knecht stets zur Hand ging. Sie besserten Zäune aus, oder waren tagsüber in der Scheune verschwunden.
Gretchen und ihre Schwägerin Grete kamen sich in den Tagen zwangsläufig näher. Sie fingen an sich ein wenig zu mögen, auch wenn Grete dieses selbstverständlich nicht zeigen oder gar zugeben würde.

Als der Tag der Beisetzung gekommen war, wurde der Sarg im Kreise der Familie für immer geschlossen, indem der Deckel aufgelegt wurde. Mit nur wenigen Hammerschlägen trieb Joachim gekonnt die vier Eisennägel in das Holz. Diese Schläge zementierten die Vergänglichkeit des Seins und hatten etwas Endgültiges an sich.

Dann trugen Joachim und fünf Nachbarn den geschlossenen Sarg aus dem Haus. Sie stellten ihn in Fahrtrichtung auf den Leiterwagen. Der Knecht hatte bereits angespannt.

Alle standen im Sonntagsstaat da oder hatten sich besonders fein zurecht gemacht. So fuhren sie nach Sottrum.

„Modder soll abends in aller Stille mit einer Leichenpredigt vom Herrn Pastor zur letzten Ruhe gebettet werden", hatte er allen zuvor gesagt. Zu den Sargträgern gehörte auch der junge Hinrich Hoops, der einzige Enkel des seligen Erzählers Harm, sowie Marten, der Knecht und Weidenpfeifenschnitzer.
Insgesamt sechs Träger, Nachbarn und die besagten zwei, holten den Sarg vom Leiterwagen und trugen ihn geschultert über den Friedhof zum ausgehobenen Grab. Der Sarg aus Eichenholz alleine wog schon einiges. Über dem rechteckigen Loch lagen quer zwei dicke Bohlen, auf dem sie ihn abstellten.
Dann traten sie einen großen Schritt zurück und standen in ihren schwarzen Hosen und Jacken abwartend neben dem Sarg.
„Zum Glück ist heute ein trockener Tag", dachte der abseits wartende und auf seine Schaufel gestützte Totengräber, beim Beobachten des Geschehens auf seinem Totenacker. Er würde die Zeremonie bis zum Ende mit ansehen und, wenn alle von Dannen gegangen waren, das morgens von ihm ausgehobene Grab wieder zuschütten.

Die Familie und die Anverwandten reihten sich um die Tote. Cordt war mit den Kindern direkt aus Worschen angefahren, sie standen unmittelbar neben Grete.
Nach einer Weile trat der Pastor dazu, verneigte sich zum Sarg gewandt, schaute danach einmal durch die Runde und begann mit der Zeremonie und seiner Leichenpredigt am offenen Grab. Die Novembersonne stand tief und würde bald hinter den Waldkronen versinken.
Ein Schlurzen und Seufzen, aber auch Klagen und Weinen, begleiteten den Sarg in die Tiefe.

Nach dem letzten Segen wurde kondoliert. Anschließend bedankte sich Joachim im Namen der Familie für die schöne Predigt und drückte dem Pastor für die Zeremonie die Hand. Dann verließ die Trauergemeinde den heiligen Boden und begab sich auf den Weg nach Hause. Die Gebühren hatte er zuvor bei einem der Juraten entrichtet.
Als die Geräusche der abfahrenden Wagen verhallt waren, trat der Totengräber aus dem Schatten seines Beobachtungsortes hervor, einer großen Eiche, und beendete was er am Morgen begonnen hatte.

Auf ihrer Fahrt nach Hause nahm die Trauergemeinde noch einen kurzen Umweg auf sich, um am großen Stein, dem *Familienstein*, für einen Moment und ein Gebet, einen besinnlichen Halt einzulegen.
Auf dem Hoopshof in Höperhöfen spürten alle, nach ihrer Rückkehr, eine besondere, ungewohnte Leere und bedrückende Stille im Haus. Die Altmutter war nun ausgefahren, ihre Kammer verwaist, und der Sarg thronte nicht mehr in der Mitte des dunklen Raumes. Es hatte etwas Endgültiges, etwas Leeres an sich.

Hanna hatte zwar unentwegt das Feuer geschürt, während die Beisetzung auf dem Kirchhof in Sottrum stattfand, was aber nicht wirklich die erhoffte, wohlige Wärme verbreitete.

Tags darauf erschien Hinrich bei seinem Onkel Joachim.
„Guten Morgen Hinrich, komm herein. Du hast gestern deine Aufgabe als Sargträger wirklich gut gemacht. Ich weiß, es war das erste Mal für dich. Was führt dich so früh am Morgen zu mir?", wollte Joachim wissen.
„Oheim", begann Hinrich seine in Gedanken zurechtgelegten Worte.
„Ich werde nach Hamburg gehen. Dort kann ich als Brandweinbrenner arbeiten und verdiene mehr Geld, als was ich hier als Knecht erhalte. Davon hat mir der alte Harm Hoops

aus Jeerhof berichtet, der in Hasloh auf der anderen Seite der Elbe lebt."
„Wann wirst du dort anfangen?"
„Erst nach dem Ende meiner Zeit, also im Januar. Ich habe auch schon bei Hans Miesner, der dort bereits seit über zwei Jahren arbeitet, eine Schlafstelle."
„Das klingt gut, mein Junge, nur die Familie zerstreut sich immer mehr. Versteh mich nicht falsch, aber das ist in dieser bewegten Zeit ebenso. Ich wünsche dir dort Erfolg, aber auch Gesundheit. Meinen Vetter, also deinen Großvater, habe ich immer sehr gemocht und für sein außerordentliches Talent des Erzählens bewundert. Wenn du etwas brauchst, dann lass es mich wissen."
Joachim griff mit zwei Fingern der rechten Hand in seine Westentasche, nestelte einen Taler heraus und reichte ihn dem Verwandten.
„Nimm, du wirst ihn brauchen können."
„Danke, aber deswegen bin ich nicht gekommen. Es ist so, dass Hanna und ich zusammen nach Hamburg ziehen wollen, sie sich aber nicht getraut hat, es dir zu sagen", kam es zögerlich aus ihm heraus.
Bevor der Bauer antworten konnte, stieg Gretchen ins Gespräch ein.
„Ich habe zufällig gehört, was du gesagt hast. Hanna, komm bitte einmal her", rief sie die Magd mit sanfter, aber bestimmter Stimme, die vollkommen unbemerkt, wie jeden Morgen, ihre Arbeit zwischen den Kühen verrichtete.
Als sie bemerkte, dass ihr Liebster ins Haus gekommen war, duckte sie sich verschämt ein wenig ab. Nun blieb ihr aber nichts anderes übrig, als sich zu erheben, den Melkschemel und den wenig gefüllten Milcheimer beiseite zu stellen und der Aufforderung ihrer Bäuerin nach zu kommen.
Vor ihr stehend, überraschte Gretchen alle Anwesenden.
„Das freut mich für euch. Aber wenn ihr zusammen geht, dann solltet ihr es als Mann und Frau tun, finde ich. Zeit für

das Aufgebot und die Hochzeit vor dem Weihnachtsfest bleibt ja noch."
„Wir können uns aber keine Hochzeitsfeier als Magd und Knecht erlauben", räumte die junge Frau ein.
„Das übernehmen wir", schaltete sich Joachim ein.
Hinrich und Hanna waren nun noch mehr verwirrt, als es ihre verliebten Herzen schon waren.
„Onkel Joachim, ich bitte aber darum, dass es dann eine ganz kleine, bescheidene Hochzeit wird", bat der heimlich Verlobte seinen Gönner.
Er nickte zustimmend und Gretchen nahm Hanna freudestrahlend in den Arm. Innerlich begrüßte sie die Möglichkeit, damit wieder Freude und Lachen ins Haus geholt zu haben.
„Matten, spann an! Ich fahre mit den beiden Turteltauben gleich zu unserem Pastor, um das Aufgebot zu bestellen", ordnete Gretchen überschwänglich an.
Joachim konnte sich ein Schmunzeln nicht verkneifen.

Gegen Mittag war die Ausfahrtsgesellschaft zurück, und Gretchen mit Hanna vollkommen in die Vorbereitungen vertieft. Sie hatte Recht behalten, denn das Leben und die Freude waren wieder ins Haus eingekehrt.
„Hanna, bereite die Altenteilerkammer als Kammer für das Ehepaar von Hinrich und Hanna Hoops vor", überraschte sie ihre Magd.
„Aber das geht doch nicht, da ...", Gretchen ließ sie nicht aussprechen und fiel ihr ins Wort.
„Du hast meine Entscheidung gehört. Das Leben geht weiter, und die alte Bäuerin hätte es ebenso gewollt. Ihr Geist ist ausgezogen, also ziere dich nicht, tu einfach was ich dir gesagt habe."
Nachdenklich schaute sich Gretchen in dem Raum um, der in absehbarer Zeit wieder die Altenteilerkammer werden könnte, nachdem Cordt den Hof übernommen hat.

Dann nämlich würden Joachim und sie hier einziehen, bis ans Ende ihrer Tage hier leben und dann auch sterben.
„Welch ein vorhersehbarer Kreislauf", dachte sie, der sich immer und immer wiederholte.
Dass sie aber in eine Stube einziehen würden, in der zuletzt ein Brautpaar ihre Hochzeitsnacht verbracht hatte, hellte ihre Gedanken auf. „Wir ziehen jedenfalls in keine Totenstube", freute sie sich.
Hanna war sehr beschäftigt und tat, was ihr aufgetragen wurde. Sie ging mit gemischten Gefühlen in die besagte Kammer, öffnete das Fenster, ließ die Tür weit offen stehen, entfernte alle Kleidungsstücke aus dem Raum und legte sie fein säuberlich in eine der schweren Truhen. Nichts wurde einfach weggeworfen. Diese Kleider trugen Generationen, denn sie waren in der Anschaffung teuer. Das Bettzeug war längst abgezogen, die Bettwäsche gewaschen, getrocknet und lag, glatt gezogen, im Wäschefach verstaut.
Sie brachte alles andere zum Lüften auf den Hof, schließlich sollte, ja würde sie ihre Hochzeitsnacht, dank Gretchen in einer eigenen, richtigen Kammer verbringen dürfen.
„Für eine Magd und einen Knecht, ist das schon etwas Besonderes", sagte sie ihrem Verlobten.
„Stell dir vor, wir dürfen darin zusammen wohnen bis wir nach Hamburg ziehen", vertraute sie ihm an.
„Ja, ich weiß es schon von meinem Oheim. Onkel Joachim hat bereits alles mit meinem Bauern abgesprochen. Der will zur Hochzeit auch ein wenig beisteuern. Wir bekommen einen kleinen Tisch und zwei Stühle. Außerdem bin ich schon ab dem 4ten Advent vom Dienst freigestellt und kann dann hier mit dir leben, wie Mann und Frau. Ist das nicht schön?", fragte er stolz seine junge Braut.
Es nahm ganze zwei Tage in Anspruch, dann war die Kammer hergerichtet, ausgelüftet und geschrubbt. Auch die Löcher in den Wänden und dem Fußboden wurden ausgebessert. Sie musste aber auf den Einzug des Paares noch zwei ganze Wochen warten, denn die Hochzeit war ja

erst nach der dritten Proklamation von der Kanzel geplant und möglich.

Zwei Wochen später saßen die jungen Leute und die kleine Hochzeitsgesellschaft im Gottesdienst und lauschten bei den Abkündigungen auf das Verlesen der dritten, ihrer dritten Proklamation, was selbstverständlich geschah.
„Dor har ick de ganze Tiet up luhrt", schoss es dem Bräutigam durch den Kopf, als er seinen Namen hörte.
Es war mit dem Pastor abgesprochen, dass unmittelbar im Anschluss an den Gottesdienst ihre, wenn auch bescheidene Hochzeitszeremonie, im Beisein der ganzen Kirchengemeinde stattfinden sollte.

Nun forderte der Fromme die Verlobten auf, zum Altar vorzutreten. Während die Familie mit nach vorne ging, blieben die übrigen Kirchenbesucher in den Bankreihen sitzen.

Die Zeremonie war schneller vorbei, als es die Anwesenden erwartet hatten. Hinrich und Hanna waren nun ein richtiges Ehepaar. Als solches fuhren sie bei strahlendem Sonnenschein und winterlichen Temperaturen nach Höperhöfen zurück. Dort würde die Feierlichkeit mit Essen und Trinken, Fidelspieler und *Danz up de Deel*, im Rahmen der Familie Hoops und Hinrichs Bauernfamilie, auf dem Hoopshof stattfinden.
Der Pastor wurde gleich mitgenommen, damit er keinen weiteren Grund zum Grübeln hatte. Matten sollte ihn am Abend, gesättigt und zufrieden, wieder zum Pfarrhaus zurückfahren.

Wenn sie dann den Pastor auf dem Heimweg wähnten, war geplant, dass Joachim ein bis zwei Geschichten im Kreis der Familie erzählen würde, damit sie auch im fernen Hamburg nicht ganz vergessen werden sollten.

Für Hanna und Hinrich war es ein sehr glücklicher Tag. Als sie spät abends, ein wenig schüchtern noch, erstmals zusammen in ihrem Ehebett lagen, waren sie glückselig, aber auch vom Trubel der letzten Stunden ermüdet.
Die Geschenke beschränkten sich überwiegend auf blanke Taler, das hatte Gretchen eingefädelt.
„In der großen Stadt brauchen sie einen Grundstock und eine finanzielle Reserve für die erste Zeit", lautete ihr, allen geladenen Gästen, vorgetragenes Argument.
Zusammen mit der Aussteuer und mit dem am Ende ihrer Anstellung zu erwartendem Lohn für das vergangene Jahr, war für einen richtigen Neuanfang in Hamburg vorgesorgt.
Miesner hatte ihnen eine bescheidene Bleibe besorgt, mit zwei Räumen und mit einem eisernen Herd.

Gretchen und Joachim lagen in dieser Nacht noch sehr lange wach.
„Das hast du gut gemacht, Frau", lobte er sie.
„Der ganze Trubel hat mir geholfen, leichter über den Tod von us Modder hinweg zu kommen. Außerdem haben wir meinem Neffen, eine gute Grundlage für ein eigenes Leben gesichert. Was er daraus macht, werden wir erleben und ich hoffe, er hält den Kontakt zu seinen Wurzeln. Wer weiß, was aus unseren Kindern mal wird, denn in wenigen Jahren gehen wir aufs Altenteil."
Gretchen antwortete nicht mit Worten, sie nahm ihn nur liebevoll in den Arm und gab ihm einen innigen Kuss.
Dieser Gedanke war ihr bereits vor Wochen gekommen, als sie die Kammer ihrer seligen Schwiegermutter hergerichtet hatte.

So endete ein weichenstellender Abend im Stammhaus der Familie Hoops in Höperhöfen.

Das Weihnachtsfest 1720, aber auch der Jahreswechsel wurde in Bescheidenheit und Stille begangen. Die erwartete

Teilnahme an den christlichen Feierstunden wurde erfüllt, aber die überlebenswichtigen Winterarbeiten standen immer im Vordergrund.

Vor den Festtagen war auch geklärt, welche Magd Hanna nachfolgt.

***

1721
Auf nach Hamburg

Mit dem 6. Januar war der Tag gekommen, an dem alle Knechte und Mägde im Land ihre Stellung ohne Begründung verlassen konnten. Die mündlich geschlossenen Arbeitsverträge galten überall stets nur für ein Jahr, wobei auf dem Hof verbliebene Geschwister, die als Knecht oder Magd auf dem Hof dienten, dieses auf einer anderen Grundlage taten. Selbstverständlich konnten die Vereinbarungen im gegenseitigen Einvernehmen immer wieder verlängert, oder aufgehoben werden. „Wenn es keinen Grund zum Wechseln gab, warum einen erfinden?", sagte Matten einst zu Hanna.
Hannas und Hinrichs Pflichten endeten mit diesem Tag auf ihren Höfen. Joachim hatte ihnen angeboten, sie mit Sack und Pack am darauffolgenden Tag persönlich nach Hamburg zu fahren. Matten war eingeteilt, ihn als Austauschkutscher zu begleiten. Gretchen ließ es sich nicht nehmen, ebenfalls mitzufahren, und Joachim fand kein Argument es ihr auszureden. Im Grunde war es ihm sogar ganz recht, dass sie mitfuhr, weil ihm dadurch ihre anschließende Fragerei erspart blieb.
„*Eigentlich hatte sie es sich auch einmal verdient, aus dem Dorf herauszukommen und die Größe der Ansiedlung Hamburgs mit eigenen Augen sehen zu können*", überredete er sich selbst.

Die neue Magd, Sophie Dreyer, war ledig, und mit ihren 25 Jahren doch schon eine erfahrene Magd, die zuvor auf dem Nachbarhof gedient hatte. Sie konnte unbesorgt ein bis zwei Tage alleine wirtschaften und die Kinder und das Vieh versorgen. Davon, dass sie möglichweise zwei Tage allein auf dem Hof war, hatte ihr Gretchen berichtet, wenngleich Joachim einen anderen Plan hatte. Bei Problemen wären ja auch noch die Nachbarn zugegen, um jederzeit zu unterstützen, wie es im Dorf unter Nachbarn so üblich war.

Die Bäuerin war noch nie in Hamburg gewesen und wollte es sich auf keinen Fall entgehen lassen, am darauf folgenden Tag noch den großen Markt zu besuchen, von dem alle immer so beeindruckend berichteten.
Die Neugierde trieb sie an, wie Joachim von der Neugierde und der Fürsorge für den Neffen getrieben war, dessen Behausung inspizieren zu wollen. Er machte sich Sorgen, dass es ihnen dort nicht gut ergehen könnte. Dass er dabei eine Art Vaterrolle übernahm, war ihm nicht bewusst und, wenn er es gewusst hätte, wäre es ihm egal gewesen. Hinrich war der Enkel seines seligen Vetters Harm, zugleich aber auch Vollwaise. Das allein genügte dem Familienoberhaupt, sich zu interessieren und zu kümmern. Diese ungekrönte Aufgabe kam seit Generationen immer den Bauern auf dem Hoopshof zu.

Als Joachim vor seinem mit Stroh gedeckten Haus trat, sah er einen auch mit Möbeln vollbepackten Leiterwagen. Matten zog die Schultern nach oben und sah ihn mit hochgezogener Augenbraue an, als er just dabei war, eine mit Tran beschichtete Plane über die Ladung zu verspannen.

Gretchen stand daneben und schien ihm Anweisungen zu geben. Als sie ihren Ehemann bemerkte, sagte sie nur: „Es ist alles gut. Das alte Bett aus der Kammer, den ebenso alten Schrank, wie auch diese Truhe brauchen wir nicht mehr, sie aber umso mehr. Das ist doch auch in deinem Sinne, oder?", zerschlug sie ihm jeden Einwand im Ansatz.
Er staunte nicht schlecht. Ein voll beladener Leiterwagen, auf dem auch noch fünf erwachsene Personen mitreisten, und nur seine alte Lisa, die das Ganze ziehen sollte.

„Frau, du warst noch nie in Hamburg, das merkt man. Matten, spann Lisa ab. Ich gehe zu Diedrich und leihe mir seine Pferde. Die kommen vor den Wagen. Und zieht euch warm an, nehmt gefüllte Strohsäcke und wollene Decken mit."
Und so ging Joachim die 200 Schritte zu seinem Nachbarn, ihn um Unterstützung zu bitten, die ihm gewährt wurde.
Nach einer halben Stunde kehrte er mit den zwei aufeinander eingespielten Zugpferden auf seinen Hof zurück, führte sie rücklings vor den Wagen und spannte an.

Matten hatte inzwischen eine doppelte Portion Hafer und einen zweiten Fresssack auf dem Wagen verstaut.
Dann saßen alle, außer dem Bauern auf. Dieser schritt noch einmal prüfend um den Wagen, ob auch alles gleichmäßig verstaut war und die Verzurrungen auch dem Wind standhalten würden. Sie hatten alle warme Kleidung angezogen, aber auch Planen gegen den Regen dabei.

„Der Tag verspricht trocken und recht kühl zu bleiben. Aber wer weiß, wie das Wetter in Hamburg ist? Außerdem ist der Trelder Berg, hinter Tostedt eine allen Fuhrleuten bekannte Wettergrenze", erklärte er der kleinen Reisegesellschaft, bevor er auf den Bock aufstieg und den Wagen anfahren ließ. Aus der Scheune holte er zuvor noch eine mit Tierfett eingeschmierte Plane, die er bei Regen nutzte.
Das junge Paar saß freudestrahlend auf der Ladefläche und wusste gar nicht wie ihm geschah. Kurz vor der geplanten Abfahrt hatte Gretchen ihnen die Möbel der alten Tibke vermacht, und sie dann kurzerhand auf den Wagen verladen lassen. Hanna hatte auf Nachfrage zugeben müssen, dass sie sich noch Möbel hätten kaufen müssen.

„Das Geld spart euch man für den ersten Hoops in Hamburg auf. Die alten Möbel sind noch stabil, werden aber hier derzeit nicht benötigt und ihr könnt sie gut brauchen,

also nehmt sie. Matten und Hinrich sollen sie geschwind aufladen."
Und nun hatten sie ihr Schlafzimmer bereits zusammen. Die Aussteuer, die Hanna an den langen Spinnabenden für sich gefertigt hatte, reichte für ein Leben aus. Sie war stets fleißig gewesen und konnte auch eindrucksvoll und geschickt nähen.
So zuckelte das Fuhrwerk, das technisch gut in Schuss war, dessen hölzerne Verstrebungen aber immer sehr verdächtige Geräusche von sich gaben, von Sottrum über Rotenburg und Scheeßel, Richtung Hamburg. Die zwei Pferde mussten einen schwer beladenen Wagen ziehen, weswegen der Kutscher es ruhig angehen ließ.

Gretchen war zwar einmal in Scheeßel bei Verwandten gewesen, aber nie darüber hinaus nach Norden gekommen. Joachim erklärte ihr unterwegs, wie die Orte hießen, woher er sie kannte, was er hier und da erlebt hatte, wodurch auch die Zeit schneller zu vergehen schien. Schließlich waren es 50 Meilen, die die Pferde den vollen Wagen zu ziehen hatten.
Joachim war sich spätestens in Scheeßel darüber im Klaren, dass sie trotz zweier kräftiger Zugtiere, erst morgen zurückfahren konnten, schwieg aber dazu.
Es würde sich in Hamburg schon alles finden. Erst einmal war sein Ziel, ohne Rad- oder Achsbruch dort noch heute bei Tageslicht anzukommen, auch wenn die Tage kurz waren.
Sie fuhren bei Lauenbrück auf der langen Brücke über die Wümme und ließen Stemmen links liegen. Joachim berichtete aber im Vorbeifahren aus den Überlieferungen vom dortigen Hoopshof.
„Noch heute leben Nachfahren des letzten Hoops auf dem Hof, die heißen jetzt aber Helmers", führte er aus seinen Erinnerungen aus.

So fuhren sie nach der langen Geraden mitten durch das Königsmoor, linkerhand in die Senke nach Wistedt, von dort die Steigung zum Kirchort Tostedt hoch.
Gretchen, aber auch Hanna staunten nicht schlecht, als sie dort an der Kirche vorbei und durch das Bauerndorf fuhren. Es kam ihnen wie eine Weltreise vor. Die Kühle des Tages machte ihnen nichts mehr aus. Sie hatten ja alle ihre fellenen, kniehohen Fußsäcke dabei, wenngleich auch die Ziegelsteine ihre Wärme längst restlos an die Füße abgegeben hatten. Hinrich und Matten hingegen waren, wie Joachim auch, schon mehrfach diesen Weg nach Hamburg gefahren.

Mitten in Tostedt legten sie eine Rast ein. Die Pferde brauchten eine Pause. Sie wurden in der Nähe des dortigen Gasthauses getränkt, gefüttert und mit Decken abgedeckt, dass sie nicht allzu sehr auskühlten. Hanna war die Aufgabe zugefallen, die Brotzeit für Joachim und Matten anzureichen.
Die Frauen hatten ja bereits daheim in Höperhöfen alles sorgsam vorbereitet und griffbereit im Handkorb verstaut. Rasch standen Wein, hölzerne Becher, Wurst und Brot auf einem Tisch mit zwei Stühlen bereit. Hinrich hatte die Möbel kurzerhand vom Wagen losgezurrt und neben das Gefährt gestellt.
Nachdem die Pferde versorgt waren kamen die beiden Männer zurück, um sich zu stärken. Sie staunten nicht schlecht über die ungewohnte Betreuung.
Nur eine halbe Stunde später waren sie bereits wieder auf dem Weg.
Joachim wusste, warum er genau hier gerastet hatte, der nun folgende fast einen Kilometer währende, steile Anstieg über den Trelder Berg, forderte von den Pferden und seinen Lenkern viel Kraft. Den Hügel zu umfahren erschien ihm ein unnötiger Umweg zu sein.

Bevor sie aber den Hügel angingen, ließ Joachim die Menschenfracht absitzen. Auch er ging, die Pferde am Zügel führend, vorneweg, während er die anderen noch vor sich laufen ließ.
„Ihr geht den Hügel zu Fuß hoch. Keiner von euch geht hinter dem Wagen, der, wenn die Pferde versagen sollten, euch einfach überrollt, weil es bergab geht. Oben angekommen, wartet ihr auf mich. Dort brauchen die Gäule eine kurze Pause. Matten geht rechts neben dem Wagen und bleibt für alle Fälle mit der Hand in der Nähe der Wagenbremse", erklärte er den Frauen, damit sie sich auch ja an seine sehr wichtigen Anweisungen hielten.

Dann ging er zu den Tieren, tätschelte sie und sprach dabei mit ihnen, bevor er die Zügel in die Hand nahm und sie führte. Mit dieser Methode war er bisher immer gut und sicher angekommen. Andere blieben auf dem Bock sitzen oder ritten eines der Zugtiere, aber Joachim machte es so, wie er es vom seligen Vater erfolgreich vorgemacht bekommen hatte.
Joachim war mit sich, vor allem mit Diedrichs Tieren zufrieden. Sie zogen die Last ohne einen Halt und in einem Zug den Hügel hinauf. Oben gönnte er ihnen die verdiente Pause. Matten tränkte sie erneut, aber nur mäßig.

„Hört zu!", sicherte sich Joachim die ungeteilte Aufmerksamkeit seiner Mitfahrer.
„Nun geht es wieder bergab. Dieses Mal fahre ich auf dem Bock sitzend hinunter und warte unten auf euch, weil ihr zu Fuß hinter dem Wagen hergeht. Hinrich und Matten, ihr werdet an diesem Seil den Wagen unter Zug halten, zusätzlich zur Wagenbremse. Das entlastet die Tiere. Bedenkt immer: Pferde oder Ochsen sind das wertvollste, was ein Bauer auf dem Hof hat. Ohne sie ziehen er und seine Frau den Pflug, tragen auch alle Lasten selbst."

Er dachte noch, wie gut es war, dass der Boden gefroren und nicht aufgeweicht war.

Die Fahrt bergab dauerte ebenso lang, wie die bergauf. Joachim bremste gekonnt, sodass sich die Pferde nicht zu sehr, gegen die von hinten drückende, ja, schiebende Last des vollbeladenen Wagens stemmen mussten.
Unten angekommen, schenkte er ihnen nur eine kurze Verschnaufpause. Nachdem alle ihre Plätze wieder eingenommen hatten, setzten sie die Reise fort.
„Es ist bald Mittag und wir haben gut die Hälfte des Weges hinter uns", rief er aufmunternd nach hinten.
Je weiter sie fuhren, desto mehr veränderte sich die Umgebung. Sie wandelte sich von sehr flach und eben in mit Hügelchen durchzogen, wobei es eben nur kleine Erhebungen, wenn auch langgezogene, waren.
„Hier beginnen die Harburger Berge", beschrieb er seinem Gretchen das bewaldete, ansteigende Land vor ihnen.
An jeder längeren Steigung, sei sie noch so gering gewesen, ließ Joachim die Menschen absitzen und zu Fuß gehen. Das Prinzip hatten ja alle begriffen.

So kam die kleine Reisegruppe durch einige kleinere Dörfer über Heimfeld und Eißendorf an der Harburg vorbei.
„Hier regierte der Harburger Herzog, ein Welfe. Ihr könnt nachher noch die Feste Harburg sehen. Sie ist viel mächtiger als der rote Steinhaufen in Rotenburg", scherzte der Wagenlenker.
Als die Frauen dann erstmals die mächtige, breite Elbe erblickten, blieb ihnen vor Ehrfurcht der Mund weit offen stehen.
„Wären sie einmal in Bremen gewesen und hätten sie dabei die Weser gesehen, hielte sich ihr Erstaunen in Grenzen", flüsterte Joachim Matten ins Ohr.

Durch die vielen Nebenarme der Elbe bedingt, führte der Weg über mehrere Brücken, an denen stets ein Brückenzoll entrichtet werden musste, den Joachim jedes Mal aus der Westentasche fingerte. Seine Frau hatte damit nicht gerechnet. Trotz der Kälte war der Strom nicht zugefroren, worüber Joachim sehr froh war. Die Fähre würde fahren.

„Wegezoll? Das ist aber eine teure Reise, Joachim", wollte sie sagen, tat es aber aus Rücksicht gegenüber Hanna nicht. Sie wollte nicht geizig erscheinen, obwohl ihr die vielen Gebühren schon ein wenig den Tag vermiesten.
Sie hörte und beobachtete dennoch weiterhin mit Erstaunen, was die Männer da untereinander, in sehr gewohnter Weise trieben und taten.
Dann war es vorbei mit den Brücken.
„Hier müssen wir alle absteigen und dort auf die Fähre gehen, um mit ihr dann nach Hamburg über zu setzen", verkündete Joachim frohgelaunt. Die Erleichterung in seiner Stimme verkündete das baldige Ende der Reise.
„Oh weh, ich kann aber nicht Schwimmen!", warf Hanna plötzlich ängstlich ein.
„Du brauchst ja auch nicht Schwimmen, wir fahren mit der Fähre rüber", war die knappe Antwort von Matten, die Hanna zwar nicht beruhigte, aber keine weitere Frage oder Anmerkung mehr duldete.

Hinrich nahm seine Frau an die Hand und führte sie zur Fähre, denn er ahnte, dass sie mit der schwankenden Überfahrt Probleme haben würde.
Gretchen bekam während der ganzen Reise übers Wasser den Mund nicht mehr zu, während Hanna mit der Luft, ihrem Magen und dem aufkommenden Unwohlsein kämpfte.
Wäre da nicht Hinrich gewesen, wer weiß? Kreidebleich setzte sie ihren Fuß nach dem Anlegen auf das für sie rettende, sichere Land.

Dort wartete der Kranzieher Hans Miesner am Straßenrand bereits eine geschlagene Stunde auf die kleine Reisegesellschaft aus Sottrum. Er war Hinrichs gleichaltriger und langjähriger Freund aus Scheeßel. Sie hatten vor etlichen Jahren zwei Jahre lang zusammen als Jungknecht auf einem Hof, in Stuckenbostel, gedient.

Nach sehr kurzer, aber herzlicher Begrüßung, saßen alle wieder auf, denn der rege Verkehr ließ an dieser Stelle keinen längeren Aufenthalt zu.
„Matten, nun fährst du", bestimmte Joachim.
„Hinrichs Freund sitzt vorne bei dir auf und weist dir den Weg. Ich erhole mich hinten auf dem Wagen ein wenig", ergänzte Joachim seine Anweisungen.
Nach einer weiteren Stunde, erreichten sie knapp vor dem Dunkelwerden das Haus, in dem Hanna und Hinrich zukünftig wohnen würden.
„Wir sind angekommen", verkündete der Freund und wies Matten mit einem Fingerzeig an, wo er den Wagen anhalten sollte, was dem geschulten Wagenlenker auch mühelos gelang.
Dann stiegen alle ab und schauten staunend auf die vielen unterschiedlichen Häuser mit und ohne Fachwerk.
Nur Matten interessierte sich nicht dafür, er versorgte die Pferde.

Miesner führte dann das frisch gebackene Brautpaar zu einem wenig breiten Holzhaus, vielleicht von vier Metern, mit einer niedrigen Tür und einem schmalen Fenster, mit zugeklappten Läden.

„Das ist euer Haus, und diese Straße heißt *Kleine Flut*, in der fast alle Brandweinbrenner wohnen. Hier ist der Eingang mit einem offenen Flur. Einen Hinterausgang gibt es nicht. Unten befindet sich der große Raum, mit dem gusseisernen Ofen, der auch als Kochstelle dient. Es schließt sich eine

kleine Speisekammer und eine Nische an, in der ein einzelnes Bett, oder auch ein Schrank, Platz fände. Das Feuerholz unterm Fenster gehört euch. Innen findet ihr eine sehr schmale Treppe, die nach oben führt. Sie knarrt ein wenig, aber das sollte euch nicht stören. Oben befindet sich der zweite Raum, der sich zum Schlafen anbietet, wo auch das Ofenrohr durchläuft. Ich habe ein ähnlich kleines Häuschen, zwei Straßen weiter in der Jacobstraße, wo die Kranzieher und viele Hafenarbeiter wohnen. Und ich kann euch sagen, es lässt sich darin auch im Winter leben. Das wichtigste ist aber, euer Dach ist dicht. Den monatlichen Mietzins kennt ihr ja. Nun geht hinein und schaut euch in aller Ruhe um. Ich warte hier draußen."
Er zauberte zwei eiserne Schlüssel aus dem Hosenbund und hielt sie dem Paar entgegen.

Hinrich klopfte dem Freund anerkennend und dankbar zugleich auf die Schulter, nahm die Schlüssel entgegen, trat an die Tür und schloss den Zugang auf. Dann ließ er seiner Hanna, die schon vor Neugierde fast zerplatzte, den Vortritt.
Mit dem Eintreffen beim Haus war ihre, durch die Flussüberfahrt verursachte Übelkeit, wie weggeblasen.
„In einer Stunde wird es dämmern, Bauer", merkte Matten nüchtern an.
Gretchen war schon ganz unruhig, aber er zügelte ihr Verlangen, dem Paar unmittelbar zu folgen.
Sie sah, wie die zwei ins Haus gingen und Hanna nur einen Moment später die Fensterläden öffnete, um herauszuschauen, das Licht ins Haus zu lassen, und dabei vor Freude nur so strahlte.
Wenige Augenblicke später wurde auch die kleine viereckige, kopfgroße Luke im Obergeschoss geöffnet.

Es dauerte knapp zehn Minuten und zwei strahlende Augenpaare schauten aus dem Türrahmen auf die Wartenden.

Beide winkten auffordernd, ihnen ins Haus zu folgen, was Joachim und Gretchen auch neugieriger weise gerne taten.
Nur fünf Minuten später erschien der Bauer schon wieder im Einlass.
„Hinrich, du und dein Freund, bringt die zerlegten Möbel hurtig ins Haus. Das Bett kommt nach oben. Dort baue ich es alleine zusammen. Der Schrank und die Truhe verbleiben unten, den baut ihr in der Nische auf. Die Frauen holen den Kleinkram selbst ins Haus. Wir bleiben alle heute Nacht hier. Matten, du kümmerst dich um die Pferde. Zwei Ecken weiter ist der Pferdestall von Peters. Stell sie dort unter. Wir holen sie morgen früh wieder ab, und leg den Taler aus."
Nach dieser, die nächsten Schritte umfassenden Arbeitsanweisungen für das Möbelschleppen, das Aufbauen und Einräumen, nahm das Einrichten rasch wohnliche Züge an. Den leeren Leiterwagen ließ der Knecht vor dem Haus stehen. Die Pferde waren gut untergebracht, der Ofen war befeuert, das Bett stand und war bereits mit Bettzeug bestückt, der Schrank und die Truhe hatten ihre Plätze gefunden. Den kleinen Tisch und die zwei Stühle hatte Hinrich von seinem Bauern als Hochzeitsgeschenk bekommen. Sie passten sehr gut in dieses kleine Haus.
„Bauer, ihr schlaft oben, Hanna und ich hier unten. Matten schläft bei meinem Freund Miesner im Haus, und bitte, keine Einwände. Hanna bereitet gleich eine ordentliche Mahlzeit vor, Hans und ich holen aus der Kneipe vier große Krüge Bier", ahmte Hinrich die vorhergegangene Befehlsausgabe seines Onkels nach.
Seine Stimmlage machte deutlich, dass er nur diese Lösung zuließ.
Die Anwesenden fügten sich ausnahmslos, denn die heutige Tagesfahrt steckte allen in den Knochen.
Der kleine Ofen brachte eine wohlige Wärme in das kleine Reich, das Gretchen im Flett stets vermisst hatte. Irgendwie beneidete sie Hanna ein wenig.

„So einen eisernen Ofen könnten wir gut gebrauchen, Jochim", schlug sie ihm vor, aber er tat, als habe er ihre Bemerkung nicht gehört.

Während sie zu Abend aßen, verkündete Gretchen, dass sie morgen früh unbedingt auf den hiesigen Markt in Hamburg wollte. Dass sie sich von der hohen Kante einige Taler für Einkäufe eingesteckt hatte, behielt sie noch für sich. Joachim hatte dazu eigentlich keine rechte Lust. Seine Einwände ließ er aber unausgesprochen.
„Sie hat ja Recht. Einmal kommt sie in die Hansestadt, dann will sie auch etwas sehen und, weil Frau, will sie natürlich auch etwas kaufen, um es dann bei den Nachbarinnen vorzeigen zu können", dachte er, gab innerlich nach und lehnte sich entspannt zurück.

Die beiden Alten hatten in Tibkes uraltem Bett, das nun Hanna und Hinrich gehörte, sehr gut geschlafen. Das von unten aufsteigende Ofenrohr aus Eisen, hatte noch lange ein wenig Wärme gespendet, aber die einzige Kältesperre zur freien Natur, bestand aus einer doppelten Lage von schmalen Brettern, sowie den Holzschindeln, auf dem quer mit Brettern verschalten Dach.
Geräusche emsigen Treibens drang aus dem Erdgeschoss die offene Treppe herauf, dies trieb das alte Ehepaar aus dem gut gewärmten Federbett in die raumkalten Kleider.

Hanna hörte, trotz der dicken Deckenbohlen, dass nun alle im Haus wach und im Begriff waren den Tag zu beginnen.
Rasch räumten sie ihr provisorisches Lager vom Fußboden, gleich neben dem Ofen zusammen und verstauten alles in der Nische.
„Ich mache euch gleich etwas zu Essen", rief Hanna den beiden entgegen.
Joachim winkte ab. „Lass gut sein Deern. Kümmert euch um das Haus, richtet euch ein. Wir finden auf dem Markt

reichlich für Gaumen und Magen. Es wäre eine Schande, mein Gretchen mit gefülltem Magen mit in das Getümmel zu nehmen. Hinrich, nächste Woche schicke ich Matten noch einmal hierher. Er bringt euch ein Fuder Holzscheite, dass ihr über den Winter kommt. Ich schlage aber vor, stapelt es im Haus, damit es keine Flügel bekommt. Außerdem dämmt es ein wenig und wird nicht nass. Du kannst Miesner ja noch ein wenig davon für seinen gelungenen Freundschaftsdienst abgeben. Ich bin mir sicher, dass Matten noch dies und das, nach dem heutigen Markttag, mitbringen muss", grinste er, Gretchen zugewandt, an.
„Matten kann über Nacht bei uns bleiben", bot Hinrich an, und Joachim nahm an.

Die Jungvermählten bedankten sich vor lauter Glückseligkeit immer wieder bei den beiden Alten, die nun zum Markt drängten. Gretchen konnte sich vor lauter Neugierde kaum noch beherrschen, sie wäre am liebsten sofort losgelaufen.
Sie trafen Matten beim Stall, wo die Pferde über Nacht untergestellt waren.
„Ich habe schon angespannt und mir gedacht, wir finden auf dem Markt etwas Köstliches, was auch satt macht," schlug er dem Bauern vor.
„Du kennst mich schon lange genug, um zu wissen, was gut tut. Lass es uns so wie immer machen", entgegnete ihm Joachim.
Matten hatte die Planen und die inzwischen leeren Behältnisse und Körbe gut auf dem Wagen verstaut und verzurrt.
Nach einer guten halben Stunde hörte Gretchen ein Stimmengewirr und Geschrei, ohne genau zu wissen aus welcher Richtung es kam. In diesem Moment hielt Matten, der den Wagen lenkte, selbigen an.
„Hier bleibt er stehen und unser Gerhard passt auf ihn auf," sagte Joachim zu Gretchen.
„Wer ist denn Gerhard?", fragte sie verwundert.

Joachim zeigte auf den am Straßenrand sitzenden Mann, der Gretchen wie ein Bettler vorkam.
In diesem Moment erhob sich Gerhard und ging freudestrahlend auf den alten Bauern zu.
„Du bist wieder hier, Joachim. Das freut mich aber. Soll ich über dein Gefährt wachen, während ihr über den Markt geht?"
Joachim drückte ihm einen ganzen Taler in die Hand.
„Soll ich dir wieder eine große Fleischwurst mitbringen?", der Gefragte nickte stumm.
Dann überließ ihm Joachim die Zügel, und die drei gingen auf den Markt.
Gretchen blieb einen Moment stehen, als sie den Markt erblickte, dessen Umfang größer war, als der ihrer Wiese.
„So viele Menschen", staunte sie.
„Warum heißt er Fischmarkt?", wollte sie wissen.
„Weil man hier Fisch kaufen kann", antwortete Joachim in seiner eigenen Logik.
„Gretchen, erst in Ruhe anschauen. Also einmal über den Markt, dabei vergleichen, dann entscheiden, wo du was kaufen willst. Es ist noch am Abend genug von allem da, auch wenn die Händler uns immer etwas anderes weismachen wollen", erklärte er ihr.
„Und bleibe immer dicht neben mir. Halte niemals Geld offen in den Händen, denn hier wimmelt es von Dieben und anderem, gewaltbereiten Gesindel", mahnte er sie mit warnender Stimme.
„Ich zahle alles aus meiner Börse. Lasse deine Taler ruhig im Rock stecken."
Gretchen sah Waren in Hülle und Fülle, die sie weder vom Bauernmarkt in Rotenburg noch von Sottrum kannte.
Einige der angebotenen Speisen, Gemüse, Fische oder Tiere hatte sie noch nie gesehen. Aber sie hörte auf die mahnenden Worte ihres Mannes, denen sie viel Bedeutung zumaß.

Bei der zweiten Runde mussten ihre Begleiter tapfer sein, und Joachims Geldbörse schrumpfte mächtig.
Mit den Schätzen des letzten Einkaufs kehrten sie gegen elf Uhr zum Wagen zurück. Matten war schon vorher zweimal schwer bepackt beim Fuhrwerk gewesen. Beim ersten Mal hatte er Gerhard die versprochene Wurst mitgebracht, nun drückte ihm Joachim noch einen halben Taler in die Hand und dankte ihm ausgiebig.
„Gerhard, ich bin in der nächsten Woche wieder hier. Dann gönnen wir uns einen großen Krug Bier. Gib bis dahin auf dich acht", rief Matten ihm zu.

Auf der langen Rückfahrt löcherte Gretchen ihren Mann, bis er ihr endlich erzählte, was es mit Gerhard auf sich hat. „Hör zu. Er ist der uneheliche Sohn eines meiner Vettern, dessen Mutter mit dem Knaben nach Hamburg gezogen ist. Er hat dann eine andere geheiratet, sie aber stets finanziell unterstützt. Die Verbindung ist in den vielen Jahren niemals abgerissen. Keinem anderen würde ich dort meine Pferde, geschweige denn, die meines Nachbarn, Diedrich, anvertrauen. Hinrich kennt ihn auch seit Jahren. Du siehst, die beiden sind nicht alleine in dieser großen Stadt."
Mit der Antwort war Gretchen für den Augenblick zufrieden. Dann war sie mit ihren Gedanken schon wieder bei ihren Einkäufen, ihren Schätzen auf dem Wagen. Gleichwohl sollte der Bauer Recht behalten.

Ihre Eindrücke waren derart gewaltig, dass sie die ganze Fahrt über kaum eine Redepause machte, und wie berauscht vor Glück, jedes Detail des Gesehenen bis ins Kleinste immer wieder beschrieb, als sei Joachim gar nicht dabei gewesen.

Matten erhielt eine Woche später einen Einkaufszettel. Die Waren wurden dieses Mal aber mit Geld aus ihrer Truhe bezahlt. Diese umfangreiche Bestellung hatte die Bäuerin

bereits während der Rückfahrt, unter dem frischen Eindruck des Erlebten, in Gedanken in ihrem Kopf zusammengestellt.
So fuhr Matten mit der versprochenen Ladung Feuerholz zu Hinrich nach Hamburg. Er brachte Hans Miesner gleich einen Teil zu dessen Haus, traf Gerhard wieder, kaufte ein, was ihm aufgetragen wurde, und Hanna half ihm dabei.
Das Gespann stellte er wie gewohnt unter. Den Einkauf für seine Bäuerin, Gretchen, verwahrte Hanna in ihrem Haus.

Die Nacht hingegen verbrachte Matten nicht bei Hinrich im Haus, sondern zog mit dem Junggesellen Gerhard, wie schon des Öfteren, durch die Gemeinde und gönnte sich dies und das. Das kostete ihn zwar einen Teil seiner Ersparnisse, aber das war es ihm wert. Als es bereits hell wurde, holte er das Gespann ab und fuhr zu Hinrich und Hanna, die Einkäufe zu holen.
„Du stinkst ja wie eine Kaschemme", schimpfte sie ihn an.
„Woher weißt du denn, wie es in einem Krug stinkt", raunzte Matten sehr schroff zurück.
Er kümmerte sich nicht weiter um das Weibergeschwätz, wie er es immer bezeichnete, sondern forderte die Herausgabe der verwahrten Waren für seine Bäuerin.

Hinrich trug ihm die Sachen hinaus und legte alles auf die Ladefläche. Matten deckte eine Plane darüber und zurrte sie fest.
Einen kleinen, kohlkopfgroßen, geflochtenen Weidenkorb, randvoll mit Proviant gefüllt, stellte Hanna ihm mit einer spitzen Bemerkung unter den Sitz.
„Zum Saufen ist nichts außer Wasser drin. Die Wurst und das Brot wirst du ja wohl vertragen, du Rumtreiber", bellte sie verärgert.
Hinrich sprang dem Knecht zur Seite: „Hanna, du hast keinen Grund, Matten so anzuraunzen. Er fährt den ganzen Tag in der Kälte, bringt uns Feuerholz und ist ein guter Knecht bei meinem Onkel. Dann vergnügt er sich einmal im

Jahr und du schlägst wie ein Haushund an. Er hat uns gestern Nacht sogar allein im Haus schlafen lassen. Das nennt man Rücksicht, du aber fährst ihm in die Seite", grollte er verärgert.
Hanna wunderte sich, von ihrem Ehemann derart gescholten worden zu sein. Schnell gestand sie sich ein, dass er eigentlich Recht hatte.
„Matten, was Hinrich gesagt hat stimmt. Ich hatte kein Recht und keine Veranlassung dein Verhalten zu rügen, verzeih", bat sie den an Jahren älteren Mann, mit dem sie ja fast fünf Jahre auf dem Hof eng zusammen gearbeitet hatte.
Matten hatte einen dicken Kopf vom Saufen, wohingegen das Huren keine sichtbaren Spuren hinterlassen hatte.
„Ist schon gut, Hanna", winkte er ab.
Dann dankte er Hinrich für seinen Beistand und seine Hilfe, saß auf und ließ die Pferde anziehen.
Die lange Fahrt und die kühle Luft frischte seine Sinne auf und machte seinen Kopf wieder klar.
Kurz vor Eintreten der Dämmerung traf er in Höperhöfen ein.
Joachim half ihm auszuspannen und brachte dem Nachbarn sein Eigentum zurück. Dort versorgte er die beiden treuen Zugtiere.
Matten hingegen übergab Gretchen rasch die mitgebrachten Einkäufe, stieg wortlos in seinen Alkoven, legte sich hin und schlief sofort, vollkommen erschöpft ein.
Er schnarchte ohne Unterlass die ganze Nacht hindurch, für alle im Haus eindringlich hörbar in einer, von ihm ungewohnten Lautstärke und Intensität.
„Der Kerl hat sicherlich gesoffen", mutmaßte Gretchen, und erhielt als Antwort von Joachim: „Er ist nur müde von der langen Fahrt ohne Wechselfahrer."
Dann kehrte im ganzen Haus, außer im Alkoven, Ruhe ein. Eine sehr trügerische, wie sich erweisen sollte, denn das Schnarchen hielt die Luft bis zum ersten Hahnenschrei in Schwingung und raubte fast allen den Schlaf.

Während Matten den nächsten Tag vollkommen ausgeglichen verlebte, sahen die restlichen Bewohner ein wenig genervt und übermüdet aus.

Bereits mit dem Fortzug von Hinrich in die alte Hansestadt Hamburg begann sich die bisherige Konzentration der Familie Hoops, nach etlichen Generationen in Höperhöfen ansässig, nach und nach auszudünnen.

Dies bewirkte zugleich eine Verbreitung, weit über die einengenden Amts- und Vogteigrenzen hinaus, die für die Meisten bereits das Ende ihrer bekannten und bereisten Welt bedeutete.

Dadurch verminderte sich ungeplant die Gefahr des Aussterbens dieser alteingesessenen, Höperhöfener Familie in ihrem männlichen Stamm

***

1725

Generationenwechsel in Höperhöfen

Seit vier Jahren war Cordt Hoops nun schon der Bauer auf dem Hoopshof in Höperhöfen. Sein jüngerer Bruder, Johann, war nach seiner Zeit als Jungknecht auf den väterlichen Hof zurückgekehrt, lebte und diente dort seitdem als Knecht seines Bruders. Er war gesund, kräftig und wohlauf. Die Zeit als Jungknecht war nicht einfach gewesen, aber er hatte viel gelernt, was ihm jetzt zu Gute kam. Auch hatte er viele andere Menschen kennengelernt, auch so manchen schönen Blick eines Mädchens.

„Cordt, hast du nachher ein wenig Zeit? Ich würde gerne etwas mit Dir besprechen."

„Johann, du hast doch etwas auf dem Herzen. Also lass uns jetzt darüber reden, was es auch ist", schlug der Bauer seinem jüngeren Bruder vor.

„Gut, aber ich weiß nicht recht, wie ich anfangen soll. Weißt du, meinen Lebensabend möchte ich nicht als unverheirateter Großknecht, wie der Bruder unseres Großvaters auf diesem Hof verbringen. Es ist auch nicht, dass du mich schlecht behandeln würdest, es ist die Situation überhaupt. Ich trage den Gedanken schon lange mit mir herum weg zu gehen, ganz woanders eine Stellung an zu nehmen, vielleicht ein Mädchen kennen zu lernen, vielleicht auch eine Hoferbin", begann Johann, eher zögerlich abwartend, sein Herz aus zu schütten.

„Hör zu. Wenn du wirklich woanders dein Glück versuchen willst, dann kann ich es verstehen. Bauer sein ist schon schwer, aber du bist zumindest ein wenig dein eigener Herr. Bei mir Häusling zu sein, wird dir nicht wirklich helfen. Dazu kenne ich dich zu gut. Ich habe ja noch immer deinen Erbteil in Verwahrung, bis du heiratest. Ich lege dir für jedes Jahr, welches du bei mir gedient hast, zehn Taler drauf. Hast

du schon einen Plan?", fragte der Ältere den Jüngeren, er schaute ihn dabei erwartungsvoll und neugierig an.
„Ja, ich könnte bei Friedrich Grube eine Stellung als Großknecht bekommen. Dort ist letzte Woche der Großknecht durch ein Unglück verstorben, als er rücklings durch die Bodenluke heruntergefallen ist. Sei mir nicht böse, aber hier bin und bleibe ich immer der kleine Bruder im Dorf und auf dem Hof, Cordt."
„Ich bin dir nicht böse. Wenn Friedrich dich nehmen will, werde ich dich ziehen lassen. Unsere Schwestern Tibcke und Engel sind bereits verheiratet, und unser kleiner Bruder Joachim Hinrich wird bald 20 Jahre alt und bleibt ja noch eine Zeit lang auf dem Hof, hoffe ich zumindest. Unser Vetter Hinrich ist seit vielen Jahren in Hamburg, hat Arbeit und eine eigene Familie, und warum sollst du nicht in Hesedorf oder anderswo leben und dein Glück versuchen! Die Ernte war in diesem Jahr sehr gut und ist bereits eingefahren. Für mich warst du nie ein Knecht, immer nur mein jüngerer Bruder. Wann kannst du bei ihm anfangen?"
„Sofort, Cordt. Er hat noch zwei Jungknechte und seine Ernte ist noch nicht von den Feldern."
„Dann packe noch heute deine Sachen zusammen, die du fürs erste brauchst. Lass uns heute Abend ein wenig feiern und morgen fahre ich dich höchstpersönlich nach Hesedorf", schlug Cordt vor.
„Danke, ich hatte befürchtet, du könntest böse auf mich sein." Er atmete erleichtert durch und ein schwerer Stein fiel ihm vom Herzen, auch die Anspannung wich aus seinem Gesicht.
„Weißt du, wenn es Gott nicht gefallen hätte, unserer Mutter vor mir keinen totgeborenen Knaben, sondern ihr einen lebenden zu schenken, wäre ich in der gleichen Lage, wie du jetzt. Er wäre der Erbe und ich müsste schauen, wie ich zurecht käme. Da gibt es eben nicht allzu viele Möglichkeiten. Knecht beim Bruder, oder gar sein Häusling zu sein, eine Kötnerstochter heiraten und ein Leben lang

nicht genug zum Leben und zu viel zum Sterben zu haben. Vielleicht könnte ich ja eine Witwe heiraten, aber dann wäre ich nur ein Interimswirt und meine Söhne hätten eine noch schlechtere Zukunft vor sich, als ich es gehabt hätte. Solch ein Glück, wie unser Vater mit unserer Mutter gehabt hat, ist ja nicht jedem vergönnt. Durch die Doppelhochzeit ist er seine Schwester, Tante Grete, losgeworden. Nein, da ist es schon gut, wenn du dein Glück woanders suchen kannst und willst. Meine Unterstützung hast du, aber auch meine Zusicherung, dass du jederzeit wieder nach Hause kommen kannst, ob alleine oder mit Frau und Kindern. Du wirst mir immer willkommen sein."
„Cordt, ich weiß gar nicht, was ich sagen soll."
„Ist schon gut. Nun geh endlich, deine sieben Sachen packen. Ich erzähle deiner Schwägerin die Neuigkeit. Wir schlachten zur Feier des Abends eine unserer Gänse. Du isst doch so gerne knusprig gebratene Gans und, du kennst ja die Kochkünste meiner Margaretha. Ich habe auch noch ein wenig Bier, genügend für uns, für mehr als zwei Abende. Das sollte genügen."

Cordt ließ den Bruder stehen und ging umgehend zu seiner Frau, ihr vom Brudergespräch und der Entscheidung zu berichten, sie aber auch auf die Arbeit mit dem Gänsebraten vorzubereiten.
Die darauf ausbrechende Hektik bei den Frauen, betrachtete Cordt mit der Gelassenheit eines Hausherrn.
Johann war von der Reaktion seines Bruders noch immer erstaunt, denn damit hatte er überhaupt nicht gerechnet.

Zu Johanns Überraschung kamen noch unerwartet Gäste.
Er schaute Cordt ein wenig ungläubig, zugleich dankbar an.
„Johann, wir haben uns gedacht, du würdest dich darüber freuen, wenn die Familie beim Abschied anwesend ist. Sehe diese kleine Zusammenkunft auch als meinen Dank an dich, für deine Arbeit an, und lass uns zugleich ein wenig

Erntedank feiern", erklärte Cordt seinem Bruder die Veränderung.
„Das ist dann aber eine gelungene Überraschung von euch, über die ich mich sehr freue."

Cordt hatte auf die Schnelle die Einladung ausrichten lassen und war zufrieden, dass ihr alle gefolgt waren.
Er ahnte, dass es ein Abschied für immer sein würde. Die Entschlossenheit von Johann zu gehen, entsprach seiner eigenen, den Stammhof für die folgenden Generationen erfolgreich weiterzuführen. Darin glichen sich die beiden, ansonsten doch sehr ungleichen Brüder. Dass für diesen Abend mehr als einer Gans sprichwörtlich der Hals umgedreht wurde, versteht sich von selbst.

Um das offene Feuer saßen, nach gutem, fettem Essen, zur Freude von Johann, seine ganze Familie zusammen. Er schaute in die Runde und dabei jeden dankbar an.
Links beginnend saß sein alter Vater Joachim, daneben reihten sich seine Schwestern Engel und Tibcke mit ihren Männern und Kindern, sein jüngster Bruder Joachim Hinrich, der Knecht Thomas, die Mägde Anna und Becke, seine Tante Grete mit ihrer Familie. Zuletzt schloss sein Bruder Cordt, mit seiner Frau und den Kindern den Reigen. Nachdem die Kinder schlafen geschickt waren, wurde es eine kleine Runde der Erwachsenen mit Schmöken und Trinken.

Cordt gab noch eine Familiengeschichte zum Besten, denn er war ja der Bewahrer dieser Tradition. Als er 1774 verstarb, hatte er innerhalb seiner Neffen keinen gefunden, der diese alte Tradition weiterführen konnte, Söhne hatte er ja keine. Zwar hielt sich noch die eine oder andere Geschichte ein bis zwei Generationen, aber sie endeten, denn es gab viel Neues zu erzählen und zu berichten, aber es schrieb sie niemand auf, weil es ihnen nicht in den Sinn kam, gleichwohl, schreiben konnten sie schon.

Er sah zuerst seinen alten Vater eine Weile an, dann schweifte sein Blick in die Runde der Versammelten, bevor er mit der Erzählung begann. Cordt dachte dabei an seinen Onkel Harm, der vor ihm der Geschichtenerzähler der Familie war und auch, so wie er jetzt dasaß ihm, Cordt zuhörte. Die erwartete Spannung war aufgebaut.
„Ihr kennt doch alle noch die Geschichte um den Familienstein. Er ist ungewöhnlich groß, mannshoch mit einer sehr rauen, gemaserten Oberfläche. Er fällt einem gleich ins Auge. Sechs gestandene Männer sind von Nöten, ihn zu umfassen. Onkel Harm hatte ihn beschrieben wie ein flachgedrücktes übergroßes Gänseei. Eine Seite ist von schönem, grünem Moos bedeckt." Dann erzählte er von manchem Treffen der Familie an diesem Ort, aber nicht, dass Harms Schwester Mette dort begraben liegt, und auch nicht, dass die Asche der als Hexe hingerichteten Gretge, Mettes Tochter, dort ihre letzte Ruhe fand. Er wusste es nicht, denn Joachim hatte dieses Detail ausgelassen ihm zu erzählen. Es reichte ihm, dass sich die Familie dort seit vielen Jahren traf, das war ihm wichtig.

Am frühen Morgen sagte Johann Lebewohl. Die Familie hatte ihm noch ein kleines Päckchen gepackt.
„Ich habe dir noch ein schönes Stück Schinken vom Rauch eingewickelt, damit du ein wenig Wegzehrung hast", meinte Margaretha, und Johann dankte ihr herzlich.
Er umarmte seine Brüder, seine Nichten und Neffen, wie auch seine Schwägerin. Dann stieg er behände zu Cordt auf den Wagen, um sogleich loszufahren.
Auf der Fahrt, die nur knapp eine Stunde dauerte, unterhielten sich die Brüder noch sehr intensiv, meist über die gemeinsamen Kinderstreiche, die sie ausgeheckt und dann ausgebadet hatten. Bei Grube auf dem Hof angekommen,

verabschiedeten sie sich herzlich. Anschließend fuhr Cordt nach Höperhöfen zurück.

Johann sah ihm noch eine Weile nach, bis er um die Waldecke gefahren und nicht mehr zu sehen war. Er drehte sich um und ging ins Haus zu Friedrich Grube, seinem neuen Bauern, der ihn bereits freudestrahlend erwartete.

Kapitel 3

***

1726

„Übergang in Hesedorf"

Johann, inzwischen 30 Jahre alt, lebte nun bereits im zweiten Jahr als Großknecht bei Friedrich Grube in Hesedorf. Da ergab es sich, dass einer der hiesigen Bauern auf Cordshof durch einen Unfall umkam. Auch er fiel im Frühjahr durch die Bodenluke und brach sich das Genick. Daraufhin ließ der Amtsvogt den Todesfall untersuchen und die Luke begutachten. Auch wenn diese Unfälle eine der häufigsten Unglücksfälle mit Todesfolge waren, war er von Amtswegen gezwungen jeden Unfall zu untersuchen. Er konnte nichts finden, was ein anderes Ergebnis als ein „Unglück" begründete, denn alle anderen vom Hof waren gemeinsam auf dem Feld, während der Knecht als „Stallwache" auf dem Hof seine Arbeit verrichtete und auf dem Boden beschäftigt war, Platz für die zu erwartende Ernte zu schaffen.
Nun suchte seine ebenso junge Witwe Beeke einen gesunden und sofort zur Verfügung stehenden Interimswirt für den Hof.
Sie hieß eigentlich Catharina Margaretha und war elf Jahre jünger als Johann. Beeke war eine geborene Fahjen und stammte aus dem gleichen Kirchspiel, wie Johann. Sie hatten sich dort vor Jahren häufiger in der Kirche gesehen.

Da Johanns Bauer mit dem seligen Ehemann von Beeke verwandt war, vermittelte er die Heirat zwischen seinem Großknecht und der Witwe, selbst wenn er damit wieder ohne einen erfahrenen Vertreter auf dem Hof und mit den Jungknechten alleine war.

Als Friedrich seine Ehevermittlung mitgeteilt hatte, brauchte Johann nicht lange zu überlegen, denn so eine Chance bot sich selten zweimal. Als zweiter Sohn erbte er sowieso nicht den väterlichen Hof, war zuerst Knecht beim Bruder und nun Großknecht bei Friedrich Grube. Das Einzige, was noch der Fall sein könnte war, ein Häusling zu werden. Damit würde er in einem Haus mit seiner Familie leben können. Als Knecht hatte er nur einen Alkoven. Interimswirt zu werden, damit zeitweise einen Hof zu führen, war seine Chance mehr als nur Knecht sein zu dürfen.
Er wurde von Friedrich aus seinen Gedanken gerissen: „Du kannst damit rechnen, zwei Hauerzeiten, also ganze 14 Jahre auf dem Hof bemeiert zu bleiben. Du kennst die Gemarkung, bist mir ein sehr guter, verlässlicher Großknecht, den ich ungern verliere. Du kannst dann als Häusling beim Hoferben mit Beeke bis zu deinem Lebensende bleiben. Das ist eine gute und sichere Existenz, was gibt es da noch zu überlegen, Johann", fragte sein Bauer ihn.
„Eigentlich nichts, Bauer" entgegnete er, also wurden die Modalitäten abgesprochen, und Friedrich legte beim Grundherrn ein gutes Wort für Johann ein, denn dieser musste der Heirat zustimmen und Johann als Interimspächter akzeptieren.

Johann wechselte zwei Wochen nachdem Beekes Ehemann zu Grabe getragen wurde auf ihren Hof, um seine Aufgabe als Interimswirt anzutreten. Er wohnte bis zur verabredeten Hochzeit in zehn Monaten in der Altenteilerstube, während Beeke mit den zwei kleinen Kindern in der bisherigen Stube lebte, in der sie mit ihrem seligen Mann gelebt hatte. Da die Schwiegereltern von Beeke bereits vor etlichen Jahren verstorben waren, war die Stube verwaist.
Das Einzige was die beiden einhalten mussten war, sie durften vor der Eheschließung im Januar 1727 keine Unzucht miteinander treiben, jedenfalls keine mit sichtbaren

Folgen oder sich dabei erwischen zu lassen. Das konnte zu einer sehr empfindlichen Strafe, aber auch zur Abmeierung von Johann führen, womit sein Traum von der eigenen Scholle für immer ausgeträumt sein würde.

Rasch, wie Friedrich Grube es Johann zugetraut hatte, fand er sich auf dem Hof zurecht, verstand sich mit Beeke und ihren Kindern, wie mit dem ledigen Hausknecht Henneke, einem alten und kränklichen Mann, der ein älterer Bruder von Beekes seligem Schwiegervater war. Hier galt das Minoratsgesetzt, was dem jüngsten Sohn das Hoferbe sicherte. Er musste nur seine älteren Geschwister auszahlen. Aus diesem Grund stand Henneke aus seinem Erbteil zeitlebens einiges zu, was bereits sein seliger Vater in seinem Altenteilervertrag niederschreiben ließ.

Natürlich war Beekes Schwiegeronkel ein Teil der Familie und nicht nur ein Knecht. Ihm musste der Bauer den Lebensunterhalt sichern.
Der Alte zeigte ihm seinen Vertrag von damals:
„Junge, lies, dann weißt du was seinerzeit für mich geregelt war."
Johann las: *Der Bräutigam hat noch einen jüngeren Bruder. Solange dieser unbeweibt ist und er seine Abfindung aus der Hofübergabe nicht erhalten hat, ist er an Krankheitstagen im Haus aufzunehmen, mit Speisen, Wasser und allen Notwendigkeiten zu versorgen. Sollte derselbe ledig versterben, entfällt die Abfindung in Naturalien, und das Bargeld von 40 Talern fällt dem Hoferben zu.*
Damit war für Henneke der Lebensabend gesichert, und weil der Alte nicht mehr heiraten würde, fielen die 40 Taler in die Hofkasse zurück. Daran aber dachte Johann nicht.
Er selbst erhielt zu seiner Hochzeit eine Abfindung in Höhe von 40 Talern von seinem Bruder Cordt ausgezahlt, wie es sein Vater Joachim in seinem Altenteilervertrag für seine Kinder geregelt hatte. Beeke bat ihn, das Geld zu gleichen

Teilen für ihre noch ungeborenen, gemeinsamen Kinder auf die hohe Kante zu legen und nicht auszugeben, da diese nicht erbberechtigt waren. Johann stimmte dem gerne zu. Die jungen Leute waren sich in den 10 Monaten näher gekommen, keinesfalls unzüchtig, denn beide wussten, was sie damit riskieren würden.
Die Zeit der Hochzeitsvorbereitungen begannen gleich nach dem Jahreswechsel 1726/1727 mit dem Herrichten der Altenteilerstube für die beiden Kinder von Beeke. Damit konnte das Ehepaar nach der Heirat in den Raum, indem Beeke derzeit mit den Kindern schlief, für die Zukunft ein- und zusammenziehen, und die Kinder in die andere Stube, wie zuvor, als ihr erster Ehemann noch lebte.

Henneke aß bei allen Mahlzeiten mit am Tisch der Familie, schlief in seinem Alkoven, der eigentlich für zwei Knechte gezimmert wurde. Damit hatte er ein wenig Komfort, wenn auch keine eigene Stube. Seine Stube war das Flett und sein Schaukelstuhl, den er sich als junger Mann selbst gebaut hatte, war er doch Tischler von Beruf. Zusätzlich besaß er eine Truhe, in der er seine Sachen aufhob und lagerte. Er blieb zeitlebens als Knecht auf seines Bruders Hof und übte sein erlerntes Handwerk stets zum Wohl des Hofes aus, was hier und da auch ein wenig zusätzliches Geld einbrachte.
Der Lebensmittelpunkt aller war das Flett mit Tisch und Feuer, und das Wichtigste die Lebensgemeinschaft auf den Höfen, wie der Zusammenhalt in den Dörfern und den Familien.

Am Sonntag, dem 26. Januar 1727 war es endlich soweit. Die Hochzeit war als Haustrauung in Hesedorf für 11 Uhr am Vormittag geplant. Zuvor nahmen alle am Gottesdienst in Gyhum teil und anschließend nahmen sie den Herrn Pastor aus Gyhum gleich mit.

Am Tag zuvor wurde der Ehevertrag unterschrieben, der Johann eine sichere Zukunft ermöglichte, sollte Beeke vor ihm diese Welt verlassen. Zugleich erkannte er damit den Vertrag für den alten Henneke schriftlich an.
In dem kleinen Dorf hatte die Erbwitwe vom Cordshof mit Unterstützung der Nachbarinnen das Festmahl zum Ehrentag vorbereitet.
Beeke zog ihre Hochzeitstracht an, die sie schon bei der ersten Eheschließung getragen hatte. Es war eine Tracht, die sie an die älteste Tochter weitergeben würde.
Im Flett waren Tische und Stühle von den Nachbarn zusammengetragen und zu einer langen Tafel, mit einem am Kopf vor dem Flettfeuer querstehenden Teil als Ehrentisch, aufgestellt worden. Dort sollten die frisch vermählten Eheleute sitzen, neben der Braut der Pastor, dann der Küster und neben dem Bräutigam der Amtsvogt, dann der Großonkel Henneke. Neben Henneke saßen die beiden Söhne aus Beekes erster Ehe, der 13-jährige Jacob und sein jüngerer Bruder und Anerbe Daniel.
Aus Höperhöfen waren Johanns Eltern und alle seine Geschwister mit ihren Kindern angereist, um an der Hochzeit teilzunehmen. Es war eng geworden, als sich alle in dem Fachwerkhaus versammelt hatten. Die Stühle standen sehr eng beieinander, und die Tischreihe der Gäste stand zur Groot Döör, zwischen den im Flett befindlichen Stallungen des Rindviehs, die rechts und links wiederkäuend dem Treiben in der Mitte zuschauten.

Für die fünf Hausschweine war ein kleiner Schweinekoven neben dem Haus angebaut worden. *„Nicht auszudenken, wenn die auch noch im Haus lebten"*, dachte sich Beeke. Sie war sehr aufgeregt, wenngleich es ihre zweite Eheschließung werden sollte.
Dann wurde es stiller im Raum, nachdem sich der Pastor erhoben hatte. Erst nachdem er davon überzeugt war, dass er die ungeteilte Aufmerksamkeit aller anwesenden Men-

schen auf sich vereint hatte, forderte er das Brautpaar auf sich zu erheben und an die Seite zu treten, wo eigentlich der Tisch stand an dem die Familie ihre Mahlzeiten einnahm.

An das Gebot der Stille hielten sich weder die Hofhühner, noch das restliche Viehzeug im Haus, was aber niemanden wirklich störte.

Einigen anwesenden Gästen hingegen viel es schwer, der Zeremonie aufmerksam zu folgen, besonders den Männern. Der Schnaps stand bereits vor ihnen auf dem Tisch, das Haus roch nach gutem, fettem Essen und es lockte die Völlerei, aber der strenge Blick mit der unausgesprochenen Aufforderung: „Hier spielt die Musik", ließ sie scheinbar aufmerksam sein.

Natürlich war auch ein Musikus unter ihnen, aber momentan hörten alle nur die Stille vor den Worten des Schwattkittels, die durch das Vieh untermalt wurde.

Es war ein kühler Wintersonntag, und es hatte seit zwei Tagen nicht mehr geschneit. Im Haus war eine wohlige Wärme zu spüren, die weniger auf das Flettfeuer, eher auf die Menge Menschen, sowie auf die Körperwärme und Ausdünstungen der Viecher zurück zu führen war. Die Aussicht auf das köstliche Mahl kaschierte auch den letzten Gedanken ans Frieren. Außerdem hatten sich alle passend angezogen.

Nachdem der strafende Blick seine Wirkung erzielt hatte, begann der Pastor mit der Zeremonie, die er recht kurz hielt, denn auch ihm lief bereits das Wasser im Munde zusammen. Er liebte Haustrauungen. Nicht wegen des zusätzlichen Talers, sondern wegen der Mahlzeit, die er dabei kostenfrei gereicht bekam. Seine Eheliebste hatte es einmal für die letzten Jahre überschlagen, und ihm vorgetragen. Bei gut 25 Hochzeiten pro Jahr, wurde er bei mehr als der Hälfte zu den Feierlichkeiten eingeladen, überwiegend im Kirchort. Dieses entlastete die eigene Haushaltskasse, da er auch häufig noch Wegzehrung mit auf den Weg bekam, die für mehrere Tage gereichte, seine eigene Familie satt zu bekommen. Dieses Verhalten wertete er als Zeichen der Anerkennung und als Dankbarkeit für sein Tun im Namen des Herrn. Die meisten Pfarrstellen warfen nicht viel ab, um Geld auf die hohe Kante legen zu können. Dieses traf auf das sehr alte Archivdiakonat Sottrum nicht zu. Es war eines der wohlhabenden Pfarreien im Amt. Die Überschüsse aus den Kirchensteuern hingegen standen ihm nicht zur Verfügung. Sie gehörten der Kirche und wurden zum Teil an das Bistum in Verden abgegeben. Ausgaben zum Erhalt der Kirche mit dem Glockenturm, der Pfarreigebäude, wie der dazugehörigen Bauwerke musste er penibel im Kirchenrechnungsbuch nachweisen. Da fiel für ihn oder seine Familie nichts ab. Das Kirchenrechnungsbuch über die Einnahmen und Ausgaben führten die Kirchenjuraten, die von den Männern der Kirchengemeinde alle zwei Jahre gewählt wurden. Deswegen war er sehr dankbar für diese Hofierung.

Üblicherweise traute er mehr als ein Paar an einem Sonntag in der Kirche, oder in Ausnahmefällen im Pfarrhaus. Dafür zahlten die Brautleute und fuhren dann heim, ihren Ehrentag zu feiern. Er konnte sich nicht teilen und nahm auch nicht immer teil, es sei denn, es handelte sich dabei um Brautleute, deren Patenonkel er war, oder bei einer Haustrauung. Selbst seine im Pfarrhaus zurückgebliebene Eheliebste und seine Kinder kamen dabei nicht zu kurz, was ihm gewisse Freiheiten gab, auch einmal länger fortzubleiben. Sollte er dringend benötigt werden, wussten sie ihn ja zu finden und zu benachrichtigen.

Nachdem er die Trauung des Brautpaares vollzogen hatte, wurde auf das Ehepaar angestoßen und zum Festschmaus übergegangen.
Für die angereisten Familien waren auf dem Boden Schlafmöglichkeiten im Stroh hergerichtet worden. Dort war es zwar sehr kühl, aber niemand der hier bleiben wollte

oder wegen des Wetters musste, würde bei den mitgebrachten Ausstattungen an Decken und Kissen im Stroh erfrieren. Zwar planten alle, spät am Abend zurück auf ihre Höfe zu fahren, aber man wusste ja nie, ob das Wetter nicht umschlug.
Es wurden angenehme Stunden, in denen viel gegessen, aber auch sehr viel getrunken wurde. Selbst der Pastor trank den einen oder anderen Schnaps mit, den er sonntags noch von der Kanzel verteufelte. Nur Tanzen wollte er gewohnheits- und standesgemäß nicht, obwohl der Musikus aus dem Dorf vieles zum Besten gab.
Zur achten Stunde trollten sich die letzten Gäste, der Herr Pastor wurde von einem Knecht des Nachbarn gut abgefüllt und gesättigt nach Hause gefahren, nicht ohne sein *„Fresspaket"* erhalten zu haben, sowie den extra Taler für die Haustrauung, den er sorgsam in den Büchern festhielt.
Henneke hatte sich bereits vorher in seinen Alkoven verzogen und man hörte ihn deutlich durch die geschlossene Schiebetür schnarchen. Beekes Söhne waren ihm alsbald in die Kammer nachgefolgt, in der bis heute Morgen ihr jetziger Stiefvater geschlafen hatte.
Sie freuten sich, endlich aus der Schlafstube der Mutter heraus zu sein, denn sie waren ja junge Männer, die schlafen ja bekanntermaßen nicht mehr bei ihren Müttern.
Es war der Augenblick gekommen, an dem Beeke und Johann alleine waren, endlich alleine in einer Kammer schlafen und sich lieben durften und konnten.

Die Hochzeitsnacht blieb nicht ohne Folgen, denn im November des Jahre 1727 wurde beiden ein Sohn geboren. Sie ließen ihn Jochen taufen, nach Johanns Großvater Joachim. Er war ein kräftiger Junge von 51cm und 3750 Gramm nach heutigem Maß.

***

1730

Es dauerte noch einmal ganze drei Jahre, dann kam eine Tochter zur Welt, die sie Anna taufen ließen. Sie war bei der Geburt kleiner und wog auch weniger als Jochen.
Zur Taufe von Anna reisten Johanns Eltern noch einmal an. Ihnen fiel diese für sie beschwerliche Reise nicht leicht. Aber sie wollten unbedingt dabei sein. Die jungen Eltern hatten sich für eine Haustaufe entschieden, damit Beeke dabei sein konnte. Als Sechswöchnerin war es ihr bei Strafe verboten, die ersten sechs Wochen nach der Geburt die Kirche zu betreten, galt sie während dieser Zeit doch als unrein.

Johann hatte ein glückliches Händchen als Interimswirt, verstand sich mit seiner Frau, aber auch mit den beiden Stiefsöhnen sehr gut. Er nahm Daniel überall mit hin, zeigte ihm, was er als zukünftiger Bauer wissen musste, beteiligte Jacob ebenso, denn es kam schon vor, dass der Anerbe auch im Mannesalter früh und ledig verstarb, dann musste der nächste Erbe antreten, um den Hof zu übernehmen. Jacob war inzwischen 16 Jahre alt, damit zwei Jahre älter als Daniel. Er würde noch im Januar des nächsten Jahres als Jungknecht nach Höperhöfen zu Cordt auf den Hof gehen. So war es zwischen den beiden Brüdern besprochen worden. Der Hof warf für Johann stets Gewinne ab, von denen er einen Teil auf die hohe Kante für seine eigenen Kinder legen konnte. Für seine Stiefsöhne sorgte Beeke schon. Im Amt Rotenburg, in dem das Dorf Höperhöfen lag, erbten die Ältesten, während in der Krummen Grafschaft Gyhum das Minoratsrecht galt, womit Daniel als der jüngste zugleich der Hoferbe war.
Heute war der Tag von Annas Taufe, umrahmt von einem sehr warmen, sonnigen, trockenen und mit wenig Wind versehenen Julitag. Ihren Taufnamen erhielt sie nach Beekes seliger Mutter, die Anna hieß.

Während der gemütlichen Abendstunden gab der alte Joachim Hoops als Geschichtenerzähler seine letzte Vorstellung. Sein Enkel Jochen saß dabei auf seinen Knien.
Er starb im darauffolgenden Jahr im Mai und seine Margaretha folgte ihm im November des gleichen Jahres.
An diesen beiden Beerdigungen im Jahr 1731 in Sottrum nahmen noch einmal alle Geschwister mit ihren Familien teil. Danach wurden die Kontakte weniger, die Zeiträume des sich Treffens länger. Der Familienstein verwaiste, auch wenn er sich hier und da noch in der Erinnerung des Einzelnen befand, der in den Kindertagen dort manche Stunde verbracht hatte. Mit Joachims Tod wurde der Faden zu den Familien des Stammhofs ungewollt durchtrennt.

Am Abend kamen die Nachbarinnen reihum zum Spinnabend zusammen, wie es in den meisten Dörfern, seit sie zurückdenken konnten, üblich war. Diese Zusammentreffen, die besonders während der eisigen und langen Wintermonate von November bis Februar abgehalten wurden, dienten zur Produktion von Leinen, Nähen von Wäsche und Besticken derselben, aber auch um den jungen Mädchen in diesen Runden solche Fähigkeiten zu lehren, die sie sonst nicht in diesem Umfang erlernen konnten.
Die eine Frau konnte gut knüddeln, eine andere stickte feinste Muster, die nächste sponn ganz dünne, feste Fäden, eine weitere wusste zu spindeln wie keine zweite.
Dass dabei unentwegt geredet und getratscht wurde, lag in der Natur des Geschlechts begründet, fanden die Männer, die solchen Runden stets den Rücken kehrten und sich anderweitig die Zeit der langen, dunklen Abende während der Wintermonate vertrieben.
Während die Frauen ihre „Klönabende" auf einem Hof abhielten, saßen die Männer in der Regel auf einem anderen zusammen.

Dieses reihum so zu zelebrieren sparte sehr viel Feuerholz ein, weil nur zwei Flettfeuer der Menschen dieser allabendlichen Runde brannten, während die in den anderen Höfen derzeit nur als Glut von dem Gesindel am Leben gehalten wurde.
Krankheiten und andere wichtige Begebenheiten unterbrach dieses feste Ritual der Winterzeit.

Werkzeug, Zaumzeug, Gerätschaften, Kleidung und vieles mehr, welches im Gebrauch Schaden genommen hatte und im Frühjahr wieder zum Beackern benötigt wurde, musste kostengünstig repariert werden. Dafür hatte man an den kalten, dunklen aber auch kurzen Tagen genügend Zeit.
Neues Werkzeug wurde mit der Hofmarke versehen, deren Zeichen seit Jahrhunderten auf jedem Hof gleich waren. Es handelte sich überwiegend um alte Runenzeichen in den unterschiedlichsten Abwandlungen, die aber niemand mehr lesen konnte, oder deren Bedeutung, warum genau dieses Zeichen für diesen Hof stand, nicht überliefert war.

„Tante, kannst du mir erklären, wie das mit dem Kleidermachen geht? Ich habe zwar schon häufig zugeschaut, aber mich bisher nicht getraut zu fragen", wollte die Nichte von Beeke wissen.
„Selbstverständlich erkläre ich es dir, natürlich auch den anderen Kindern. Kommt mal alle her zu mir", rief sie in den Raum, während die anderen Frauen rund ums Flettfeuer saßen und unbeeindruckt dem Tratsch nachgingen, worunter die Produktivität aber keineswegs litt.
Als die herbeigerufenen Mädchen sich im Halbkreis vor Beeke versammelt hatten, setzten sie sich auf die kleinen, im Raum stehenden Bänke und schauten sie erwartungsvoll an.
„Ihr kennt ja alle Flachs und Hanf, die wir anbauen und auch ernten. Vieles von der Ernte wird in Bündeln, Steen genannt, ins Lüneburgische oder Bremische verkauft. Dort gibt es richtige Flachsmärkte."

„Was sind Märkte?", fragte unterbrechend eines der jüngeren Mädchen.
„Märkte, meine Kleine, sind Plätze in den Städten, auf denen die Menschen vieles kaufen können, was sie brauchen, aber auch viel unnützes Zeug. Wir verkaufen dort den trockenen Torf aus dem Moor, und manch anderes. Was wir für uns benötigen, behalten wir. Nun kommen wir aber zu den Arbeitsschritten. Aus dem Hanf fertigen wir Sackleinen, aus dem Flachs machen wir Garn zum Spinnen, das wir zum Weben nutzen. Ihr habt dabei ja schon sehr oft zugesehen. Von den reifen Faserfrüchten schlagen wir die Samen ab und verarbeiten sie zu einer breiigen Flüssigkeit, das Öl. Die Stängel lassen wir so lange unter Wasser getaucht, bis das Ganze zu stinken beginnt und anfängt zu verfaulen. Das macht die Fasern weich, wie wir sie brauchen. Anschließend, da habt ihr sicherlich alle schon mal dabei mitgeholfen, werden sie in der Sonne getrocknet. Wenn das abgeschlossen ist, dörren wir sie an den Backtagen in der Resthitze der Backöfen. Sie werden sogar ein wenig geröstet, bis sie knochentrocken sind. Dann folgt das Ablösen dessen was wir verarbeiten wollen von der Pflanze, das Braken."

Sie griff nach einem der Stängel und zeigte gleichzeitig was sie nun beschrieb.
„Dazu nimmt man die Stängel und zerkleinert sie in der Brake, bis die Stängel zu groben Fasern geworden sind. Nun zieht ihr die Fasern über das Hechelbrett, das mit den ganz feinen Eisenzäpfchen. Ihr wisst schon, es schaut wie eine eiserne Bürste aus. Moment, ich zeige es euch noch einmal."
Sie holte das besagte Werkzeug und hielt es hoch, so dass es alle gut sehen konnten. Dabei drehte sie es ein wenig. Die Mädchen schauten ihr wissbegierig zu, wie sie nun die Fasern immer und immer wieder hechelte, indem sie sie durch das Gitter zog, bis die Fasern glatt durchgingen.

Es ähnelte dem Kämmen der häufig bis über das Gesäß reichende Haare der jungen Frauen, wenn sie ihren Dutt aufgebunden hatten, um die Kletten heraus zu kämmen, und um so das Haar zum Flechten glatt zu bekommen.
„Seht ihr, wie mit jedem Durchziehen die Fasern feiner werden?" Sie hielt das Ergebnis hoch und zeigte es herum.
„Ihr dürft es nachher einmal selbst versuchen. Das Gestell dort mit dem Querbrett ist die Schwingmaschine. Wie ihr seht, hat sie vier Holzflügel. Wenn man sie dreht, streifen sie hier scharf herunter. Wenn ihr die inzwischen feinen Fasern durch diese Maschine gezogen habt, sind sie zum Spinnen fertig, aber erst dann. Diese Arbeiten haben wir ja schon im Herbst erledigt, während wir für das Spinnen erst in den Wintermonaten Zeit finden. Beim nächsten Mal erkläre und zeige ich euch dann das Spinnen."
Damit entließ sie die jungen Deerns aus dieser ersten Unterweisung.
Der nächste Spinnabend ließ nicht lange auf sich warten, schließlich war es Winter.
„Ihr erinnert euch ja noch, wie wir die Fasern hergestellt haben?", begann sie beim nächsten Abend.
„Heute zeige ich euch, wie man daraus, nun mit dem Spinnrad, feinstes Garn herstellt. Wichtig ist, dass ihr genau wissen müsst, was ihr herstellen wollt. Davon ist abhängig, wie stark der Faden werden soll, ja muss. Ist es feines oder grobes Leinentuch das ihr fertigen wollt?"
Sie erklärte ihnen das Spinnrad in aller Ruhe, ja in allen Einzelheiten, als hätte sie es selbst gebaut. Dass sie dieses Werkzeug zur Herstellung von Garnen im Schlaf beherrschte, sahen die Mädchen mit Bewunderung, denn sie beantwortete jede an sie gerichtete Frage erschöpfend.
Die letzte Frage kam wieder von der Jüngsten. „Was wird denn mit dem Rest von den Pflanzen gemacht", wollte sie wissen.

Doch bevor die Angesprochene antworten konnte, tat dies eines der älteren Kinder: „Dummchen, es wärmt uns im Flettfeuer. Nichts wird weggeworfen."

In den Vorfrühlingsmonaten begannen die Frauen mit dem Weben, wozu sich die kleine Runde der Mädchen zur nächsten Unterweisung einfand.
„Ihr habt ja nun genug Erfahrung mit dem Spinnen sammeln können. Heute erkläre ich euch das Weben, also wie man aus den Fäden Stoff herstellt. Und wir brauchen eine große Menge Fäden, um einen einzigen Ballen Leinen herstellen zu können. Unsere Leinen weben wir auf dem Web, auch Scherrahmen genannt. Wir haben hier keine modernen Webstühle, aber ich habe einmal einen gesehen, als ich in Hamburg als Jungmagd in Stellung war. Er soll aus England stammen, wurde gesagt", erklärte die Tante.

„Ihr wisst nun schon, wie man Flachs bearbeitet, daraus Garn herstellt und wie man damit Leinen webt. Heute erzähle ich euch nichts Neues, wenngleich ihr es bisher häufig gesehen habt, sicherlich auch immer wieder mitgeholfen habt, aber erklärt bekommen hat es nicht jede von euch. Es gehört eben zu unseren Aufgaben, diese Verrichtungen eigenständig zu erledigen. Irgendwann habt ihr eigene Kinder, einen eigenen Haushalt, dann ist es an euch, den jungen Mädchen zu zeigen, aber auch zu erklären, so, wie ich es jetzt bei euch tue."
„Aber die Finger gehen davon kaputt und sehen schmutzig aus", flüsterte eines der Mädchen einem anderen leise ins Ohr.

Die Mädchen waren dennoch weiterhin aufmerksam bei der Sache, also fuhr die Alte mit ihrer Unterweisung fort.
„Zunächst einmal kommen wir zum einfachen, dem Bleichen der Leinen. Unten am Bach haben wir eine große Wiese, die wir Frauen aus dem Dorf gemeinsam zum Blei-

chen nutzen, weil auch der kleine Bach an ihr vorbeifließt. Für unsere Zwecke reicht er vollkommen. Unsere Männer haben uns dort eine Bückanlage errichtet. So nennt man den Steg mit dem Tischbrett. Wir werfen die Leinen flussabwärts in das Wasser, dass die Strömung es vom Steg wegzieht. Dann ziehen wir es wieder aus dem Wasser heraus und legen es in Schichten auf das Brett, das sich in der Mitte der Bückanlage befindet."

Beekes zweiter Ehemann Johann hatte einmal den Erklärungen seiner Frau beigewohnt und dabei mit Freude erlebt, welche Liebe, welche Detailkenntnisse, aber auch, welche Arbeit und Sorgfalt in dieser von den meisten Männern belächelten Arbeit steckte.

„Wenn das nasse Leinen so auf dem Brett liegt, wird es mit dem Bückbrett *(Handbrett)* tüchtig geklopft. Das wird je nach Bedarf wiederholt. Anschließend nehmt ihr den Stoff, breitet und spannt ihn auf der Wiese aus. Wichtig ist, dass es zu Zeiten heißer und trockener Sonnentage geschieht. Mit einer Gießkanne, die wir normalerweise im Kräuterbeet vorm Haus nutzen, müssen die gespannten Leinen täglich sehr ausgiebig besprengt werden. Wie das genau geht und was ausgiebig bedeutet, zeige ich euch noch. Den Rest macht dann die Sonne von ganz alleine. Ihre Hitze bleicht den Stoff immer mehr aus, bis er heller, gar weiß wird."

Anschließend zeigte sie ihnen das Erklärte auch praktisch, ließ es die Mädchen versuchen, gab ihnen Tipps, aber auch Hilfestellung. Sie förderte so unbewusst Freude und Sinnhaftigkeit an der zukünftigen Aufgabe.

„Denkt daran, die Kleider und Trachten, die unsere Familien am Leib tragen, entstammen aus eurer Hände Arbeit. Alle Stoffe, die gehäkelten Spitzen und Kragen die wir kaufen müssen, kosten Geld. Geld, welches für andere, wichtige Dinge, oder aber für die hohe Kante fehlt. Die Männer glauben immer, nur ihre Feldarbeit sichert das Überleben. Es ist aber das Wirtschaften von uns Frauen, das

alles zusammen hält. Gebt ihnen ihren Tabak und ab und zu ihren Alkohol, dann sind sie zufrieden."
Mit solch praktischen Anregungen wahrten die Frauen ihren Einfluss und ihre Stellung in der bäuerlichen Gemeinschaft.

Am Abend nach dieser Lektion sagte Johann zu seiner Frau: „Ich habe dir bei deiner Einweisung der Mädchen ein stückweit zugehört, empfinde daher nun noch mehr Achtung vor deiner Hausarbeit. Wenn ich den ganzen Tag draußen auf den Feldern und Wiesen bin, oder mich im Herrendienst befinde, bekomme ich gar nicht mit, was dabei alles zu bedenken ist. Nun habe ich zumindest einen kleinen Einblick erhalten. Du hast es den Mädchen sehr gut erklärt. Würden Frauen Schulmeisterinnen sein dürfen, wärest du sicherlich eine gute", lobte er sie abschließend.
Dieser Zuspruch tat ihr sichtlich gut, förderte aber auch ein wenig Röte auf ihre Wangen.
„Mein lieber Mann, das lass man niemanden hören. Frauen und Schulmeister, pah. Das wäre ja fast so, als würdest du vorschlagen, wir sollten Pastor oder Papst werden. Die Teilung der Aufgaben hat ihren tieferen Sinn, ist gottgegeben und wurde seit Jahrhunderten durch unsere Altvorderen gelebt. Warum also sollten wir an dieser bewährten Tradition, der alten Ordnung, etwas ändern?", fragte die eben erst gelobte.
„Vielleicht nur eines, Frau. Die Sache mit der Verwaltung des Geldes?", gab er ihr grinsend zur Antwort.
„Du Schuft! Du hast gelauscht", empörte sie sich.
„Nein, das habe und brauchte ich nicht. Das hat mir ein kleines Vögelchen zu gezwitschert", gab er, immer noch grinsend, zurück.
„Behalte die Verwaltung des Geldes ruhig in deinen Händen. Mir gereicht es, dass ich meinen Tabak, ab und an auch mein Bier habe und weiß, es liegen immer ein paar Taler auf

der hohen Kante, falls du einmal krank bist und der Medicus geholt werden muss."
Ertappt, aber auch mit Freude im Herzen dachte sie, „*Genau deswegen habe ich diesen unmöglichen Kerl und Großknecht geheiratet.*"
So endete ein Winterabend in Hesedorf auf Cordshof, wie auf vielen anderen Höfen und Dörfern.

***
1741
Hofübergabe in Hesedorf

Weitere zehn Jahre führte Johann den Hof als Interimswirt mit sicherer und glücklicher Hand. Er war inzwischen 54 Jahre alt, seine Beeke ganze 45. Die vier Kinder waren gut geraten und allesamt gesund. Der Hof hatte ihnen einen ertragreichen Verlauf geschenkt, doch nun war es an der Zeit, dass Johann den Hof an den inzwischen 25-jährigen Stiefsohn und Anerben Daniel abgab.
Daniels Bruder Jacob war bereits 27 Jahre alt und diente, nach seiner Zeit als Knecht in Höperhöfen, als lediger Großknecht in Oldendorf bei Zeven. Als Großknecht war er für die Einteilung und Arbeitsleistung der anderen verantwortlich.
Johanns Sohn Jochen diente mit seinen 14 Jahren in Abbendorf bei der Tante Margaretha als Jungknecht auf dem Hof und Anna, seine Schwester, lebte hier in Hesedorf. Mit ihren 11 Jahren war sie noch zu jung bei anderen in Stellung zu gehen, außerdem benötigte Beeke immer mehr Unterstützung im Haushalt.
Die Abfindung für Jochen war auf 60 Taler gewachsen, und Annas auf 40. Dazu hatten die Eltern für sie eine reichliche Aussteuer mit einem kompletten Bett, inklusive dem dazugehörigen Bettzeug, einer kleinen Truhe, einem Kleiderschrank, etliches an Haushaltsgerätschaften und diverses Geschirr zusammengetragen und bauen lassen. Sie selbst hatte sehr viel eigene Wäsche, Leinen und Laken in den vergangenen Jahren für ihre Aussteuer genäht und bestickt.
„Frau, es ist an der Zeit den Notar aufzusuchen, um den Altenteilervertrag aufzusetzen, damit Daniel den Hof übernehmen kann", sagte Johann zu seiner Beeke.
„Ja, du hast Recht. Wir haben das ja alles bereits besprochen. Wir sollten gleich Morgen nach Zeven zum Notar fahren,

wo Daniel nun seine Zukünftige gefunden hat, und das Amt als Grundherr der Hochzeit und der Hofübernahme durch ihn zugestimmt hat. Er soll ihn aufsetzen", fügte sie zustimmend an.

So fuhr das alte Ehepaar, zusammen mit dem Anerben, zum Notar, bei dem die Übergabemodalitäten festgeschrieben wurden.
Die Hofübergabe war recht schlicht gehalten, wie die Hochzeit von Daniel und seiner Abelke.
Am Abend vor der Hochzeit lagen die Alten im Bett und es entwickelte sich ein Gespräch, wie es sich schon häufiger zugetragen hatte.
„Weißt du noch Johann, wie wir vor 14 Jahren hier eingezogen sind und unsere Hochzeitsnacht verbrachten, Daniel und Jacob nebenan, nur durch die Bretterwand getrennt und Onkel Henneke, dessen Schnarchen selbst das Vieh diese Nacht um den Schlaf gebracht hatte?", fragte Beeke amüsiert.
„Ja, daran erinnere ich mich gut. Heute sind die beiden gestandene Männer, und unsere beiden gemeinsamen Kinder beim Erwachsenwerden", entgegnete ihr Johann mit einer gewissen Zufriedenheit.
„Ja, das meinte ich aber nicht. Ich meinte, dass die Zeit verflogen ist und wir morgen Abend auf Altenteil sind. Das heißt, wir müssen einen großen Schritt zurücktreten. Wir dürfen in unserer Stube wohnen bleiben und haben für den Rest unserer Tage ausgesorgt. Du hast die beiden Ältesten wie deine eigenen Söhne behandelt, dafür bin ich dir sehr dankbar, Johann. Und dass du gestern die Bretterwand zwischen den Stuben verstärkt hast, hat mich an unsere erste gemeinsame Nacht erinnern lassen", ergänzte sie und schmiegte sich liebevoll an ihn.

Am darauffolgenden Tag fand die Hochzeit statt, an der nur noch Cordt und Margaretha mit ihren Kindern aus Höperhöfen teilnahmen, da es sich um Beekes Sohn handelte, der Hochzeit abhielt und es nur wenig entfernte Anverwandte ihres seligen Mannes gab.

Johann freute sich sehr seinen Bruder und dessen Familie zu sehen und mit ihnen reden zu können. Sie kamen zum gleichen Schluss, dass sie sich in den letzten Jahren, nach dem Tod der Eltern, viel zu wenig gesehen hatten und gelobten, sich wieder häufiger zu besuchen.

***
1749
Weichenstellung in Westerholz

Jochen diente in Abbendorf auf Johmshof bei seiner Tante Margaretha Seesemann, die eine geborene Hoops aus Höperhöfen war. Sie vermittelte ihn nach Westerholz, damit er seine Fähigkeiten als Dienstknecht vertiefen konnte. Er trat dort als erfahrener Großknecht seine Dienste im Januar 1749 an und blieb dort ganze zwei Jahre. Auf dem Hof, der Helken hieß, auf dem Jacob Meyer als Bauer eingeheiratet hatte, lebte der Häusling Christian Hoops mit seiner Familie. Christian war zwei Jahre jünger als Jochens Vater Johann und hatte 1732 eine Cousine der Erbtochter geheiratet, was ihm diese Häuslingsstelle einbrachte.
Christian lebte zunächst 13 Jahre in Hesedorf und kannte Jochen, dessen Eltern den Nachbarhof als Interimswirte bewirtschafteten, wo er als Häusling mit seiner Familie lebte, bevor er 1745 nach Westerholz wechselte, weil seine Frau dort gebürtig herstammte.
Beiden wurden insgesamt vier Kinder geschenkt, 1733 Johann, der nur wenige Wochen lebte, 1735 Ann Cathrin, Jochens spätere Ehefrau, 1737 Otto Friedrich und 1738 Hinrich Hoops.
Eines Abends fragte Jochen Christian, den er ja schon aus Kindertagen kannte: „Christian, ihr habt ja den gleichen Familiennamen wie wir. Ihr habt seit ich denken kann bis vor wenigen Jahren neben uns in Hesedorf gewohnt, und meine Tante Margaretha, auch eine geborene Hoops, hat mich hierher auf Helkenshof zu unserem Bauern vermittelt. Kannst du mir sagen, ob und wie wir miteinander verwandt sind?", wollte Jochen wissen.
Christian schaute ihn eine Weile nachdenklich an, während er überlegte.
„Genau kann ich es dir nicht sagen, aber mein Vater hieß Johann, wie dein Vater, nur stammte dieser aus Vahlde vom

Hoopshof, wie dein Vater aus Höperhöfen vom Hoopshof stammt. Sein Vater, mein Großvater, hieß ebenfalls Johann und war der Sohn von Hans, der auch auf dem Hoopshof lebte. Weiter zurück kann ich es nicht sagen, nur noch, dass der Großvater meines Großvaters nach Vahlde eingeheiratet hat und dass er aus Stemmen vom Hoopshof stammen soll."
„Gab es bei Euch keinen Geschichtenerzähler, der Eure Herkunft und besondere Begebenheiten der Altvorderen abends am Flett zum Besten gab?", wollte Jochen wissen.
Christian schüttelte verneinend den Kopf.

Jochen fuhr lobend fort:
„Mann, das ist ja eine lange Reihe von Vätern, die du dennoch kennst. Es ist ja wie bei uns in der Familie. Mein Vaterbruder Cordt ist der Geschichtenerzähler in der Familie, aber ich habe nicht alles behalten was er erzählte, ich habe ihn auch selten gesehen. Vater selbst berichtet nicht so viel aus der alten Heimat", erzählte Jochen.
„Du bist gut fünf Winter älter als mein seliger Johann, der nur wenige Wochen gelebt hatte. Meine Frau Marie hat das schwer mitgenommen, aber es war gottgewollt," endete das kurze, aber sehr persönliche Gespräch unter den Männern, bevor sie sich zur Nachtruhe begaben.
Christians Tochter, Ann Cathrin, war acht Jahre jünger als Jochen und wurde mit ihren 14 Jahren in diesem Jahr konfirmiert. Sie war ihm aus der Hesedorfer Zeit nur als kleine, laute Göre im Gedächtnis geblieben. Jetzt aber hatte sie sich zu einem hübschen, schlanken und fleißigen jungen Mädchen entwickelt, die bald ins heiratsfähige Alter kommen würde.

Auch Ann Cathrin war der neue Knecht des Bauern aufgefallen, doch hielt sie ihre Schüchternheit vor unbedachten Äußerungen und Handlungen zurück. Es wurden schon Mädchen mit 16 verheiratet und sie war erst 14, sah aber wesentlich reifer aus.

Mit der Zeit entwickelte sich eine Vertrautheit zwischen ihr und Jochen. Nach zwei Jahren wechselte er die Stellung und es zog ihn nach Gyhum. Er tat es, weil die inzwischen 16-jährige Ann Cathrin ebenda ihre erste Stellung als Jungmagd angenommen hatte. Sie dienten auf verschiedenen Höfen, konnten sich aber häufig sehen, denn sie lebten im gleichen Dorf und gingen sonntags in die gleiche Kirche, nahmen im Dorf an den öffentlichen Feierlichkeiten teil, wodurch sich etwas entwickelte, was letztendlich zur Eheschließung führte.

***
1751
Veränderungen in Hesedorf

Die nächsten zehn Jahre nach der Hofübergabe verliefen in Hesedorf in gewohnter Weise. Daniel hatte die Hofführung übernommen und führte sie für alle zufriedenstellend. Abelke gebar ihm in dieser Zeit fünf Kinder, drei Söhne und zwei Töchter, von denen die Töchter bereits Wochen nach der Geburt an Brustkrankheit und Schürken verstarben.
Jacob hatte inzwischen in Elsdorf eingeheiratet und lebte dort als Häusling. Seine Ehe war noch kinderlos.
Seine Stiefschwester Anna lebte weiterhin als Magd auf dem Hof. Sein Stiefbruder Jochen wechselte, nachdem er bei seiner Tante in Abbendorf diente, nach Westerholz, bevor er nach Gyhum zog, wo er nun seinen Dienst versah.
Ihre Kontakte als Geschwister blieben bei jedem Wechsel der Arbeitsstelle stets eng und herzlich.

Die Jahre als Altenteiler verbrachte der inzwischen 55-jährige Johann (*1696) und seine 44-jährige Beeke in trauter Zweisamkeit. Die Kinder waren bis auf den Hoferben aus dem Haus. Es herrschten derzeit keine Kriege in der Gegend, keine schmerzhaften und aussaugenden Einquartierungen, aber unsicher waren die Zeiten dennoch.
Glückseligkeit kehrte in die Dörfer und den darin in ärmlichen Verhältnissen lebenden Menschen dennoch nicht ein, selbst wenn manche, wie die beiden, einige wenige Taler auf die hohe Kante legen konnten. Sie unterstützten Daniel und seine Familie auf dem Hof nach besten Kräften. Beeke baute doch merklich ab, auch wenn sie erst 44 Jahre alt war, war sie ausgebrannt, leer und häufiger kraftlos. Anna ging ihrer Mutter immer mehr zur Hand und verließ aus diesem Grund nicht den Hof, um anderswo eine Stellung als Magd anzutreten.

Eines Abends kam Jochen die Eltern besuchen, wie er es häufiger tat, wenn er seinen dienstfreien Tag hatte.
„Moin Vadder, hast du schon gehört, dass der Kurfürst plant, die Moore trockenlegen zu lassen, um dort neue Siedlungen anzulegen?", begrüßte Jochen seinen Vater.

Dieser schaute seinen Sohn mit einem Schmunzeln an und Beeke, die während der Begrüßung dazu getreten war, antwortete anstatt Johann.
„Junge, schön dich zu sehen. Du bist wie dein Vater, der auch seine Chance gesehen und in die Hand genommen hat. Er wollte auch nicht zeitlebens nur Knecht sein. Du hast ebenso das Zeug zu mehr, genau wie dein Vater. Der Pastor hat am Sonntag nach der Predigt von der Kanzel verkündet, dass unser Kurfürst, der Hannoveraner, tatsächlich plant, die Moore trocken zu legen und zu besiedeln. Es ist ein großes Gebiet zwischen Wümme und Hamme, sagte der Küster noch auf dem Kirchhof. Für euch jungen Leute ist das eine Chance, aber auch ein hartes Leben. Du kennst doch den Häusling vom Nachbarhof, der als Hollandgänger jedes Jahr über Friesland nach Holland als Tagelöhner zur Ernte zieht. Er hat letztes Jahr einmal von so etwas ähnlichem berichtet. Dort sind in moorigen und bisher unbewohnbaren Gebieten, ich glaube er nannte sie Fehnsiedlungen, Moore urbar gemacht und Siedler gesucht worden. Weil er darüber nachgedacht hatte, dort sein Glück zu suchen, hatte er unterwegs Halt gemacht und sich eine solche Gründung angesehen. Selbst unser Jacob hat auch schon darüber nachgedacht, ob er, wenn es soweit ist, sich in der Bremer Vörde bewerben soll", erklärte sich Beeke.
„Das ist ja interessant", meinte Jochen und fragte neugieriger nach.
„Was hat er denn so aus Friesland berichtet?", wollte er wissen.

„Wir saßen nebenan, abends beim Weben zusammen, da hat er uns von seinen Eindrücken berichtet. Sie legten Kanäle an, errichteten Erdhütten, bauten Torf ab, oder säten Buchweizen an. Sie erhielten von den Oberen Gerätschaften und Unterstützung, was genau, kann ich aber nicht sagen. Sein Eindruck war, dass es ein sehr schweres Leben sein müsste, das mit dem hier nicht annähernd vergleichbar ist", antwortete die Mutter.
Johann hatte die ganze Zeit zugehört und ergriff nun das Wort.
„Junge, wenn es so kommen sollte, dass du dich dort bewerben willst, sage ich dir, dass wir für dich eine Abfindung von 60 Reichstalern auf der hohen Kante haben. Du erhältst bestimmt von Daniel Unterstützung, was Gerätschaften, Bauholz und sonstiges angeht, was du dann dringend benötigen würdest. Und ich würde dir nach Kräften helfen, eine erste Hütte zu errichten", sicherte ihm der Vater zu, selbst eine nicht alltägliche Aufgabe als Herausforderung in seinem letzten Lebensabschnitt vor Augen. Mit seinen annähernd 55 Jahren war er noch gut bei Kräften.
„Aber ohne eine Frau, wirst du keine Stelle zugewiesen bekommen, geschweige denn überhaupt zur Verlosung zugelassen werden. Das habe ich gehört", fügte er noch an.
Jochen quittierte den letzten Satz nur mit einem breiten Grinsen, worauf der Vater nachhakte.
„Was ist der Grund deiner Freude, mein Sohn?"

„Vadder, ich werde dann eine Frau haben. Du kennst sie. Ich will Ann Cathrin Hoops aus Westerholz heiraten, Christians Tochter. Sie ist zwar erst 16 Jahre alt, aber wir wollen ja auch nicht heute heiraten, sondern erst, wenn sie alt genug dazu ist. Also hätte ich auch eine Frau. Du kennst die ehemaligen Nachbarn ja selbst", endete er mit seiner Erklärung und sah seinen Erzeuger erwartungsvoll an.

„Du hast Recht, ich kenne Christian und seine Familie. Und die kleine Ann Cathrin habe ich noch gut in Erinnerung. Sie war stets ein ruhiges und angenehmes Kind. Wenn du möchtest, dass ich mit Christian rede, dann lass es mich wissen. Ich wäre mit deiner Wahl einverstanden und deine Mutter sicherlich auch", ermutigte er seinen Sohn, der diesen Tag fröhlicher den je nach Gyhum zurückkehrte.

Als er Ann Cathrin zwei Tage später traf, berichtete er von dem Gespräch mit seinem Vater.
Sie strahlte ihn an und gestand: „Ich habe gestern meinen freien Tag gehabt und war auch zu Hause. Da habe ich mit meiner Mutter gesprochen, sie hat dann mit meinem Vater geredet. Beide sind einverstanden, wenn wir heiraten würden. Aber wir müssen damit noch ein paar Jahre warten. Von unseren Plänen mit der Moorsiedlung habe ich ihnen nichts erzählt, auch nicht davon, wenn das nicht klappt, dass wir in die Neue Welt nach Amerika auswandern wollen."

***
1756

Heute war der Tag der Heirat seiner Schwester Anna mit dem Schulmeister.
Dabei lernte er auch die Eltern seines Schwagers, Albert und Mette Dormann, einem Schulmeister aus Oldendorf bei Zeven kennen. Im Gespräch erfuhr er, dass Albert aus Ottersberg und seine Frau Mette aus Wehldorf bei Gyhum stammten.
Das fand Jochen so interessant, dass sich der alte Lehrer ermutigt sah, ihm ein wenig mehr zu erzählen, wohingegen es seine Frau vorzog Jochens Frau Gesellschaft zu leisten.
„Mein lieber Junge", leitete er seine Ausführungen ein.
„Da die Einkünfte aus dem Schulgeld für einen Schulmeister sehr niedrig sind, dürfen wir Schulmeister Nebentätigkeiten ausüben. Ich bewirtschafte nebenher eine kleine Hofstelle, die schon mein Vater bewirtschaftete. Ich bin auch noch Wachs-, Woll- und Honighändler, sowie Branntweinbrenner. Und stell Dir vor, ich betrieb mit der Frau eine kleine Wirtschaft in Oldendorf, die wir *Adebar* genannt haben. Es gab einige Streitigkeiten mit meinem Sohn. Deswegen verzichtete Friedrich auf das Recht, in Oldendorf die Schule als Nachfolger übernehmen zu dürfen. Aber darüber bitte ich dich nicht zu sprechen", bat Albert seinen Zuhörer.
Christian Hoops war mit seiner ganzen Familie auf dieser Feier anwesend und Johann wandte sich ihm zu.
Beeke war auf Grund ihrer Erkrankung nur wenige Stunden anwesend, sie fuhr mit ihrem Johann frühzeitig nach Hause. Alle Anwesenden hatten dafür Verständnis, wussten sie doch um ihr Leiden.

***

1758
Hochzeitsgeläut

Es dauerte ja ganze sieben Jahre nach dem Gespräch zwischen den jungen Leuten, dann heirateten Jochen und Ann Cathrin. Dass sie mit bestimmten Dingen nicht bis zur Hochzeit warten konnten, sah man dem Bauch der Braut deutlich an, denn sie war bereits im 6ten Monat schwanger, was sich nicht verbergen ließ. Und die drohende Kirchenbuße hatte das Paar bereits vor Augen, die maßregelnde Schelte vom Pastor klang ihnen schon deutlich in den Ohren.

Einzig Jochens Eltern waren glücklich und zufrieden. War es Beeke möglicherweise doch vergönnt ihr erstes, lebendes Enkelkind noch zu erleben und zu sehen, denn Jochens Schwester hatte ihr erstes Kind tot zur Welt gebracht.

Es würde nicht Annas letzte schlimme Stunde einer Mutter gewesen sein. Sie gebar insgesamt fünf totgeborene und zwei lebende Kinder, die nicht lange überlebten. Deswegen verfügten die Eheleute später im Testament, dass die Stelle an Claus Hoops, ein Neffe von Anna übergehen sollte, der ein Sohn von Jochen und Ann Cathrin war.

Jochen war inzwischen 31 Jahre alt und hatte sein ganzes Geld für seinen Traum gespart, ebenso wie die inzwischen 23-jährige Ann Cathrin.

Johann war sehr glücklich, dass seine beiden Kinder nun ihren Weg mit einer eigenen Familie gehen würden. Sehr unglücklich war er nur, weil seine Beeke immer kümmerlicher und kränker wurde. Auch er fürchtete, dass sie das Eheglück der Kinder nicht mehr erleben würde.

Die Hochzeit von Jochen und Ann Cathrin fand an einem warmen Freitag im September in Scheeßel statt, die Feier in Westerholz bei ihren Eltern, die die Hochzeitsfeier ausrichteten.
An dieser Feier nahm Jochens Schwester Anna mit ihrem Ehemann Johann Friedrich Dormann teil, dem Schulmeister aus Oldendorf bei Zeven.

In einer kurzen Ansprache von Jochens Vater Johann sagte dieser unter Anderem: „..., heute finden zwei alte Zweige unserer Familie zueinander. Der Kreis schließt sich."

Johanns Bruder Cordt und seine Frau nahmen an der Hochzeit teil, und Johann hatte mit Cordt viel zu bereden. Von dem vor Jahren gegenseitig gegebenem Versprechen, dass sie sich häufiger treffen wollten, ist aus unerklärlichen Gründen nichts geworden.

Cordt berichtete seinem Bruder: „Unsere älteste Schwester Tibcke lebt, wie du weißt noch immer mit ihrem Mann Claus in Bötersen. Sie sind noch nicht auf Altenteil, aber gesundheitlich angeschlagen. Dass Engel und ihr Mann im Jahr, in dem du deinen Hof übergeben hast verstorben sind, weißt du ja. Zu ihren Kindern habe ich seither keinen Kontakt mehr gehabt. Margaretha, unsere Schwester in Abbendorf liegt sehr krank auf ihrem Lager, weswegen sie heute nicht hier sein kann. Du hast sie ja vor zwei Wochen noch besucht, als du von ihrem Unglück erfahren hattest. Unser jüngster Bruder hat inzwischen sieben Kinder und will mit seiner Familie zu Annas Hochzeit kommen. Ich soll dich herzlichst von ihm grüßen."

Cordt machte eine kurze Redepause.
„Meine Tochter Margaretha hat ja den Hof geerbt, wie ihr wisst. Sie hat mit meinem Neffen Johann Hoops nicht nur einen guten Mann, sondern auch einen guten Baumann

erhalten. Mit ihm blieb auch unser Familienname auf dem Hof erhalten, was mich umso mehr freut.
Dass zwei unserer Töchter jung gestorben sind, geht meiner Margaretha noch heute ans Herz. Sie weint jeden Sonntag nach dem Gottesdienst, nachdem sie die Gräber besucht hat. Unsere Anna Engel ist als Magd nach Ottersberg gegangen und bei der Heirat von meiner jüngsten, der Gesche warst du ja selbst zugegen. Deine Frau war leider zu krank dazu mitzukommen."

„Du hast Recht, und ich fürchte um meine Beeke. Sie wird von Tag zu Tag kümmerlicher, aber auch vergesslicher. Die Gicht plagt sie sehr und besonders in der kühlen Zeit ist der Schmerz für sie kaum noch zu ertragen, da helfen auch die Wickel und heißen Getränke immer weniger", beklagte sich Johann.

Sie tauschten sich noch über viele andere Themen aus, die weniger ernst und betrüblich waren. Sie sprachen zuletzt auch über ihre Eltern und auch manche alte Geschichte, aber eher über die Jugendstreiche, über die sie wieder zum Lachen zurückkamen, dem heutigen Anlass angemessen.

***
1758
Die nächste Generation

Drei Wochen vor Heilig Abend brachte Ann Cathrin einen gesunden, kräftigen Knaben in Hesedorf zur Welt, der am darauffolgenden Tag in Zeven auf den Namen Johann Christian getauft wurde, womit die Eltern des Neugeborenen beide Vornamen seiner Großväter Johann Hoops und Christian Hoops in ihm vereinte. Die Eheleute wollten nicht, dass der Pastor in Gyhum die Taufe vollziehen sollte, galt er doch in seinen Augen als Bastard, weil er vorehelich gezeugt wurde. Also entschlossen sie sich nach Absprache, während ihrer Hochzeit, die Taufe des Kindes in Zeven und die Tauffeier in Oldendorf bei Jochens Schwester Anna stattfinden zu lassen.

Das Grollen des Herrn Pastoren aus Gyhum holte sie gnadenlos ein, indem die Kirchenbuße mit zwei Talern doppelt so hoch wie üblich ausfiel.

Hinter vorgehaltener Hand verriet der alte Küster in Gyhum Johann, dem Großvater des Kindes mit einem Grinsen, dass sich der Pastor nicht nur über die Unzucht, sondern auch noch über die entgangene Taufgebühr geärgert hatte. Ihm war der Tauftaler entgangen und die Kirchenbuße kassierte der Fiskus beim nächsten Landgerichtstag. Damit ging der Kirchenmann leer aus.

Der Küster sagte dazu nur schadenfroh: „Mal verliert man, mal gewinnen die anderen."

Johann dankte ihm, fragte ihn aber auch: „Warum tust du das?"

„Der junge Pastor hat Ansichten, eine mir fremde Weltanschauung, kein Vertrauen zu mir und den Juraten, ließ dazu noch die Bücher durch eine Visitation überprüfen. Selbstverständlich gab es keine Beanstandungen. Noch schlimmer ist, er liebt die Menschen nicht, er will nur, dass sie gehorchen. Dann lässt er kein gutes Haar an seinem seligen Vorgänger und mäkelt über die geringen Kollekten. Seine Befragungen über das Wissen des christlichen Glaubens fielen besonders bei den Männern schlecht aus. Er setzte dafür sogar den Schulmeistern zu und wies sie an, ihre Anstrengungen noch mehr zu steigern. Er scheint mir ein verkappter Junker zu sein, als wäre er von Adel. Nächstenliebe ist keiner seiner Charakterzüge, zumindest ist ein solcher nicht zu erkennen. Vielleicht hilft es, wenn er endlich heiratet. Aber behalte es für Dich", endete das vertrauliche Gespräch.

Kapitel 4

***

1758

Der Weg zur Moorkate

Die Planungen der Schaffung neuer Siedlungen im Moor gingen mit dem Namen Jürgen Christian Findorff einher. Es wurden überall Bekanntmachungen verkündet, dass Bewerber gesucht werden. Sie sollten Zeugnisse ihrer Herren mitbringen. Das fiel Jochen nicht schwer, bei seinen ehemaligen Bauern, bei denen er in Stellung war, ein gutes Zeugnis zu erhalten. Der alte Schulmeister Albert Dormann bot ihm unaufgefordert an, ein Empfehlungsschreiben zu verfassen, was Jochen anfangs ablehnte. Nach einem ausführlichen und klärenden Gespräch mit dem Schwiegervater seiner Schwester stimmte er später aber doch noch zu.

Die sonstigen Papiere die er benötigte, waren die Bescheinigung seiner Geburt und seiner Hochzeit. Die Geburtsurkunde bekam er vom Pastor in Gyhum, der zwar grollte, sein Glaube an die Nächstenliebe verbot ihm aber, mehr als nur die Daten auf das kleine Papier, eigentlich nur ein Zettel zu bringen und mit seiner überdimensionierten Unterschrift zu beglaubigen.

Da die Heirat im unweit entfernten Dorf Westerholz durch den Scheeßeler Pastor stattfand, musste Jochen den zweistündigen Fußweg nach Scheeßel auf sich nehmen, um die begehrte Heiratsbescheinigung zu besorgen.

Mit seinen Zeugnissen, Urkunden und der Empfehlung hatte er seine Papiere zusammen, um seine Bewerbung auf den Weg zu bringen. Er hatte durch die 60 Taler seiner Eltern und den selbst gesparten 50 Talern, insgesamt 110 Taler zusammen. Sein Vater, wie sein Stiefbruder und sein Schwiegervater hatten ihm Hilfe bei der Errichtung des Hauses zugesagt.

Nun wartete er nur noch auf den Aufruf zur Bewerbung. Bis dahin blieb ihm nichts anderes übrig, als sich über die Planungen zu informieren und sich den Ort auszusuchen, für den er sich bewerben wollte. Er konnte sich zurzeit nur auf einen Ort bewerben. Bewerbungen auf mehrere Orte gleichzeitig wurden nicht angenommen. War einer abgelehnt worden, oder hatte ihm das Los kein Glück geschenkt, durfte er sich andernorts erneut bewerben, wobei einmal abgelehnte, kaum noch Aussicht auf Erfolg hatten. Das jedenfalls sagten die Gerüchte.

Aber noch war es nicht die richtige Zeit, und Jochen wollte in aller Ruhe die neue Heimat seiner Familie herausfinden. Dazu unternahm er Ausflüge in bereits vorhandene Gründungen, wie in die Gegenden, in denen noch Neugründungen geplant werden sollten. Dazu nahm er seinen Vater mit. Sie fanden einen ausgewiesenen Streifen entlang der Oste unweit von Bremervörde passend. Hier sollte eine Neugründung entstehen. Mit der Oste gab es Wasser und die Möglichkeit Waren per Ewer zu transportieren. Bremervörde war nicht weit entfernt, der Torf fühlte sich gut an und würde die Kasse mit Bremer Talern füllen. Dort wollte Jochen sein Glück versuchen, wenn der Aufruf kam sich bewerben. Das Ehepaar sparte weiterhin jeden Schilling für ihre Zukunft.

Weder einen Krugbesuch, noch neue Kleider gönnten sie sich. Werkzeuge und Ergänzungen zum Hausrat, Leinen weben und Körbe flechten für die Vorräte, die sie für die erste Zeit, den ersten Winter bestimmt benötigten, wurden angefertigt und bei Seite gelegt. Die Reisen zu bereits bestehenden Moorsiedlungen hatte Jochen klar gemacht, welche Fehler andere gemacht hatten. Das sollte ihm und seiner Familie nicht passieren.

Das darauffolgende Jahr 1759 wurde für die Hesedorfer Hoops ein trauriges Jahr, da erst Anna in Oldendorf eine weitere Totgeburt erlebte, dann auch noch Beeke an den Folgen ihrer langjährigen Krankheit verstarb.

Vor Beekes Beisetzung fuhr Johann mit seinen Kindern und deren Familien mittags zu dem großen Stein, den er aus seinen Kindheitstagen noch kannte. Er fand ihn nicht gleich wieder, aber als sie angekommen waren, überkam alle ein eigenartiges Gefühl. Sie blieben dort zwei Stunden und gedachten an alle die sie kannten. Johann erzählte seine Erinnerungen an die Treffen hier. Dann fuhren sie nach Gyhum, Beeke zu Grabe zu tragen.

***

1760

Das Jahr der Entscheidung

Seit Beekes Tod verbrachte Johann viele seiner Abende bei seinem Sohn Jochen und seiner Familie. Zu ihnen ziehen wollte er nicht, denn er hatte durch seinen Altenteilervertrag auf dem Hof seines Stiefsohnes Daniel, mit dem er sich gut vertrug, zeitlebens sein Auskommen das wegfiel, würde er den Hof verlassen. Außerdem würde er seinem Sohn dann zur Last fallen, der jeden Schilling benötigte, um eine eigene Scholle sein eigen nennen zu dürfen. In Jochen würde Johanns Traum Wirklichkeit werden. Er selbst war als jüngerer Sohn nicht der Hoferbe, sondern sein Bruder Cordt, dem er es aber nicht neidete. Seine Kinder sollten es einfacher haben als er. Er war nur Bauer auf Zeit, ein Interimswirt, ein Pächter gewesen, nie der richtige Bauer, der seinen Hof geerbt hatte. Johann war mit seinem Leben dennoch ganz zufrieden, weil er Beeke kennengelernt hatte, das aber auch nur, weil ihr erster Ehemann jung verstarb.

Schicksal, Glück, Bestimmung? Er wusste keine Antwort auf seine Fragen, die seit Wochen in ihm hochkamen, immer wenn er alleine war. Seit Beekes Tod hatte er sich verändert. Johann wurde stiller. Die dunklen Wintertage, besonders in der Weihnachtszeit, waren für ihn schwer zu ertragen. Er lebte noch sparsamer in seiner Stube, gab kaum noch einen Schilling aus, legte alles auf die hohe Kante. Seinem Sohn wollte er mit allen Mitteln den eigenen Hof ermöglichen. Inzwischen hatte er bereits 60 Taler zusammen gespart, ein kleines Vermögen.

Seit 1741 erhielten Beeke und er jährlich 20 Taler, von denen sie einiges zurückgelegt hatten. Das Angesparte gaben sie Jochen und Anna zu deren Hochzeiten. Da Anna mit ihrem Schulmeister eine gute Partie gemacht hatte sparten sie fortan, also seit 1758, für Jochen jährlich 14 Taler an. 28 Taler hatten beide vor der Hochzeit bereits zusammen gespart. Damit waren bereits 56 weitere Taler vorhanden. Seitdem Beeke gestorben war, erhielt er lediglich nur noch die Hälfte der bisherigen, wie im Vertrag geregelten Gelder und Sachleistungen. Von den nunmehr 10 Talern, die er aufs Altenteil in bar erhielt, wollte er jährlich 5 für Jochen, und 2 für Anna als Notgroschen zurücklegen, falls es ihnen einmal schlecht gehen sollte.

Den Bauch seiner Schwiegertochter wachsen zu sehen, lenkte ihn ab und gab ihm neue Lebensfreude. Im Juli sollte es soweit sein, und sonntäglich erzählte er seiner seligen Beeke am Grab, wie ihr Enkel wächst und gedeiht. Wenn Johann den zweijährigen Enkel, Johann Christian, der auch Johann gerufen wurde, auf den Knien sitzen hatte, erinnerte er sich an die Zeit, als er bei seinem Vater auf den Knien saß. An seinen Großvater Cordt, der starb als Johann vier Jahre alt war, hatte er nur schemenhafte Erinnerungen wie, dass er klein und schlank war, gebückt ging und sehr faltige Haut hatte. Eines, was ihm noch im Gedächtnis blieb war, dass sein Großvater mit einem hölzernen Löffel aß, wobei er sehr zitterte und vieles verschüttete. Tat Johann das, wurde er gescholten, aber beim alten Cordt sagte niemand ein böses Wort. Das hatte er damals nicht verstanden, aber heute erinnerte er sich an diese Begebenheit, die am Tag stattfand, an dem er ihn das letzte Mal am Tisch sitzen sah. Er hatte keine Erinnerung mehr daran, dass der Alte am darauffolgenden Morgen tot in seinem Bette aufgefunden wurde. Heute kam ihm die Erinnerung an die Begebenheit mit der verschütteten Suppe.
„Wie wirst du mich sehen meine Junge, wenn ich alt bin?", fragte er den Knaben auf seinem Knie
Der Enkel schaute seinen Großvater nur fragend an, ohne auf die Frage zu antworten, die er nicht verstanden hatte. 20 Jahre später stellte er ihm dann noch einmal die gleiche Frage.

Der alte Johann half seinem Stiefsohn nach besten Kräften auf dem Hof, wobei er nicht ganz die Aufgaben eines Großknechts übernahm, der ja auf dem Hof fehlte. Daniel hatte nur zwei Jungknechte von 14 und 16 Jahren, die mal ihm, mal dem alten Johann zur Hand gingen. Die Jungmagd Floria hingegen folgte selbstverständlich den Anweisungen von Daniels Frau, das beschränkte sich überwiegend auf den Haushalt, den kleinen Kohlgarten und auf das Kleinvieh, wie Hühner, Schweine und Gänse, aber auch auf die Kinder und das Haushüten. Zu den Aufgaben des Altenteilers gehörten überwiegend das Hacken des gefällten Holzes, die Versorgung des Großviehs, Reparaturen am Haus wie an der Gerätschaft, oder an den Zäunen.
Damit war Johann mehr als ausgelastet und beschäftigt, aber er hatte es sich so gewünscht, gebraucht zu werden und Daniel ein guter Stiefvater zu sein.
Die Abende verbrachte er, nach dem Abendmahl bei Daniel am Tisch, überwiegend bei seinem Sohn und seinem Enkel. Zeit für Besuche bei seinen Geschwistern blieb ihm dabei nicht, zumindest nahm er sie sich nicht. So vergingen die Tage, Wochen und Monate in einer regelmäßigen Gewohnheit von Pflichten und Notwendigkeiten.
Am späten Nachmittag des 8. Juli war der alte Johann gerade mit dem 14-jährigen Jungknecht beim Ausmisten des Stalls auf dem Cordhof, Daniel war mit dem anderen Jungknecht seit Sonnenaufgang auf dem Feld, als Jochen unerwartet ins Haus trat.
Johann sah auf und sah seinen strahlenden Sohn.
„Du bist soeben wieder Großvater geworden, Vater", begann er seine Begrüßung vollkommen außer Atem, denn er war zum Hof des Vaters gelaufen.
„Was ist es und wie geht es Ann Cathrin?", wollte der Alte wissen.
„Es ist wieder ein Junge, ebenso kräftig wie lüt Johann. Er wurde genau zur 14ten Stunde geboren", strahlte der

frischgebackene Vater, der die Antwort zum zweiten Teil der Frage vor lauter Aufregung glatt unbeantwortet ließ.
Der nunmehr zweifache Großvater drückte dem Jungknecht die Forke mit den Worten in die Hand: „Ich gehe meinen Enkel begrüßen. Richte es dem Bauern aus. Ich werde heute Abend bei meinem Sohn Jochen zu Abend essen."
Dann verließ er mit seinem Sohn das Haus und ging mit raschen Schritten zum Geburtshaus, wo beide eine strahlende, aber erschöpfte junge Mutter im Bett liegen sahen, eine zufrieden dreinblickende Hebamme und einen sehr aufgeregten älteren Bruder, lüt Johann, der vor der kleinen Wiege in der Stube der Eltern stand.

Den neuen Erdenbürger hingegen hatten sie bereits vor dem Haus gehört, was Johann mit den Worten: „Eine kräftige Stimme hat er ja", quittierte.
Als lüt Johann seinen Großvater sah, rannte er auf ihn zu und nahm ihn sogleich in Beschlag, ihm das neueste zu erzählen, wie es ein Eineinhalbjähriger eben vermochte.
„Jochen, wie wollt ihr ihn rufen?", wollte der Alte wissen.
Ohne eine Chance auf die Frage seines Vaters antworten zu können, rief die frischgebackene Mutter aus der Stube ins Flett: „Gernandt Joachim, und wir werden ihn Joachim, nach seinem Vater rufen." In der Stimme schwang ein Anweisungscharakter mit, dem sich niemand im Raum widersetzen wollte.
„Wieso Gernandt?", fragte Jochen verdutzt nach.
„Mein Großvater hieß Gernandt", war die Antwort.
Dass die Kirchenbuchführer den Familiennamen Hoops mal Hobs, Hops, Hobst und Hoops schrieben, störte in der Familie auch beim Eintrag ins Buch des Lebens nicht, denn es bekam ja keiner der Familie zu sehen.

Zwei Monate nach der Taufe bekam Johann erneut Besuch durch seinen Sohn Jochen. Da dieser wieder strahlte, kam er wohl mit guten Nachrichten dachte Johann noch.

Von schlechten Nachrichten hatte er inzwischen genug, denn einen Monat nach der Geburt seines zweiten Enkels wurde seiner Tochter Anna zum dritten Mal ein totes Kind geboren. Er war zwei ganze Tage in Oldendorf bei ihr und ihrem Schulmeister, doch trösten konnte er sie nicht wirklich. So ging er unverrichteter Dinge geknickt wieder nach Hause, wo er Daniel sein Herz ausschüttete.
„Eigentlich kannst du doch glücklich und zufrieden mit dir sein", sagte er immer wieder zu sich, aber es stellte sich keine Zufriedenheit ein. Beeke war tot, Anna hatte zum dritten Mal eine Totgeburt, und er schlief des Nachts alleine. Dann kam ihm der Gedanke, dass es ihm trotz des Unglücks noch gut ging.
„Du hast als Altenteiler ausgesorgt, musst nur arbeiten, was du willst und kannst, hast eigentlich drei Familien und viel Menschen die dich mögen, brauchen und denen du wichtig bist", sagte er sich.

Johann gab sich einen Ruck, denn er war relativ gesund und schollt sich für seine Trübsal.
Inzwischen stand Jochen vor ihm und umarmte seinen Vater. In der Hand hielt er ein Blatt Papier, was Johann nicht gleich aufgefallen war.
Sie setzten sich auf die Holzbank vor dem Haus in die Sonne.

Neugierig und gespannt schaute Johann seinen Sohn an.
„Vater, heute wurde das Land zur Besiedlung ausgeschrieben. Ein Bote kam mit einem Aufruf zum Pastor, und der alte Küster hat mir gleich einen Zettel gebracht. Er ist ein guter Kerl. Sonntag wird der Aufruf von der Kanzel verkündet werden. Ich werde gleich Morgen zum zuständigen Beamten reiten, Findorff heißt er, um meine Unterlagen abzugeben und mich zu bewerben. Dann bräuchte ich möglicherweise die 60 Taler, die du für mich

dazu auf der Hohen Kante liegen hast, wenn du sie noch hast."
„Jochen, mach dir keine Sorgen, die 60 Taler von deiner Mutter und mir, und deine 50 Taler habe ich gut verwahrt. Seit dem Tod deiner Mutter sind noch einmal 56 Taler hinzugekommen, sodass die Summe inzwischen 166 Taler beträgt."
„Mit meinen gesparten 27 Talern sind das ja 193 Taler, Vater. Eine sehr, sehr große Summe", ergänzte Jochen.
„Sei zuversichtlich mein Sohn, aber bleibe am Boden. Du fängst im Moor, im Sumpf, im Nichts an, auch wenn du aus Hannover Zuwendungen und für die ersten Jahre Erleichterungen erhältst. Es gibt noch keine Straßen, keinen Hof, kein Haus, keine Vorräte und vor allem keine Erfahrungen mit dem neuen Land. Du wirst die ersten zwei bis drei Jahre vieles kaufen müssen, bevor deine Ernte dich ernährt. Ich glaube an dich, aber 190 Taler bedeuten für 10 Jahre nur 19 Taler pro Jahr, wenn du es aufteilst, um durchzuhalten und Missernten auszugleichen. Viele Menschen sterben an Auszehrung oder an der Schwindsucht in den feuchten Mooren, wie auf den Höfen, die keine guten Häuser haben. Das Angebot, dir beim Hausbau zu helfen steht weiterhin und dafür solltest du einen Großteil des Geldes verwenden", mahnte der Vater und beschwor ihn zugleich, seinem Vorschlag zu folgen.
Jochen schwieg einen Moment, dann nickte er zustimmend. „Du hast wahrscheinlich Recht. Stürben unsere beiden Jungen, würde das Ann Cathrin und mir das Herz brechen. Ich nehme deinen Rat und eure Hilfe an. Danke!"

Johann atmete erleichtert auf. Das Haus war der Mittelpunkt und die Sicherheit für eine Familie, besonders in den Winterzeiten.
„Wie soll die Neugründung heißen?", wollte der Alte noch wissen.

„Ostendorf. Es liegt ja parallel zwischen den Flüssen Oste und Mehe. Die später geplante Gründung von Iseler am Fluss Mehe war uns ja zu moorig und zu spät geplant, als wir uns damals dort umsahen."
„Das sind alles zusammengenommen ja sehr gute Neuigkeiten. Ich drücke dir die Daumen, Junge. Ich werde mit Daniel und meinem Bruder Cordt reden, wie viele Steine, Balken und Dielenbretter sie zum Hausbau von ihrem Hof entbehren können."
Dann legte er seinem Sohn anerkennend und zugleich Mut machend eine Hand auf die Schulter und drückte sie liebevoll.

Jochen hat nach Rückkehr bei seiner Frau das mit dem Vater besprochene erzählt. Auch sie war von dem Rat, gleich ein richtiges Haus zu bauen überzeugt, wenn auch zunächst nur ein kleines von 2 Fach und vielleicht eine kleine Scheune.
Damit stand fest, wenn es einen Zuschlag geben wird, wird als allererstes ein Hausplatz gesucht und ein kleines Haus mit einer Scheune errichtet.
Wie angekündigt machte er sich am folgenden Morgen in der Frühe auf den Weg, Herrn Findorff zu suchen. Er rechnete damit, erst in zwei bis drei Tagen wieder zurück zu sein.
Er hatte vom alten Küster gehört, dass sich der Herr derzeit im Raum Bremervörde aufhalten würde. Jochen nahm eines der Pferde seines Bauern, der sein Vorhaben unterstützte, sowie das liebevoll in ein Tuch eingewickelte, üppige Verpflegungspaket seiner Eheliebsten und ritt los.

Am frühen Nachmittag traf er in Bremervörde ein und hielt bei einem der Gasthäuser an, um Rast zu machen, sein Pferd zu versorgen und nach Findorff zu fragen.
Er erfuhr, dass der Herr noch immer im Raum Bremervörde unterwegs war und abends im gegenüberliegenden

Gasthaus einkehren würde. Das kam ihm wie ein Wink des Schicksals vor, ein echter Glücksfall. Er trank sein Bier, buchte und zahlte für das Zimmer und die Unterbringung des Pferdes im Voraus. Dann brachte er seine Sachen in die kleine Schlafkammer. Als er den Raum, sein Zimmer betrat, sah er ein Bett und einen kleinen Tisch mit einer Waschschüssel aus Blech und einen Eimer mit Wasser. Der Abort befand sich außerhalb des Hauses auf dem Hof, hatte ihm der Wirt gesagt.

Dann setzte er sich auf das Bett, welches mit einem strohgefüllten Kissen und einer wollenen Decke ausgestattet war. Dann öffnete er das kleine Päckchen und aß bis er gesättigt war. Da ihm Ann Cathrin genug für drei Tage eingepackt hatte, würde er an Hunger nicht leiden müssen. Er suchte seine Papiere heraus und steckte sie in seine Jacke. Dann schnürte er das Paket zusammen und hängte es an einen Nagel an die Wand.
Er wollte nicht, dass ihm ungebetene Mitesser, wie Ratten oder Mäuse sein Mahl wegfraßen. Dann verließ er die Kammer, schloss die Tür und ging nach draußen auf die Straße. Er wollte sich Bremervörde, den großen Flecken seiner neuen Heimat ansehen.
Zunächst aber ging er ins gegenüberliegende Gasthaus und erkundigte sich nach Findorff. Der dicke Wirt bestätigte die Auskunft des Gastwirts, bei dem Jochen untergekommen war. Die Aussage, dass der Herr stets gegen acht Uhr am Abend kam, dann aß und danach noch stundenlang Karten und Schriften durchsah, zeichnete und schrieb, war für ihn eine wichtige Information.

Er bedankte sich beim Wirt und vertröstete ihn auf seinen erhofften Umsatz auf den Abend.
So erkundete Jochen den Flecken Bremervörde. Mit seinen Häusern und Straßen ähnelte der Ort Rotenburg. Nur war da keine Burg, kein Schloss.

Jochen war zwar bei dem ersten Erkundungsritt mit seinem Vater durch Bremervörde gekommen, hatte aber kein Augenmerk auf Details verschwendet. Das holte er nun nach.
Er fand die alte Kanzlei, die Kirchen, mehrere Gasthäuser und Krüge, zwei Krämerläden, Handwerker wie Schuster, Zimmerleute, Fuhrunternehmen, aber auch viele Wohnhäuser, traf dabei die unterschiedlichsten Menschen und hörte seltsame Dialekte und Sprachen.
Nach mehreren Stunden des ungewohnten Spaziergangs quälten ihn Hunger und Durst gleichermaßen. Also kehrte er zu seinem Gasthaus zurück und stillte seine Bedürfnisse, bevor er dann gegen acht Uhr ins gegenüberliegende Gasthaus wechselte, Findorff abzufangen und mit ihm zu reden, so hoffte er.

Der Wirt sollte Recht behalten. Kurz vor acht Uhr betrat ein gut gekleideter, aber schlicht wirkender, älterer Herr die Wirtsstube. Er hatte eine Tasche unterm Arm und ein weiterer Mann trug noch andere Unterlagen hinter ihm her. An dem gedeckten Tisch in der Ecke ließ er sich nieder, dankte dem Träger, der daraufhin die Stube wieder verließ.
„Das muss der Kutscher gewesen sein", dachte Jochen. Der Wirt brachte ihm zu Trinken und zu Essen, wechselte dabei ein paar Worte, wobei Findorff kurz zu Jochen herüberblickte und dann dem Wirt wieder zugewandt, nickte. Dann aß und trank er, nicht wie die anderen alles in sich hinein stopfend, sondern wie ein vornehmer Herr.
Der sehr geräumig gebaute Wirt brachte Jochen ein weiteres Bier, stellte es auf den Holztisch ab und sagte ihm: „Wenn der Herr gegessen hat, dürft ihr zu ihm kurz an den Tisch kommen, euer Anliegen vorzutragen", waren die wenigen Worte der Botschaft.
Jochens Herz schlug schneller. Er war nervös und aufgeregt, denn es ging nun um seinen Traum und die Zukunft seiner Familie.

Er nestelte seine Unterlagen heraus und wartete ungeduldig auf das Zeichen, dass er vortreten durfte. Die Zeit schien ihm stehen zu bleiben. Dann hatte der Herr offensichtlich seine Mahlzeit beendet und winkte den Wirt an den Tisch, das Geschirr abzutragen. Nachdem das Geschehen war, blickte er zu Jochen, hob die Hand und winkte ihn mit einem freundlichen Lächeln an seinen Tisch.
Jochen stand nun auf, ließ seinen halbleeren Krug stehen, nahm seine Unterlagen und ging zum Tisch von Findorff.
Dort angekommen verbeugte er sich höflich und sprach ihn an: „Danke, Herr, dass ihr euch Zeit für mich nehmt, mein Anliegen anzuhören. Ich bin Jochen Hoops, ein Häusling aus Hesedorf bei Gyhum, Herr."
„Nun mein Lieber, setz dich auf den Stuhl und lasse mich wissen was du auf dem Herzen hast", forderte Findorff Jochen auf.
Dieser setzte sich auf den angebotenen Platz, legte seine Unterlagen auf die Ecke des Tisches und versuchte seine seit Stunden vorformulierten und eingeübten Sätze zu artikulieren. Sie waren plötzlich wie ausgelöscht.
Findorff bemerkte die Nervosität seines Gegenübers und ergriff seinerseits noch einmal das Wort.
„Du kannst mir in aller Ruhe dein Anliegen vortragen. Ich werde dir zuhören."
„Danke Herr. Ich möchte mich als Moorsiedler für eine Stelle im geplanten Ostendorf bewerben. Ich bin gesund, mit einer guten und fleißigen Frau verheiratet und, wir haben zwei Söhne von 2 Jahren und wenigen Monaten. Ich habe auf mehreren Höfen als Knecht und Großknecht gearbeitet und für den Neuanfang über 100 Taler gespart."
Die volle Summe hatte er ihm absichtlich nicht verraten.
„Das ist eine beachtliche Summe für einen Häusling", bekam er zur Antwort.
„Ja, Herr. Ein Teil ist mein Erbteil, einen weiteren haben wir auf der hohen Kante zu liegen und einen Teil haben meine Eltern für mich zur Seite gelegt", versuchte er zu erklären,

was im Grunde genommen nicht von Nöten war, denn Findorff empfand Bewunderung und Anerkennung für den späten Gast an seinem Tisch.
„Wirt, bringe er uns noch zwei Krüge Bier", und zu Jochen gewandt: „Du trinkst doch noch einen Krug mit mir?"

Ohne auf eine Antwort zu warten fuhr er fort.
„Deine Geschichte interessiert mich und dein Mut mich anzusprechen gefällt mir. Die Meisten würden sich das nicht wagen, für mich vollkommen unverständlich. Mir ist das Gespräch mit den Menschen, insbesondere mit den zukünftigen, aber auch den bereits ausgewählten Siedlern wichtig. Ohne diese Gespräche würde ich an den Bedürfnissen und der Realität vorbeiplanen. Das kostet nicht nur Geld, zerstört Existenzen, nein, es bringt das Projekt möglicherweise zum Scheitern, woran mir keinesfalls gelegen ist", versuchte Findorff Jochen zum offenen und weiterführenden Gespräch zu bewegen.

„Ich werde dir erklären, was auf dich zukommt, aber deine Bewerbung kannst du nur auf dem offiziellen Weg einreichen, nicht hier und heute bei mir. Du hast sehr klare Vorstellungen, Schneid, erscheinst gesund, bist verheiratet und hast bereits Kinder. Ideale Voraussetzungen für die Auswahl als Neusiedler. Schau hier auf die Karte", sagte Findorff und suchte im Stapel der Karten eine heraus. Diese legte er offen auf den Tisch.

Inzwischen hatte der Wirt die zwei Krüge Bier an den Tisch gebracht, worauf die Männer einen Schluck tranken. Jochen dachte dabei nur, dass er mit dem hohen Herrn Findorff an einem Tisch saß, er mit ihm Bier trank, zudem wurde er von ihm dazu eingeladen, und er nahm sich Zeit für ihn, einem Häusling. Er war ihm zugetan und von seiner Volksnähe begeistert.

Dann zeigte Findorff ihm mit dem Finger der rechten Hand auf der Karte einen Punkt.
„Sieh her, hier ist Bremervörde. Dort entlang verläuft die Mehe, dort die Oste." Er fuhr mit dem Zeigefinger erklärend über seine Karte, um seine Worte anschaulich zu unterstreichen.
„Hier entlang wird das von mir geplante Dorf Ostendorf entstehen. Die Einzeichnungen hier zeigen die Parzellen. Es sind insgesamt 30 Stellen geplant. Diese werden, nachdem die Bewerbungen ausgewertet sind, unter den zugelassenen Bewerbern ausgelost", erklärte Findorff und sah Jochen dabei, auf eine Frage wartend, an.
„Und, wenn es mehr Bewerber als Stellen sind Herr, was dann?", fragte der Häusling.
„Na, dann gehen einige Bewerber leer aus. Sie haben dann ja die Möglichkeit, sich für eine andere Neugründung zu bewerben. Keine Chance auf die Annahme als Bewerber haben Kranke, Verschuldete, Verurteilte, Säufer, Tagediebe, Prozessgänger und Ledige, wie Verheiratete ohne Zeugnis von ihrem, oder ihren Dienstherren. Wer noch ein Empfehlungsschreiben hat, zum Beispiel von seinem Pastor oder Dienstherrn, der kann sich glücklich schätzen", führte Findorff mit klaren und sehr ernstgemeinten Worten aus.
„*Puh, da habe ich ja Glück gehabt*", dachte Jochen bei diesen Worten.
„Ich habe alle meine Unterlagen zusammen. Auch habe ich von einem meiner Dienstherren ein Empfehlungsschreiben, Herr", entgegnete er ihm, und Findorff nickte anerkennend.
Das Trinken wurde zwischendurch nicht vergessen, aber über den Inhalt dieses einen Kruges kamen sie nicht hinaus.
„Du solltest wissen, der angenommene Bewerber, der im öffentlichen Losverfahren eine Parzelle zugewiesen bekommen hat, erhält das notwendige Bauholz für eine kleine Hütte; ihm wird zehn Jahre Abgabenfreiheit gewährt; er erhält Getreide für den Anfang, Saatgut, sowie zwei Obstbäume, Gerätschaften zum Bewirtschaften und

urbarmachen der Parzelle", erklärte ihm der Beauftragte des Kurfürsten.

„Herr, was ist, wenn ich mit meinem Geld ein kleines Zweifachständerhaus und eine kleine Scheune bauen will?", wollte Jochen wissen.

Findorff entlockte diese Frage ein Lächeln und folgende Antwort: „Das ist der Kommission, wie mir nur recht. Du kannst das Bauholz, das du zum Bau einer Hütte erhältst selbstverständlich beim Bau des Fachwerks für ein richtiges Wohnhauses nutzen.

Es sind aber auch Pflichten mit dieser Schenkung des Kurfürsten verbunden. Nach zehn Jahren sind Steuern fällig. Nach der Übernahme kommen auf die Neusiedler Gemeinschaftsaufgaben zu, wie den Bau und die Instandhaltung von Gräben zur Entwässerung, der Bau von Dämmen und Brücken, das Anlegen von Wegen, sonstige Hand- und Spanndienste, aber auch andere Tätigkeiten, die zu erklären aber den abendlichen Rahmen sprengen würde."

Jochen hatte den Hinweis verstanden, dass es nun Zeit war, den Tisch des Herrn wieder zu verlassen.

„Herr, ich danke ihnen für das Gespräch, die Erklärungen und die Möglichkeit mein Anliegen vortragen zu dürfen", dankte Jochen devot seinem Gegenüber.

„Es war mir ein Vergnügen und, ich freue mich bereits jetzt schon auf deine Bewerbung. Ich bin sicher, du wirst es bis ins Losverfahren schaffen. Gute Nacht, junger Mann."

Damit war das Gespräch beendet, der Krug war eh leer, und da der Wirt den stehen gelassenen Krug von Jochen bereits vor längerer Zeit abgeräumt hatte, verließ Jochen das Gasthaus, aber nicht, ohne vorher dem Wirt zu danken, und seine Zeche zu bezahlen. Dann ging er über die Straße zu seiner Unterkunft.

Dort gönnte er sich zur Freude seines Gastwirts noch einen Krug, bevor er in seiner Kammer zur Nachtruhe verschwand, nicht aber ohne zuvor zum Abort zu gehen, sich eine Stange Wasser abzuschlagen.

Am darauffolgenden Tag holte er sehr früh sein Pferd aus dem Stall und ritt gen Heimat. Nach einer guten Stunde hielt er an, um seinem Magen ein Frühstück zu gönnen und es mit einem kühlen Schluck Wasser herunter zu spülen.
Kurz nach Mittag kam er wohlbehalten und unbehelligt in Hesedorf an, ritt aber erst zum Vater, ihm sein Erlebtes zu berichten. Dann ging er mit leichtem Herzen, das Pferd seines Herrn am Zügel führend nach Hause, versorgte das Reittier und ging dann zu seiner Frau ins Haus.

Sie verbrachten den restlichen Nachmittag und ganzen Abend damit, über ihre Zukunft zu reden, Pläne zu schmieden und glücklich voller Hoffnung zu sein, dass die Durchführung ihres Traums bald in Erfüllung gehen könnte.

Als dann der offizielle Aufruf zur Bewerbung kam, erfüllte Jochen alle Auflagen und gab alle erforderlichen Unterlagen und Urkunden zeitgerecht an der dafür bestimmten Stelle ab. Nun hieß es zu warten.

***
Ein entscheidender Tag

Am Tag der Entscheidung wurden Jochen und seine Familie vom Stiefbruder Daniel, Jochens Vater Johann und dessen Bruder Cordt zum Ort der Auslosung begleitet. Sie reisten allesamt mit einem von zwei Pferden gezogenen Wagen an. Um pünktlich zur Bekanntgabe der angenommenen Bewerber und zur Verlosung der Parzellen, die nachmittags um drei Uhr stattfinden sollte, vor Ort zu sein, fuhren sie um fünf Uhr in der Frühe los.

Sie kamen gut durch und erreichten Bremervörde bereits gegen Mittag. Für die letzten vier Meilen bis zum Auslosungsort, der befand sich auf der ersten auszulosenden Parzelle, von Bremervörde aus gesehen, es war also noch genug Zeit. Jochen Hoops war derart nervös, dass er die Geschichte um das Treffen mit Findorff, während der langen Fahrt, immer wieder zum Besten gab.

Ann Cathrin staunte nicht schlecht, als sie durch den großen Ort mit den Stadthäusern, den Geschäften und den dazwischen stehenden Bauernhäusern auf richtigen Straßen fuhren, bis sie nach rechts Richtung Ostendorf abbogen. Es ging eine kleine Steigung hoch, bei der die Menschen zur Entlastung der beiden Pferde abstiegen und erst nachdem die Kuppe überfahren war, wieder aufstiegen.

Wegen des guten Wetters war es eine angenehme Fahrt, wobei die Anspannung bei allen deutlich zu spüren war. Die Pferde hingegen blieben gewohnt ruhig und erfüllten ihre Aufgabe. Alle zwei Stunden legte Daniel, dem das Gefährt gehörte und der den Wagen lenkte, eine Pause ein für Mensch und Tier.

„Nun ist es nicht mehr weit", sagte Johann, als sie nach der Kuppe weiterfuhren. Eine gute Stunde später trafen sie am Platz ein und wurden durch einen Mann eingewiesen, wo sie ihren Wagen abstellen und wo sie sich melden und eintragen konnten.

Nachdem Daniel das Gefährt angehalten hatte, bat er alle abzusitzen.
„Ich kümmere mich um die Pferde. Vadder," wie er seinen Stiefvater immer rief "hilfst du mir dabei?"
Der Alte tat, worum er gebeten wurde, der alte Cordt half ungefragt. Sie wollten das Ehepaar ein wenig alleine lassen, sich anzumelden.
Jochen schaute seiner Frau in die Augen, atmete tief durch, als wollte er sagen: „Nun wird es ernst!"
Sie trug den kleinen Joachim auf dem Arm und hielt lüt Johann an der Hand, während Jochen, die Unterlagen in der Hand haltend, voran ging.
Die Meldestelle wurde durch das Amt mit Personal und Material bestückt. So saßen an zwei Tischen viele Schreiber und dahinter ein stattlicher Mann, der wohl der Amtsvogt war. Jochen sah Findorff unweit der Tische stehen.
Jochen reihte sich in die Schlange der Wartenden ein. Er hörte viele bekannte Familiennamen, wie Buck, Dreyer und Kück aber auch noch andere, die er sich gar nicht alle behalten konnte. Er war damit beschäftigt, gleich an die Reihe zu kommen. Vor ihm stand Arnd Hastedt aus Ostereistedt. Nachdem dieser seinen Anmeldeakt beendet hatte kam Jochen an die Reihe, er trat dazu an den Tisch heran.

Inzwischen hatte ihn Findorff in der Reihe stehen sehen, reagierte aber nicht.
„Ich bin Jochen Hoops aus Hesedorf bei Gyhum", sagte Jochen dem ihn auffordernd ansehenden Schreiber. Da Jochen genau zugesehen hatte, wie es bei den vor ihm angemeldeten Familien zuging und was erwartet wurde, hatte er ein wenig Nervosität abgelegt.
Der Schreiber suchte in der Liste nach seinem Namen. Jochen bemerkte, dass er ihn gefunden hatte und wartete auf eine Reaktion. Seine hinter ihm stehende Frau war sichtlich nervöser. Sie schaute sich eher die anderen

Bewerber und deren Familien an, versuchte dabei ihre Chancen abzuschätzen.
Nach einer kurzen Weile blickte der Schreiber auf und sagte zu Jochen: „Du stehst in der Liste und es liegen alle notwendigen Unterlagen vor. Du bist noch verheiratet und hast Frau und zwei Söhne?", wollte der Fragende wissen.
„Ja, Herr", war seine Antwort. „Sie stehen direkt hinter mir", und wies auf seine hinter ihm stehende Familie.

Dann sah er den Schreiber einen Haken hinter seinen Namen machen. „Du kannst nun gehen. Um drei Uhr ist die Bekanntgabe, wer als Bewerber ausgesucht wurde, und dann beginnt die Verlosung. Diese findet an dem anderen Tisch, für alle sichtbar und öffentlich statt."
Mit einer Handbewegung wies der Schreiber Jochen an, dem nächsten Bewerber Platz zu machen.

Als er sich mit seiner Frau auf den Weg zum Wagen zurück machte, winkte ihn Findorff zu sich und Jochen änderte die Richtung.
„Guten Tag Herr, das ist meine Frau Ann Cathrin und das sind unsere beiden Söhne Johann und Joachim", stellte Jochen seine Familie vor.
Findorff begrüßte alle mit einem Handschlag und einigen freundlichen Worten.
„Du hast dich angemeldet wie ich sehe, bist auch mit deiner ganzen Familie angereist. Das freut mich und ich wünsche euch viel Erfolg und Glück bei der Auslosung. Ich werde dabei sein und sie mit dem Notar aus Bremervörde überwachen. Wir sehen uns Jochen Hoops."
„*Er hat sich meinen Namen gemerkt*", schoss es Jochen erstaunt, aber nicht ohne Stolz durch den Kopf.
Bevor Jochen sich verabschieden konnte, wurde er von einem der herangetretenen Schreiber gehindert, da dieser den späteren Moorkommissar leicht erregt ansprach.

„Herr, da ist Hinrich Meyer als neuer Bewerber an meinem Tisch. Er wurde schon einmal als Bewerber 1756 in Heudorf bei Worpswede abgelehnt. Inzwischen haben sich nach meiner Prüfung keine neuen Erkenntnisse und wesentlichen Veränderungen ergeben", trug der Schreiber mit leiser Stimme hinter vorgehaltener Hand vor.

„Ich komme mit", beruhigte ihn Findorff und beide gingen zu den Tischen, während Jochen mit seiner Familie zum Wagen und den wartenden Männern zurückging.

Daniel hatte mit den beiden alten Männern auf dem Wagen eine Decke ausgebreitet und darauf das Essen gelegt. Sie warteten bereits hungrig, aber geduldig auf die Rückkehr der jungen Familie.

„Wir haben noch gut eine Stunde, dann beginnt die Veranstaltung", sagte der alte Johann. „Lasst uns in aller Ruhe essen und dann gemeinsam die Daumen drücken."

Die Zeit verlief wie im Flug, denn dieses Mal erzählte Ann Cathrin unentwegt von der Begegnung mit Findorff.

Plötzlich warf Daniel ein: „Ich glaube es geht gleich los. Wir sollten jetzt nach vorne gehen", schlug er vor.

Sie standen auf, packten rasch ein und gingen gemeinsam zu den Tischen, vor denen bereits andere Bewerber in einem Halbkreis standen.

Die Schreiber saßen an den Tischen, der Amtmann dahinter, und bei Findorff standen noch drei weitere Herren und ein Pastor.

Letzterer ging zum Amtmann und beide traten, dann hinter den Tischen stehend, vor sie hin.

Der Amtmann forderte mit einer Handbewegung Ruhe ein, dann begrüßte er die Anwesenden und gab den Ablauf bekannt.

„Wir beginnen mit einem Gebet und dem Segen durch unseren ansässigen Herrn Pastor aus Bremervörde. Danach erfolgt die Bekanntgabe der für die Neugründung zugelassenen Bewerber. Die nicht zugelassenen Bewerber

werden angewiesen, die Ordnung aufrecht zu erhalten, Ruhe zu wahren und den Platz zu verlassen."
Jetzt erst bemerkten die Anwesenden ein Gros aufgesessener Reiterei aus Bremervörde, die hier zur Aufrechterhaltung der öffentlichen Ordnung eben erst angerückt waren, die sehr deutlich ihre Säbel und Pistolen zur Schau trugen.
„Es hat andernorts mit dem einen, oder anderen Unzufriedenen Probleme gegeben, das wird hier nicht geduldet. Wer sich nicht im Zaum halten kann, sollte der Auslosung fern bleiben. Es sind insgesamt 112 Bewerbungen zeitgerecht eingereicht worden. Später vorgelegte, oder hier vorgebrachte Bewerbungen wurden, gemäß dem vorgegebenen Verfahren, nicht berücksichtigt. Wer bereits einmal als unbescholtener Bewerber abgelehnt wurde, wurde berücksichtigt, wenn er nunmehr alle Voraussetzung erfüllt hat, die ich im Einzelnen nicht mehr vortrage. Bevor nunmehr die anerkannten Bewerber verlesen werden, die an der Verlosung teilnehmen, hat unser geliebter und verehrter Pastor die Zeit für ein Gebet und seinen Segen."
Die beiden schienen freundschaftlich miteinander, das konnte jeder erkennen, der sie zusammen stehen sah. Findorff ging in diesem Moment nach vorne und nahm mit dem Amtmann den Pastor sozusagen in die Mitte.
Es folgten einführende Worte, dann ein gemeinsam gesungenes Lied und abschließend ein Gebet.

Danach trat Findorff einen Schritt vor und erklärte den Anwesenden noch einmal die große Politik in einfachen Worten, die auch den letzten Bewerber aufmerksam zuhören ließ. Er vertröstete im Vorgriff diejenigen, die heute als Bewerber abgelehnt wurden, machte ihnen aber Mut und forderte sie auf, so die Gründe keine Ausschlussgründe waren, erneut eine Bewerbung einzureichen. Einige von ihnen zogen gleich weiter, um nach Amerika auszuwandern. An die heute glücklos bleibenden

appellierte er, zuversichtlich zu bleiben, denn es waren heute mehr zugelassene Bewerber als ausgewiesene Parzellen für diese Moorsiedlung westlich der Oste anwesend. Zugleich machte er ihnen Mut, denn das zukünftige Ostendorf würde nicht die letzte Neugründung sein. Seine Worte, die er quasi im Namen des Landesherrn, des Kurfürsten sprach, wie seine Art und Weise sie vorzutragen, beruhigte die Anwesenden. Dann schaute er zum Bremervörder Amtmann, der nun seines Amtes waltete.
„Ich verlese nun die angenommenen Bewerber."
Dazu reichte ihm einer der Schreiber ein Blatt Papier auf dem die Namen derjenigen geschrieben stand, die er gleich verlesen würde.
„Jeder Bewerber tritt nach Nennung seines Namens an den Tisch des Schreibers, er notiert im Beisein des Vorgetretenen dessen Namen, faltet das Papier und gibt es dem Bewerber, der es dann in diesen leeren Kessel wirft, dann zu seiner Familie zurücktritt. Genauso läuft es ab."
Den letzten Satz sagte er mit einer Bestimmtheit in der Stimme, die einer Drohung gleich kam, denn jeder dachte in dem Moment an die Reiterei in ihrem Rücken.

Danach nahm er das Papier zum Verlesen hoch, hielt es vor seine Augen und begann einen Namen nach dem anderen zu verlesen. Bei jedem vorgelesenen Familiennamen sah er die freudige Reaktion der Familien, die er gewähren ließ. Die Aufgerufenen traten jeweils einzeln vor, taten wie aufgetragen und, nachdem Findorff ihn beglückwünscht hatte und prüfend in die Augen sah, trat jeder wieder in die Menge der Wartenden zurück. Dann erst verlas der Amtsträger den nächsten Namen, bis er verkündete, dass damit die Auswahl zur Auslosung abgeschlossen war.
Jochen war zum Platzen gespannt, hing doch die Zukunft seiner jungen Familie davon ab, ob er hier in der alten Heimat, oder in der Fremde sein Glück versuchen würde.

Als Jochen seinen Namen an vorletzter Stelle hörte, fiel eine große Last von ihm ab, denn er war als Anwärter in die engere Auswahl gekommen. Er holte tief Luft, denn noch war dies mit keinem Zuschlag verbunden, auch wenn er die erste Hürde nunmehr genommen hatte.
Er sah diejenigen deren Namen nicht aufgerufen wurde den Ort mit hängenden Köpfen verlassen.

Der Amtmann konnte von seinem Standpunkt aus deutlich sehen, dass die Reiterei bereit war, auf sein Zeichen hin sofort einzugreifen, aber auch, welchen Familien dieser Satz wie ein Urteil traf. Sie blieben aber ruhig und verließen allesamt wortlos, mit hängenden Köpfen den Platz. Sie gehörten zu denen, die nicht nur heute kein Glück hatten, sie waren als nicht geeignet ausgeschlossen worden. Der Grund wurde ihnen nicht mitgeteilt.
Nun wurde es ernst und spannend für die vor dem Amtmann stehenden Familien. Alle waren mehr oder weniger nervös, einige hatten feuchte Hände, denn es ging um eine existenzielle Entscheidung: Eigene Scholle, oder weiter ein Knecht, ein Besitzloser zu sein.
Dann ergriff der Amtmann erneut das Wort.
„Jetzt erfolgt die Verlosung. Es sind insgesamt dreißig Parzellen zu vergeben und es befinden sich noch 67 Bewerbernamen in dem Kessel mit den Losen. Die Lose wird der Pastor ziehen, unter Aufsicht des Notars, durch einen der Schreiber verlesen und durch den anderen Schreiber niedergeschrieben. Der ausgeloste Neubauer tritt vor und erhält vom hohen Herrn Findorff seine Übertragungsurkunde. Nachdem die letzte Parzelle ausgelost ist, können alle zu ihrer Stelle fahren, gehen oder reiten, aber erst dann. Die anderen fordere ich auf, den Platz ohne Störungen zu verlassen."

Der Pastor trat hinter den Tisch an den Kessel, über den der Notar von Anbeginn an mit Argusaugen wachte. Findorff trat neben ihn, denn es war seine Veranstaltung, die durchzuführen dem jeweiligen Amtmann aufgetragen wurde. Die vier Schreiber hatten sich gut vorbereitet, einer stand neben dem Kessel, die Namen der Ausgelosten zu verlesen, der zweite saß am Tisch, diese in die Liste mit den Parzellennummern einzutragen. Neben ihm saß ein dritter, der den Namen in die Urkunde eintrug, von denen er zwei erstellte, und der vierte, der Findorff die Urkunden für die Glücklichen überreichte.

Jochen konnte die Spannung kaum noch ertragen.

Dann trat der Amtmann erneut in Erscheinung. Er rief nun die Parzelle Nummer 1, und der Pastor zog aus dem Kupfergefäß einen Zettel, den er dem Schreiber reichte, der ihn auffaltete und lauthals verlas, während der neben ihm stehende Notarius auf den Zettel schaute, dem Rufer zuhörte und dabei aufpasste, dass es mit rechten Dingen zuging.

Es wurden nach und nach folgende Namen verlesen:
1. Jürgen Hinrich Schlobohm
2. Jürgen Schlobohm
3. Jacob Brandt
4. Johann Witte
5. Ahrend Hastedt

„Den kenn ich. Er stand vor mir bei der Anmeldung", sagte Jochen leise zu seiner Frau. Sie aber winkte ab und wollte keinesfalls verpassen den eigenen Namen zu hören.

6. Johann Stockfisch aus …
7. Hinrich Riecken aus Vorwerk
8. Cord Rosenbrock aus Vorwerk
9. Cord Bredehöft aus …
10. Cord Meyer aus …
11. Hinrich Gercken aus …
12. Stoffer Kahrs aus …
13. Johann Moormann aus …

„Jochen, es sind bereits 13 Stellen vergeben und nur noch 12 frei, aber noch so viele Bewerber ohne Losglück", sagte Ann Cathrin nervös und unsicher zu ihrem Ehemann und schmiegte sich schutzsuchend an ihn. Beide Kinder waren die ganze Zeit über lieb und still.

„Es wird schon", antwortete ihr Jochen, wenngleich es ihm nicht wesentlich anders erging als ihr. Die drei Begleiter schauten dem Treiben gespannt und mit stiller Leidenschaft zu.

Die Verlosung ging ohne Unterbrechung weiter.

 14. Cord Rugen
 15. Johann Geerdes
 16. Hinrich Marckwardt
 17. Hinrich Brandt
 18. Johann Heins
 19. Christopher Muegler
 20. Harm Eggers

„Jochen, ich halte es kaum noch aus."

 21. Jacob Kück
 22. David Riege
 23. Lütje Schönau
 24. Johann Schröder

Ann Cathrin schaute Jochen enttäuscht an und wollte gerade gehen, da hörte sie:

 25. Jochen Hoops

Sie hatten kaum noch daran geglaubt, heute mit dem Losglück gesegnet zu sein. Als sie nun ihren Namen hörten kam einen Moment lang keine Reaktion, aber dann brach es mit einem lauten „Hier" von Jochen aus ihm heraus, dann nahm er seine Frau in den Arm und drückte sie fest an sich. Er hörte sie nur sagen: „Geh rasch nach vorne und hol uns die Urkunde!"

Er ließ von ihr ab, drehte sich um und sah dabei in die tränenfeuchten Augen und freudestrahlenden Gesichter seines Vaters, seines Onkels Cordt und seines Stiefbruders Daniel.

Er trat die wenigen Schritte nach vorne, blickte dabei Findorff an und ging direkt auf ihn zu. Er blieb vor ihm stehen, wie die anderen auch, um seine Urkunde in Empfang zu nehmen, womit seinen Traum sich erfüllen würde.
„Jochen Hoops, meinen Glückwunsch für das Losglück. Ich übergebe dir hiermit deine Urkunde. Ich sehe dich auf deiner Stelle. Auch schaue ich mir gerne die Pläne für dein Haus an, wenn du willst." Dann reichte er ihm die Hand zum Glückwunsch und nickte ihm ermutigend zu.
Nachdem der letzte Name verlesen war, herrschte eine gespenstige Stille auf dem Platz, denn erneut standen viele Enttäuschte vor den Tischen. Sie hatten aber gegenüber den abgewiesenen Bewerbern eine echte Chance beim nächsten Mal zum Zuge zu kommen. Es blieb ruhig. Sie gingen meist wortlos zu ihren Wagen und verließen den Platz, Richtung Bremervörde.
Mit der Urkunde in der Hand war Jochen zu seiner Familie, stolz wie ein Pfau, zurückgekehrt und von allen umarmt worden. Er küsste seine Frau und seine Söhne, die gar nicht wussten, dass sich in diesem Moment ihre Zukunft und ihr Überleben entschieden hat.

Der Amtmann rief die 25 Glücklichen auf, sich noch einmal vor seinem Tisch zu versammeln.
„Ich weiß, dass ihr alle ungeduldig seid Euer Land zu begutachten. Ich will Allen aber noch ein paar Worte mit auf den Weg geben. Eure Stellen sind allesamt gleichgroß und die Grenzen sind abgesteckt. Wer diese Grenzen verändert verliert seine Stelle. Ich verweise auf die Punkte, die ich bei der ersten Besichtigung allen Bewerbern mitgeteilt habe. Denkt an die Bestimmungen und Pflichten betreffend der Wege und Dämme, sowie das Anlegen eines Kanals. Die jeweiligen Stellen sind ausgewiesen, um 8 Stück Hornvieh, 2 Ochsen und 2 Pferde ernähren zu können. Ich weise ausdrücklich darauf hin, um Nachbarschaftsstreit zu

vermeiden, dass der Torfstich nur innerhalb der Grenzen der Anbaufläche vorgesehen ist. Ein Abbau auf der Fläche der Wiesen bedarf einer gesonderten Genehmigung!"
Dann schaute der Beamte in die unruhigen Gesichter der glücklichen Neubauern.
Der Amtmann gab endlich den Weg zu den Parzellen frei und mahnte zu Ruhe und Ordnung. Es stand den Glücklichen nun frei, ihre Stellen in Besitz zu nehmen, sie urbar zu machen und zu besiedeln.
Die zugesagten Mittel und Hilfen würden in Absprache beim Amt abgeholt werden können.
Die Familien gingen zu ihren Wagen, beglückwünschten sich gegenseitig und fuhren einer nach dem anderen zu ihren Stellen. Nur die Familie, die als erstes gezogen wurde, stand bereits auf ihrem Grund und Boden, dessen Grundherr das Amt Zeven war.

Parzelle 25 lag fast am Ende des geplanten Dorfes und es dauerte entsprechend lange, bevor die Familie Hoops davor anhielt. [5] Ein provisorischer Stichweg war angelegt worden, der aufgrund des sehr trockenen Wetters befahrbar war, wenn auch sehr holprig. Diesen Weg auszubauen und zu befestigen, war eine der ersten Gemeinschaftsaufgaben, denn diese Verkehrsanbindung war eine lebenswichtige Grundlage für den Aufbau des Dorfes. Die Nutzung der Oste mit Evern zum Transport von Baumaterial war kostspielig und nicht im Sinne der Neubauern. Sie brauchten ihr Geld für die Stellen, nicht für den Transport.
Jochen und alle anderen stiegen vom Wagen ab und besahen sich das Grundstück. Es war mit Stangen eingefasst, so dass die Grenzen zum rechten und linken Nachbarn abgesteckt waren. Aber auch nach hinten war das Ende bestimmt. Ein Versetzen der Stangen wurde mit der Aberkennung der Stelle und mit einer Strafe belegt. Hinter

---

[5] Später wurden noch weitere Stellen gegründet

ihnen lagen die zukünftigen Wiesen bis ans Ufer der Oste, erklärte Jochen seiner Familie.

Daniel merkte an: „Jochen, die Höfe liegen ja alle nebeneinander aufgereiht, wie auf einer Perlenschnur und nur auf der westlichen Seite des Weges. Aber du hast alles zusammen im Auge, keine Stückelungen, auch nicht hier ein Streifen und dort einen Streifen. Was haltet ihr davon, einen Platz für das Haus zu suchen?", schlug er mehr vor, als er fragte.

Damit waren alle einverstanden und ein jeder der Männer ging einen Platz suchen, nicht aber ohne zuvor Wasser an einem der wenigen Büsche zu lassen. Die Fahrt hatte lange gedauert, und die Zeit der Formalitäten zog sich hin, dass sich dafür keine Zeit fand.

Währenddessen bereitete Ann Cathrin auf dem Wagen das nächste Mahl vor.

Nach gut einer Stunde des Suchens hatten sich die Männer auf eine Stelle in der Nähe der zukünftigen Straße geeinigt und mit ihren mitgebrachten Schaufeln bereits untersucht und für gut befunden.

Dass sich nur 150 Meter weiter hinten, unter der Erde verborgen, Geestboden befand, konnte niemand wissen oder zu diesem Zeitpunkt feststellen. Er war nicht sichtbar und unter der Landschaft verborgen. Schließlich handelte es sich hier um eine Moorlandschaft, die sich zum Torfabbau eignete. Aber er sollte im Laufe der Jahre gefunden werden und zum Bau von Neubauten ab dem Jahr 1848 dienen.

Den Hausplatz galt es nun mit einem Mahl zu feiern. Jochen ging noch zu den neuen Nachbarn, sich vorzustellen, die ebenso wie er froh waren, dass sie das Losglück getroffen hatte.

„Seht, dort auf der 24 steht der Nachbar Hinrich Blank mit seiner Familie, und da drüber gibt es keinen Nachbarn mehr", sagte Jochen, bevor er auf den Wagen stieg.

Dann traten sie den Heimweg an, um nicht in völliger Dunkelheit nach Hesedorf zurück zu kehren. Cordt hatte sich auf eine Übernachtung bei seinem Bruder im Haus eingerichtet.

Die Rückfahrt, unterbrochen von kleinen Pausen für die Pferde, verlief gesprächstechnisch eher planerisch. Als sie im hellen Mondschein gegen Mitternacht auf Daniels Hof fuhren, war das Haus und die Scheune bereits in Gedanken gebaut, aber auch abgesprochen wer wie, wann und womit helfen und anfassen konnte.
Für heute waren alle müde und erschlagen, aber glücklich und zufrieden. Sie gingen rasch, ohne einen weiteren Schlummertrunk im Haus zu nehmen, in ihre Betten.
„Jochen, das mitgenommene Essen ist vollkommen aufgegessen worden und die drei Flaschen Schnaps sind auch leer. Haben wir zu wenig mitgenommen?", wollte seine Eheliebste im Bett liegend von ihm wissen. Seine Antwort war ein leises Schnarchen, mehr nicht.

Sie lag noch eine Weile wach und dachte dabei an die vor ihnen liegenden Veränderungen. Sie freute sich schon auf ihr eigenes kleines Haus, hatte aber auch einen Heidenrespekt vor der Herausforderung, aus dieser Wildnis einen Hof zu machen, der der Familie das Überleben auf Generationen sichern sollte. Sie schaute dabei in die Wiege von Joachim, auf lüt Johann und auf ihren nicht lautlos schlafenden Jochen.

Was sie ein wenig um die Nachtruhe brachte waren einige Worte des Herrn Findorff. „Nicht jeder wird die zehn Jahre durchstehen und aufgeben, nicht alle vertragen diese Widrigkeiten der Moor- und Sumpflandschaft. Die alte Weisheit > Dem Ersten der Tod, dem Zweiten die Not, dem Dritten das Brot < machte ihr Angst. Sie fürchtete um das

Wohl und Überleben ihrer kleinen Familie, wie für ihre zukünftigen Kinder und Kindeskinder.
Die Zuversicht der Gespräche während der Rückfahrt hatten ihr aber Mut gemacht, und der überwog die Zweifel.
Mit diesem Gedanken schlief sie endlich ein.

Am darauffolgenden Tag fuhren Jochen und Ann Cathrin nach Westerholz zu ihren Eltern, um die gute Nachricht zu überbringen. Ihr Vater Christian war mit seinen 62 Jahren schon ein alter Mann, der seit einigen Jahren kränkelte und körperlich immer mehr abgebaut hatte. Ann Cathrins Mutter war schon vor Jahren verstorben, und ihre beiden jüngeren Brüder Otto und Hinrich lebten als Knecht und als Häusling. Hinrich war vor Jahren bei Jochens Stiefbruder Daniel sogar als Häusling in Hesedorf in Stellung. Er hatte sich mit einer Magd eingelassen, heute ist seine uneheliche Tochter Gesche vier Jahre alt. Sie lebt bei Daniels Nachbarn auf dem Hof, da die Mutter dort unter der Geburt verstarb.

In Westerholz eingetroffen fanden sie den Vater hustend vor dem Haus sitzen. Er litt sehr unter der Schwindsucht und die Bäuerin hatte ihrem alten Kuhhirten Frischluft verordnet.
Seine Söhne waren andernorts in Lohn und Brot und schauten hin und wieder auch beim alten Vater vorbei.
Christian wusste von den Plänen seiner einzigen Tochter und freute sich, dass sie einen guten Mann gefunden hatte, wenn er anfangs auch sehr skeptisch war.

Als er seine Tochter mit ihrer ganzen Familie auf sich zukommen sah, strahlte der Vater und dreifache Großvater über beide Ohren aus dem unrasierten Gesicht, blieb aber sitzen, denn auch seine Beine wollten nicht mehr so recht.
Die Begrüßung war sehr herzlich, und der kleine Johann nahm seinen Großvater gleich in Beschlag.

„Moin Vadder, schön dich in der Sonne sitzen zu sehen. Geht es dir besser?", wollte die junge Frau wissen.
„Deern, wenn ich euch sehe, geht es mir besser. Ich will nicht klagen, bin ich doch gut versorgt. Die Bäuerin hat mich heute zum Aushusten und Auslüften in die Sonne verbannt", sagte er mit einem gedrückten Lächeln.
„Ich soll euch von Otto sagen, dass er für zwei Jahre als Knecht arbeiten würde, wenn ihr eine Auslosung gewonnen habt. Hinrich hat wohl Aussichten, hier im Dorf Fuß zu fassen. Er dient auf Beckershof als Knecht und rechnet sich Chancen aus, die Erbtochter zu heiraten, aber schweigt man still und behaltet es für euch."

„Oh Vadder, das hört sich ja gut an. Sag ihm, wir nehmen das Angebot gerne an, er soll im nächsten Jahr seinen Dienst bei uns antreten", antwortete Ann Cathrin, ohne ihren Ehemann zu fragen. Sie wusste, dass sich Otto und Jochen verstanden und ging bei ihrer Zusage davon aus, dass er mit ihrer Entscheidung einverstanden war. Da Jochen sich damit einverstanden erklärte, wusste sie, dass sie sich nicht geirrt hatte.
„Kinder, ich habe nicht viel Geld auf der Hohen Kante. Deine Aussteuer hast du erhalten, und für deine beiden Brüder haben eure Mutter und ich ein wenig Geld zurückgelegt", sagte Christian ein wenig geknickt.
„Vadder lass gut sein. Wir haben was wir brauchen und wir sind gesund. Behalte du deine Taler für dich. Du brauchst sie dringender als wir", wiegelte Ann Cathrin ab.

Er hatte als ehemaliger Kuhhirte und derzeitiger Altknecht keinen Altenteilervertrag, der ihm jährlich Geld und Sachwerte zusicherte. Er würde zeitlebens als Knecht nach Kräften auf dem Hof arbeiten, um nicht ins Armenhaus zu müssen. Einen Medicus konnte er sich eh nicht leisten, und er fürchtete, den nächsten Winter nicht zu überleben.

Das Dorf wurde bis 1771 um weitere zwei Stellen verlängert, sodass Jochen noch Nachbarn erhielt.

26. Harm Gerdes
27. Lütje Bredehöft

Dass im Jahr 1771 zehn Moorsiedler noch immer nicht über ein festes Haus verfügten zeigte, wie unterschiedlich die Fortschritte im Dorf vorangingen. Die Neubauern hatten sich aber zum Hausbau verpflichtet und wurden angewiesen, dem alsbald nachzukommen.
Nach Abschluss der Grenzstreitigkeiten des Amts Bremervörde mit dem Dorf Abbenseth im Jahr 1770 wurde das Dorf 1772 um weitere drei Stellen erweitert, die allerdings kleiner ausfielen.

28. Hinrich Rademacher
29. Hans Schradieck
30. Claus Weber

Damit war die Ausplanung an Neugründungen von Stellen für dieses Dorf beendet.

***

1760/1761

„Die Chance auf eine neue Heimat - Auswanderung nach Ostendorf 1760"

Unmittelbar nach der Vergabe begannen die Hand- und Spanndienste zum Wegebau für das Amt. Einige Familien hatten sich Moorhütten aus Stangen, Ästen und Grassoden auf dem Boden errichtet. Jochen hatte seine Stellung als Häusling aufgegeben und war auf Daniels Hof gezogen. Er hatte sich entschlossen und mit allen besprochen, die Familie erst im Frühjahr 1761 nach Ostendorf zu holen. Vor den Gefahren des Winters hatte sein Vater sehr eindringlich gewarnt. So lebte seine Familie während des Winters 1760/1761 in Hesedorf bei Daniel vom ersparten Geld, aber auch von der Arbeit, die Ann Cathrin als Magd bei Daniel gegen Naturalien bekam. Sie besuchte den kränkelnden Vater, ihn zu pflegen, wenn es notwendig war.

Jochen baute für sich und seinen Vater eine kleine Moorhütte, deren Inneres trotz Feuer stets feucht und kalt war. Er verbrachte Wochen mit dem Herrichten des Bauplatzes, nahm aber auch an den Hand- und Spanndiensten teil. Er war robust, blieb auch bei guter Gesundheit. Es war eine kärgliche Zeit und er dankte seinem Vater, dass seine Frau nicht hier sein musste.

Dieses Glück hatten andere Familien nicht. Sie waren gezwungen vom Tag nach der Auslosung hier zu leben. Einige lebten zuerst auf dem Wagen unter einer Plane, die mit genügend Fett eingerieben das meiste Regenwasser abwies, aber keine Wärme hielt. Andere bauten sich eine kärgliche Moorhütte.

Das Unglück schlug hier und da hart zu. Es gab Unfälle, die Feuchtigkeit forderte ihre ersten Opfer besonders bei Kindern und Alten. Dann kam die Winterzeit. Jochen und Johann blieben überwiegend in Hesedorf. Wenn es die Witterung zuließ ritt Jochen tageweise nach Ostendorf, um seinen Pflichten nachzukommen. Von seiner Planung hatte er Findorff, der ihn einmal bei seinen Visiten traf, unterrichtet. Sie sah vor, im Frühjahr mit dem Hausbau zu beginnen und ihn bis zum Herbst abgeschlossen zu haben. Zeitgleich mit dem Baubeginn wollte er mit seiner Familie hierher umziehen und auch leben. Da er zwei Bauern hinter sich, dazu eine gesunde Familie, wie Geld hatte, aber auch seine Pflichtdienste fleißig und pünktlich erledigte, fand sein Vorgehen Zustimmung, wenn es auch ungewöhnlich war.

Mit den direkten Nachbarn pflegte er von Anfang an einen sehr engen Kontakt, der hier überlebenswichtig war. Er half ihnen auch, wo er konnte, und bekam ebenso Hilfe von den anderen. Sie waren aufeinander angewiesen.

Es kam nun das Frühjahr 1761 und der März versprach schon angenehme Tage, wenngleich noch mit Frösten und Schneefällen zu rechnen war. Auch stand der April mit seinen Wettern noch vor den Neusiedlern.

Im vergangenen Winter hatten einige der auf neuen Stellen lebenden Menschen nicht überlebt, andere waren schwer erkrankt, einige geschwächt, und die Arbeiten außerhalb der Unterkünfte, bis auf die Hand- und Spanndienste, ruhten überwiegend witterungsbedingt.

Nun war aber die Zeit des Umzugs und des Aufbaus gekommen. Die Familie zog gut gerüstet nach Ostendorf um, und Otto war mit von der Partie. Johann beschloss dabei bis zum nächsten Wintereinbruch zu helfen, den Winter aber in gewohnter Umgebung in seiner Kammer in Hesedorf am warmen Herd zu verbringen.

Jochen hatte bereits kurz nach der Auslosung in Bremervörde einen Zimmermannsmeister gefunden, der ihm sein Haus errichten sollte. Dieser verfügte über hinreichend Erfahrung und gute Kontakte, ein solides Zweifachwerkhaus in kurzer Zeit zu errichten.
Jochen hatte in Hesedorf so manchen Baumstamm, einige Balken und viele Bohlen und Bretter von Daniel und Cordt erhalten und zwischengelagert.
Der alte Johann konnte die schweren Hölzer mit seinen 65 Jahren zwar nicht mehr heben, aber das Fuhrwerk von Hesedorf nach Bremervörde oder Ostendorf zu lenken war ihm keine große Last, auch wenn es anstrengend für ihn war.

Jochen und seine Frau Ann Cathrin zogen nun mit ihrem Karren, auf dem der älteste Sohn Johann saß, auf ihre Moorbauernstelle. Der Schwager Otto ging neben dem Wagen. Sie hatten von Jochens Schwager Friedrich Dormann, der Gastwirt in Oldendorf war, haltbaren Proviant für die ersten Wochen mit auf den Weg bekommen, dazu eine Plane aus Segeltuch, welche mit Wachs behandelt und gegen Wasser geschützt wurde. Der Wagen wurde von der Kuh gezogen, die ihnen Jochens Vater geschenkt hatte. Sie erwies sich nicht als gutes Zugtier, was niemanden wunderte, denn sie war bislang nur als Milchkuh genutzt worden. Irgendjemand, irgendwas musste den schweren Wagen ja ziehen.

Es war ein langer Weg, der an den Stellen derer vorbeiführte, die bereits dort in Grashütten lebten.
„Gott sei Dank", kam Jochens Frau aus dem Mund, als sie endlich die eigene Hofstelle erreicht hatten und der sie begleitende Beamte ihnen viel Glück wünschte.
„Gott sei Dank", wiederholte sie und „Gott sei Dank habe wir gutes Wetter", ergänzte sie eher als sprach sie mit sich selbst.

Jochen wandte sich seiner Familie zu und zeigte mit dem Zeigefinger in die Richtung und die Grashütte, die nun ihre Heimat war. „Frau, dort fahren wir hin – dort sind wir nun zu Hause", sprach Jochen. Dann zog er am Strick, und die Kuh folgte ihm willig, den Wagen ziehend. Die Wege waren noch keine richtigen Wege gewesen, wenngleich die Neusiedler schon daran arbeiteten. Sie fuhren noch durch Brachland, Sumpfland mit Torfboden und Geeststrecken, und nun waren sie am Ziel angekommen.
Die Plane legten sie über den Wagen, zurrten sie fest, damit die darin befindlichen Sachen nicht verdarben, oder nass wurden.
Dann nahm er seinen Sohn auf die Schulter, seine Frau an die Hand und bat seinen Schwager mitzugehen.
„Ich zeige euch nun unser Land. Kommt einfach mit", forderte er alle zur Aufmerksamkeit auf.
Sein Schwager winkte ab: „Ich kenne es doch. Geh mit deiner Familie, ich ordne hier schon mal dieses und jenes."
Jochen nickte, und sie gingen die Grenzen ab. Die Stelle war zwar nicht sehr groß, aber das Gelände war nass und uneben, war deswegen nicht so einfach zu durchlaufen. An allen vier Ecken des Grundstücks steckten Holzpflöcke mit rot markiertem Ende, welche die Grenzsteine ersetzten, die noch fehlten. An jeder Ecke blieb Ann Cathrin lange stehen, schmiegte sich eng an ihren Mann, und seufzte jedes Mal hörbar zufrieden.

So lebte Jochen mit seiner Familie und dem Frauenbruder Otto ab Anfang März bereits in Ostendorf, während sie den kleinen Joachim bei Daniels Frau ließen.
Den inzwischen 3-jährigen lüt Johann hatten sie aber mitgenommen. Ann Cathrin hatte den Jungen gleich nach der Ankunft herumgeführt und ihm verboten die Gefahrenstellen zu betreten. Es gab tiefe Gräben und die Oste. Sie fürchtete, dass er dort verunglücken und ertrinken könnte.

Bereits Anfang April stand das Ständerwerk des kleinen Hauses auf den Grundsteinen, die auch zugeführt werden mussten. Die Bauplatzvorbereitungen durch Jochen, Otto und Johann hatten sich gelohnt. Die kleine Scheune wurde eine Wagenlänge vom Haus entfernt errichtet und war sehr rasch fertig. Das war der Zeitpunkt an dem die Familie aus der niedrigen, ungemütlichen und feuchten Moorhütte in die Scheune umzog, die weit weniger feucht und kalt als das Interim war. Ann Cathrin hatte mit Hilfe der Männer Wohnlichkeit in das mit Brettern verkleidete Ständerwerk gebracht. Sie hatte sie mit Planen in drei Bereiche abgeteilt. Im größeren Teil befand sich eine offene Feuerstelle am Boden. Darin standen ein Tisch und vier Stühle auf dem sandigen Boden. Otto hatte auf Bitten seiner Schwester mehrere Fuder Ufersand von der Oste herangeschafft. Sie wollte den Dreck, die moorige Erde aus dem Wohnbereich verbannen. Die beiden kleineren Teile waren für ihren Schwiegervater und ihren Bruder, sowie für sie mit ihrer Familie als Schlafplatz vorgesehen. Das Ehebett stand auf dem sandigen Fußboden. Sie hatte sich durchgesetzt. Immer wenn Jochen sagte, er sei ein Hoops, bekam er von ihr die Antwort, sie sei auch eine geborene Hoops, womit sein vermeintliches Argument jedes Mal verfiel.
In die Scheune zog fürs Erste die junge Familie. Das war der Zeitpunkt, die Möbel und vor allem, den kleinen Joachim nach Ostendorf zu holen.
Damit war ein weiterer, großer Schritt getan. Sie wohnten hier auf ihrer „eigenen Scholle", wie Jochen das Moorland bezeichnete.

Mitten in diese guten Botschaften traf die Familie der Tod von Jochens Schwiegervater in Westerholz, Anfang April. Alle waren mit Arbeiten beschäftigt, als Ottos jüngerer Bruder Hinrich plötzlich mit ernster Miene in der Tür stand. Er war zwar noch nie hier gewesen, hatte sich aber

durchgefragt und wusste aus Erzählungen, dass sie ein Zweiständerhaus und eine Scheune bauen wollten. Es war also nicht schwer, die Hofstelle zwischen den anderen auszumachen.
Er überbrachte seinen Geschwistern die traurige Nachricht. „Ich bin gleich zu Daniel auf den Hof gelaufen, aber Johann war bereits mit seiner Fuhre abgefahren. So bin ich ihm zu Fuß gefolgt, und nun bin ich hier. Die Beisetzung ist für morgen Abend angesetzt", berichtete Hinrich, während seine Schwester unter Tränen den Tisch deckte.
„Jochen, ihr fahrt Morgen alle nach Scheeßel zur Beerdigung. Ich bleibe als Stallwache hier und passe auf, dass sich das Bauholz nicht heimlich vermehrt, und der Zimmermeister fleißig seinen Kontrakt erfüllt."
„Danke Vadder", hörte er seine Schwiegertochter schluchzen.

Der Abend wurde in einer ungewohnt stillen Runde beendet. Ann Cathrin hatte für ihren Bruder Hinrich eine Schlafstatt nahe der Feuerstelle hergerichtet, damit er sich von dem langen, anstrengenden Spaziergang in Klotschen ausruhen konnte.

Am nächsten Morgen in der Frühe verabschiedete der alte Johann die Trauernden und winkte, bis er das Winken von lüt Johann nicht mehr sehen konnte. Dann wandte er sich der Hofstelle zu. Er hatte sich für heute nichts Großes vorgenommen. Johann wollte es ruhig angehen lassen, und den Tag auch ein wenig zum Ausruhen nutzen, denn die körperlichen Anstrengungen der letzten Zeit bemerkte er doch schon deutlich.
„Ich bin eben keine 20 mehr", sagte er ab und an zu sich, wenn es wieder irgendwo zwackte.
So verbrachte er den Tag damit, die Gerätschaften zu prüfen und gegebenenfalls zu reparieren, die Sense zu dengeln und zu schärfen, ihm notwendig erscheinende Besserungen an

der Scheune auszuführen, und auf der Baustelle nach dem Rechten zu sehen.

Zwischendrin gönnte er sich den einen oder anderen Kräuterschnaps, oder einen Bissen, wobei ihm das Kauen auch keine rechte Freude mehr bereitete, weil ihn die verbliebenen Zähne beim Zubeißen und Kauen fester Sachen mit Schmerz plagten. Deswegen aß er überwiegend weiches, und selbst die Rinde von älterem Brot schnitt er ab, stippte damit ins Wasser, oder lutschte sie weich.
Seine Arme hingegen waren noch kräftig und sein Geist hellwach.
Am Abend saß er zufrieden und müde vor der Scheune auf dem Hauklotz und gönnte sich und seinen Zähnen noch ein Schnäpschen.
„Beeke, wenn du das noch erlebt hättest und sehen könntest, würdest du stolz auf deine Kinder sein. Daniel und Jacob sind gut verheiratet. Jochen baut gerade meinen Traum, und Anna hat mit dem Schulmeister einen guten Mann abbekommen, wenn sie bislang auch keine Kinder lebend geboren hat."

Er unterhielt sich noch eine Weile mit seiner seligen Frau, stand dann auf, ging durch die Grundmauern des immer mehr wachsenden Wohnhauses und blieb an der Stelle stehen, an dem die Groot Döör ihren Platz finden sollte und führte das Zwiegespräch fort. Die Zimmerleute waren schon nach Bremervörde zurückgefahren.

„Schau, hier stehe ich in der Groot Döör und sehe gerade aus zum Flett und den Dönz. Hier rechts stehen später die Kühe und dort links die Pferde. Überall picken und gackern die Hühner, übertönt vom Geschrei der Kinder beim Spielen", fantasierte er laut vor sich hin und zu seiner toten Beeke, als stünde sie neben ihm.

„Gedulde dich Weib, ich komme, aber es wird noch eine Weile dauern, denn ich habe hier auf Erden noch eine Aufgabe zu erfüllen", ermutigte er sich selbst.

Dann erklärte er ihr noch dies und das im Haus, wo was hinkäme und wie Ann Cathrin es einrichten wollte.
Zuletzt ging er zum bereits fertigen Luchtbalken mit dem ins Holz geschnitzten Hausspruch:
„Solange noch die Eichen wachsen in alter Kraft um Hof und Haus, solange stirbt in Niedersachsen die alte Stammesart nicht aus"

Ann Cathrin war mit ihrer Familie und Otto gleich nach der schlichten Beisetzung am frühen Abend direkt von Scheeßel über Abbendorf, Elsdorf und Bremervörde nach Ostendorf gefahren. Sie hatten noch kurz vor dem Hof von Jochens seliger Tante Margaretha angehalten, wo er einst in Stellung war, um kurz mit seinem Vetter Cord Hinrich Seesemann ein paar freundliche Worte zu wechseln, bevor sie weiterfuhren.

Otto und Hinrich hatten von der Bäuerin in Westerholz, wo der Vater diente und lebte, je einen kleinen Beutel mit Geld und den Worten überreicht bekommen: „Das ist von Eurem Vater. Er hat mich gebeten es euch im Fall seines Ablebens zu geben. Eure Schwester hat mit der Aussteuer ihren Teil bereits erhalten, soll ich euch noch sagen."

Die lange Gerade an der Oste entlang kam Ann Cathrin endlos vor, auch wenn der Mond ihnen den Weg aus zu leuchten schien. Hier war nichts außer Landschaft, Moor und Sumpf. Vielleicht war es auch die Leere, die sie in sich nach dem heutigen Tag spürte. Sie wollte nur noch in ihr Bett und schlafen. Ihr Wunsch wurde erfüllt, denn die Männer kümmerten sich noch um das Gespann und

wechselten ein paar Worte mit dem alten Johann. Als Jochen in die Schlafecke kam, lag seine Eheliebste mit dem Jungen bereits im Bett und schlief tief und fest.
Der Bau des Wohnhauses kostete die junge Familie den größten Teil ihres verfügbaren Geldes. Sie waren sich aber darüber einig, dass es die richtige Investition, und die Planung des Vorgehens ein guter Weg gewesen war. Eines wollte die junge Familie keinesfalls, das war Schulden zu machen, denn sie hatten nur 10 Jahre Zeit die Hofstelle so wirtschaftlich auf sichere Beine zu stellen, um dann die ganze Familie zu ernähren, aber auch noch die dann anfallenden Steuerforderungen erfüllen zu können.

Ende April wurde das Dach eingedeckt und Anfang Mai konnte Ann Cathrin das ersten Mal Feuer im Flett *anböten*. Der Boden war mit feuchtem Lehm ausgekleidet worden, in dem farblich unterschiedliche, kleine Kiesel mosaikförmig hineingedrückt wurden. Das war pflegeleicht zu Fegen und zugleich eine Dämmung, wenn auch nur eine geringe. Die Männer beobachteten sie dabei und sahen ihre Freude und den Stolz einer Bäuerin, die Feuerstelle erstmals entzündet zu haben. Dagegen war jedes Richtfest unbedeutend. Das Gesehene erfüllte die drei mit großer Zufriedenheit.
Der wuchtige, eichene Wodanswagen über dem Flett war verziert und würde seinen Zweck als Schutz gegen den Funkenflug erfüllen.

Es dauerte noch bis Ende Juli, dann wurde die Scheune endlich zur Scheune, die große Baustelle wandelte sich in das kleine Wohnhaus, konnte also endlich dazu genutzt werden, wozu es erbaut wurde. Die Familie zog um und gleichzeitig ein. Der Dachboden im Wohnhaus war der Speicher für Heu und Stroh, derzeit aber leer bis auf wenige Bretter und Bohlen, die ein Landwirt und Bauer brauchte und die in jedem Ständerhaus zu finden waren.

Die von Ann Cathrin gewünschte Ufersandschicht in der Scheune zahlte sich noch aus. Die Räder des Wagens und alles was mit dem Boden in Berührung kam, standen trockener und faulten weniger als anderswo in dieser doch sehr feuchten Landschaft.

Cordt brachte eines Tages aus Höperhöfen die zwei versprochenen Milchkühe nach Ostendorf. Daniel überließ seinem Stiefbruder überraschend den alten Wagen nebst dem treuen Gespann, das Jochens Vater so viele ungezählte Stunden von Hesedorf nach Ostendorf lenkte, ohne einen einzigen Achs- oder Radbruch zu verursachen. Von einem Nachbarn dazu befragt, antwortete er, dass die richtige Beladung sein Geheimnis war. Es schont die Pferde und den Wagen. „Lieber einmal mehr fahren", bemerkte er dabei mit einem Schmunzeln an.

Jochen war mit den Fortschritten sehr zufrieden. Ann Cathrin schickte sich nun an, ihren Haushalt einzurichten und den Rauch aufzufüllen.
Es war nun Ende Juli und der Sommer war trocken. Feucht genug hingegen war ihr Land. Vieles war noch improvisiert. Das Wohnhaus stand, war eingerichtet und von der Familie bewohnt. Die Scheune diente, bis zum Bau eines Schauers, zur Aufnahme von Wagen und diversen Gerätschaften.
In den Stallungen des Fletts standen zwei Milchkühe und zwei Pferde. Im Schuppen plante Jochen einen kleinen Schweinekoven für zwei Sauen ein, den er bis zum Winter fertig gestellt haben wollte.
Die Scheune hatte er mit einigen Abänderungen und der Mithilfe seines Vaters und Schwagers erbaut. Üblicherweise ließ man zwischen den Brettern zur Durchlüftung Lücken, aber Jochen nagelte Brett an Brett ohne Lücke. Dass sich das in der Zeit des darin Wohnens auszahlte, war ein angenehmer Nebeneffekt.

Zur ersten kleinen Familienfeier reiste Daniel mit seiner Familie an, auch Cordt ließ es sich nicht nehmen, die Reise durchzuführen. Beide brachten als Zugabe ein Fuder Brennholz und ein Fuder Heu mit, denn zum Torfstechen war Jochen noch nicht gekommen. Im Winter brauchten die Höfe ja Feuerung und Heu für das liebe Vieh.

Ann Cathrin hatte bereits einen kleinen Kohlgarten hinterm Haus an der Süd- und Sonnenseite angelegt, der sie neben den beiden Kindern und dem Haushalt voll in Anspruch nahm. Sie war arbeiten gewohnt und von Haus aus eine fleißige Frau. Da sie das erste Haus am Ende Ostendorfs stehen hatten, fanden dort auch die ersten Knüddel- und Spinnabende mit den Nachbarsfrauen statt.

Jochen hatte sich das überwachte und begrenzte Abbrennen der obersten Moorschicht für ein abgestecktes Stück Land genehmigen lassen. Darauf konnte er gleich nach dem Ende der Frostzeit seinen ersten Buchweizen anbauen.

Lüt Johann fragte ihn nach den Pflanzen auf dem Stück Land, das sich so von dem Rest des Hoflandes unterschied.

Der Vater erklärte es dem Dreijährigen: „Junge, es ist ein *Knöterichgewächs*, hat der Herr Findorff uns erklärt. Es ist sehr empfindlich gegen Kälte, verträgt also keinen Frost. An den Pflanzen sind kleine Nüsse, die man Buchweizennüsse nennt. Ich habe sie Anfang Mai ausgesät. Sie brauchen zehn bis zwölf Wochen bis ich sie ernten kann. Merke es dir gut. Eigentlich sollte man den Buchweizen gleich nach der Ernte der Wintergerste anbauen, aber das Land war ja unbebaut. Deswegen habe ich ein Stück Land mit Brand urbar gemacht und ein kleines Buchweizenfeld angelegt. Im nächsten Jahr kaufe ich uns einen Immenstock, denn die Moorwiesen, aber auch Buchweizenfelder sind gute

Honigspender. Es dauert aber noch zwei Wochen, dann können wir das Feld abernten. Du darfst mir dabei helfen."
„Vadder, kann ich dann die Nüsse essen?", wollte der Junge wissen.
An dieser Stelle schaltete sich die Mutter in das Männergespräch ein.
„Nein lüt Johann, die kannst du so nicht essen. Ich mache daraus die Grütze, die du schon gegessen hast, oder Flocken und Mehl für Pfannkuchen oder Brot."

Zu seiner Frau gewandt sprudelte es aus Jochen heraus: „Der Pastor in Gyhum hat den Buchweizen einmal als Sarazenenkorn bezeichnet, was immer das auch bedeuten. Gut ist aber, dass es pflegeleicht ist. Ich brauche das Land nur brandroden und dann die Samen in die noch warme Erde mit einem Besen einfegen. Wenn es dann noch regnet, sprießen die Samen und nach gut 5 Wochen kann ich die Ernte einfahren. Was mir mein Großvater damals zeigte war, dass die Hummeln in ihren unterirdischen Nestern Honig aus dem machten, was sie aus den Blüten holten. Er schmeckte sehr süß, aber anders als der Honig der Immen, und für mich als Kind wie ein Traum"

Jochen hörte auf zu erzählen und wandte sich den anderen zu.

Die zur Feier angereisten wurden durch das Haus, die kleine Scheune, über das Grundstück bis hin zur Oste, zum Buchweizenfeld und dem kleinen Kohlgarten geführt. Die Eheleute zeigten mit Stolz das bereits erreichte, wollten aber auch präsentieren, dass sie das Geld und die Hilfen, wie das geschenkte Holz gut angelegt und genutzt hatten. Die Familie lobte, wohin sie kam, merkte sich aber auch, wo es noch an Unterstützung bedurfte.

Dass sie nun auch noch ein Fuder Heu und ein Fuder Feuerung für den Winter hatten, machte das Ehepaar sprachlos und Ann Cathrins Augen feucht.
Cordt nahm ergriffen die Initiative.
„Lasst uns rasch das Holz in die Scheune stapeln und das Heu auf den Boden im Haus bringen. Otto und Jochen, helft ihr mir den Wagen rückwärts durch die Groot Döör unter die Bodenluke zu rollen?"

Die Angesprochenen nickten und packten mit an, während Daniel den Wagen mit den Scheiten zur Scheune dirigierte, wo er ihn mit dem alten Johann zusammen entlud. Selbst lüt Johann half mit, die Holzscheite in die Scheune zu tragen, wo die beiden Männer es fachgerecht stapelten.
Jochen war inzwischen auf den Boden geklettert, hatte sich mit einer Forke bewaffnet und nahm das Heu entgegen, welches ihm Otto und Cordt abwechselnd und jeweils auch mit einer Forke bewaffnet von unten anreichten.
Es dauerte seine Zeit, aber als die Wagen entladen vor dem Haus standen, hatten die Frauen das kleine Festmahl fertig zubereitet und den Tisch eingedeckt. Die Männer hatten den Tisch mit zwei stabilen Bohlen verlängert, somit provisorisch mit Holzklötzen und Brettern Sitzgelegenheiten für alle im Flett errichtet. Die Stühle waren für den Herrn Findorff und den Herrn Pastor, den alten Johann und Cordts Frau reserviert.
Wie abgesprochen trafen nacheinander der Pastor mit Findorff und die unmittelbaren Nachbarn ein, um an der bescheidenen Feier teilzunehmen.
Jochen begrüßte alle recht herzlich. Findorff bat Jochen, ihn und den Herrn Pastor einmal herumzuführen, bevor er zu den Gästen ins Haus gehen wollte. Stolz erfüllte der Neubauer dem Herrn die Bitte. Das Lob, welches er bei der Führung erhielt, ließ sogar ihn erröten.
„Jochen Hoops, ich habe mich nicht in dir getäuscht. Als du mich seinerzeit in Bremervörde durch den Wirt gebeten

hattest, mir dein Anliegen vortragen zu dürfen, war ich einen Moment skeptisch. Diese Skepsis hat sich rasch gelegt. Deinen ungewöhnlichen Plan mit dem Hausbau habe ich mit Interesse verfolgt, mir dann in Abständen über den Fortschritt berichten lassen, wie ich es mit jeder Neugründung halte. Die nächsten drei Tage widme ich mich ganz Ostendorf. Auch beabsichtige ich selbst, für mich in der Nähe eine Parzelle urbar zu machen und dort zu leben."

Der Pastor schritt schweigend hinter Findorff her, nickte aber hier und da anerkennend.

Dann betraten die drei die sehr familiäre Runde und Findorff schickte sich an, sich als Gast, nicht als Redner in die Runde zu setzen.

Der ansonsten bescheiden auftretende Gottesmann hingegen segnete erwartungsgemäß Haus, Hof und Familie, nicht ohne an die regelmäßige Teilnahme an den Gottesdiensten in Bremervörde zu erinnern.

Die Feier verlief in einer für alle gemütlichen und angenehmen Atmosphäre. Als der Schnaps seine Runde machte, verzichtete der Gottesfürchtige darauf, hielt sich aber mit Mahnungen gegen die Trunksucht und das Saufen zurück.

Er beobachtete die neuen Schafe seiner Gemeinde. Die Anwesenden gaben sich gesittet und der Pastor, wie Findorff, fühlte sich aufgefordert mit Jedermann ins Gespräch zu kommen. Dadurch erfuhren sie ungefiltert Wahrheiten, Sorgen und Nöte. Findorff war dieser Kontakt sehr wichtig, denn nur so konnte er gegen Fehler seiner Planung oder der Ausführung rechtzeitig entgegenwirken, denn sein Name war mit diesem Projekt sehr eng verbunden. In den Gesprächen mit dem Pastor hielten sich die Menschen mit der Offenheit ein wenig zurück.

Nachdem die Gäste gegangen waren, blieb die Familie alleine zurück und richtete sich für die Nacht ein. Da der

Boden zwar nicht in Gänze, aber nun mit frischem, trockenem Heu gefüllt war, bot sich diese weiche Masse ideal als Unterlage und Schlafplatz an. Für den alten Cordt und seine Frau, räumten Jochen und Ann Cathrin für diese Nacht ihr Bett.

Neben seiner Frau liegend erinnerte er sich an ihre Worte, die sie ihm sagte, als sie seine Moorhütte gesehen hatte.
„Jochen, ich bitte dich, alsbald eine richtige Feuerstelle zu errichten. Das Kochen über dem Erdloch ist ein wenig anstrengend, kostet zudem unnötig Brennmaterial. Ich wünsche mir ein richtiges Herdfeuer im Flett, umsäumt von einem Steinkranz. Darüber soll der dreibeinige Grapen stehen, an dem der eiserne Kesselhaken hängt, genau so wie es in Hesedorf war."
Mit dem unausgesprochenen Gedanken, dass er ihr diesen Wunsch erfüllt hatte, schlief er selig ein.

Der nächste Morgen verlief ruhig. Nachdem alle zum Frühstück versammelt waren, aßen sie und manch einer hatte einen dicken Kopf. Ann Cathrin sah nur zu und fühlte direkt, wie das Leben, die Familie in dieses Haus, in ihr Haus, Einzug gehalten hatte. Zufriedenheit erfüllte ihr Herz, denn ihr gemeinsamer Traum war in Erfüllung gegangen.

Es war das letzte Mal, dass die Höperhöfener hier zu Besuch waren. Nach Cordts Tod verlief sich der Kontakt, bis er auf beiden Höfen in Vergessenheit geriet.
Für das Geschichtenerzählen war in Ostendorf keine Zeit, denn ein Haus zu haben ist das Eine, dafür zu sorgen einen Hof aufzubauen das Andere, und keinesfalls leicht.

***
Herbst 1761

Der Buchweizen war längst geerntet, die ersten Soden waren gestochen und zum Trocknen aufgestapelt. Dieses Jahr konnte er den Torf nicht mehr verkaufen, weil er nicht mehr trocken werden würde. Es waren lange Tage die Otto und er auf dem Hof ihrer Arbeit nachgingen, oder bei den Hand- und Spanndiensten für die Gemeinschaft arbeiteten.

Eines Abends zog seine Frau eine erste, nüchterne, aber hoffnungsvolle und in die Zukunft gerichtete Bilanz.
„Jochen, die nächsten Jahre werden wir wohl ein wenig auf Schmalkost leben müssen. Hafer- oder Buchweizengrütze, Grieß oder Graupen, Schwarzbrot, Milch- oder Wassersuppe, Löwenzahn, Buchweizenklöße und vielleicht auch einmal Speckrappen. Wenn ihr aber Fische, Neunaugen, Vögel oder Kaninchen fangt, ohne erwischt zu werden, wird es auch Fleisch geben. Kaufen werden wir uns keines können. Die zwei Immenkörbe, die du kaufen willst, bringen uns ein wenig guten Honig, von dem wir bei guter Ernte ab dem nächsten Jahr etwas verkaufen können. Das restliche Bargeld bleibt auf der hohen Kante für Notzeiten liegen. Die drei Hühner, die du auf dem Markt gekauft hast, bringen uns viele Eier. Die Hennen sind aber nicht zum Essen da. Was ich sonst noch in unserem Kohl- und Gemüsegarten anbaue, wird, so hoffe ich, über das Jahr und den Winter reichen. Bis die Obstbäume Früchte tragen, vergehen noch zwei bis drei Jahre. Unsere beiden Kühe sind jung und werden uns bei guter Gesundheit auf Jahre Milch für Butter und andere Speisen geben. Sollte meine Milch fürs Kind nicht reichen, wird unsere Nachbarin Alma einspringen. Wir brauchen noch zwei Schafe. Sie werden uns die notwendige Wolle für die gröbste Kleidung, aber auch kein Fleisch liefern. Die zwei von dir eingeplanten Schweine sollten wir uns auch im Frühjahr auf den Hof

holen. Es geht ja nicht alles auf einmal und, es muss zur rechten Zeit geschehen. Du siehst, es ist nicht viel, was wir haben, wenn es auch mehr als bei den Nachbarn ist. Aber wir wollen zufrieden sein und dafür Sorge tragen, dass es unseren Kindern besser geht."

„Frau, ich höre deine Sorgen, aber auch die Hoffnung in deinen Worten. Wir werden es schaffen. Wir sind beide gesund. Zudem hat uns der Moorkommissar im Namen des Königs zehn Jahre Zeit eingeräumt, bevor wir die ersten Steuern und Abgaben zu entrichten haben. Wir haben noch genug Bauholz für einen kleinen Schauer und für den Schweinestall auf dem Boden liegen. Wir haben eine komplette Ausstattung für die Kochstelle, Gerätschaften zum Torfabbau und zur Gartenarbeit erhalten. Wir bekommen auf Jahre Saatgut, aber auch Weizen und Roggen zum Brotbacken. Waldfrüchte und auch Kleinwild wird uns die Natur geben. Das Fischen an der Oste und in den Gräben wurde uns gestattet. Sei gewiss, solange ich lebe, werde ich alles dafür tun, damit unser Traum der eigenen Scholle für unsere Kinder, deren Kinder und Kindeskinder in Erfüllung geht. Das was wir haben, haben wir. Wir müssen und werden es jetzt ausbauen und erhalten."
Seine Worte taten ihr gut und nahmen ihr ein wenig die Angst, es nicht zu schaffen.

„Du hast Recht, ich bin sehr stolz auf meine Feuerstelle. Fehlt nur noch das Backhaus. Das würde auch den Nachbarn Gelegenheit geben, Brot zu backen und für uns den Kontakt zu den Menschen zu festigen."
„Ja, du hast deine Feuerstelle bekommen und gleich Morgen kümmere ich mich um den Bau eines Backofens. Dazu muss ich mich aber erst schlau machen."
Im Weggehen blieb Jochen stehen und drehte sich noch einmal um.

„Dass dein Bruder Otto bei uns lebt und hier arbeitet, hilft mir ungemein. Einiges wäre ohne seine Hilfe noch nicht soweit. Ich hoffe, er findet bald eine Frau und den Weg zu seiner eigenen Scholle."
„Er hat vor, wenn er die zwei Jahre bei uns gearbeitet hat, mit dem ersparten Geld auszuwandern. Er spricht immer mal wieder hinter vorgehaltener Hand davon. Das Geld, welches er von meinem seligen Vater erhielt, war nicht viel, und wenn wir es uns leisten können, sollten wir ihm dann eine kleine Summe als Dank geben", schlug sie ihren Mann vor.
„Das halte ich für eine sehr gute Idee. Er hat es sich verdient", war die zustimmende Antwort von Jochen.

Der Winter kam dieses Jahr früh und brachte bereits Anfang November Schnee. Jochen hatte den alten Johann bereits Mitte Oktober mit dem Wagen zu Daniel auf den Hof in Hesedorf zurückgefahren, damit dieser den Winter wunschgemäß dort verleben konnte. Daniel hatte Jochen noch ein Fuder Heu mit auf den Rückweg gegeben.
„Bruder, ich kann es nicht wieder gut machen, was du für mich getan hast", sagte Jochen zu Daniel.
„Lass gut sein. Es war ein sehr gutes Jahr mit einer üppigen Ernte und ihr könnt es gut gebrauchen. Dieser Winter scheint lang und hart zu werden, und ich will doch nicht, dass dein Vieh Hungers stirbt. Außerdem hat dir meine Frau noch ein paar Würste und einen Schinken für den Rauch von der letzten Schlachtung in den Korb gelegt. Wir sehen uns im Frühjahr wieder. Um unseren Vater mach dir keine Sorgen. Er ist robust und ihm wird die Pause über den Winter gut tun."
Jochen umarmte seinen Stiefbruder, dankte ihm und seiner Frau. Dann verabschiedete er sich von allen, besonders von seinem Vater Johann.
„Danke, Vadder. Ohne dich und Otto würden wir noch in der Moorhütte leben."

Dann zog er mit Daniels Hilfe eine Plane über das Heu, stieg auf den Wagen und trieb die Pferde an.

In Ostendorf angekommen, lief ihm schon von weitem sein Ältester rufend entgegen. Unterwegs hatte er bei dem einen oder anderen Nachbarn auf ein Schwätzchen angehalten. In der Hofeinfahrt ließ er den Wagen halten und hob den inzwischen bei ihm angekommenen Sohn auf den Wagen, setzte ihn neben sich auf den Bock und ließ den Wagen weiterfahren.
Das Heu luden er und Otto vom Wagen auf den Dachboden.
„Jochen, damit haben wir nun wirklich einen guten und sehr umfangreichen Vorrat für diesen Winter", stellte Otto fest, als er vom Boden die Leiter herunterkletterte.
Als Jochen seiner Frau noch den gefüllten Weidenkorb mit den besten Wünschen von Daniel und seiner Familie auf den Tisch stellte, war ihr Glück vollkommen.
Sie bestaunte die vielen Würste und den großen Schinken, den sie gleich in den Rauch hängte.
Sie nahm vor Glück die beiden Männer in den Arm.
„Jetzt kann der Winter kommen."

Und der so leichtfertig Herbeigerufene kam bereits zwei Wochen später mit Kälte, Frost und Schnee, er hielt sich bis weit in den März hinein.
Die Vorräte auf dem Hoopshof in Ostendorf, wie ihn hier alle nannten, reichten tatsächlich, womit alle eine Einschätzung hatten, wie viel für einen Winter erforderlich war. Das Haus sicherte ihnen das Überleben ohne Krankheit.

***
1762

Die Familien von Daniel und Jochen waren in Hesedorf, aber auch in Ostendorf gut und gesund durch den strengen Winter gekommen. Den alten Johann plagte das Nichtstun sehr und er freute sich bereits auf das Frühjahr, wieder im Freien arbeiten und umhergehen zu können. Im Winter war es ihm einfach zu kalt.

Auch dieser Winter hatte in Ostendorf nicht alle gut und gesund durch die kalte Jahreszeit kommen lassen. Vor Weihnachten hatte Jochen noch sein kleines Backhaus bauen dürfen. Nun war das Glück für Ann Cathrin vollkommen, und es war das zweite Backhaus in der Neugründung.

Nun backten die Frauen regelmäßig, trafen sich, um zu Spinnen und für Näharbeiten hier und da, wo immer es bereits möglich war. Einige lebten noch in ganz schwierigen Verhältnissen von Moorhütten, andere waren dabei sich eine Hütte aus Holz, andere ein richtiges Haus, wie auf der Parzelle 25 zu errichten. Alles brauchte seine Zeit, und bei allen aufbauenden Tätigkeiten unterbrachen die Pflichtdienste und die notwendigen Hilfen bei den Nachbarn dieses Streben. Dennoch diente jede Tätigkeit auch dem eigenen Vorankommen, wie dem Zusammenwachsen der zukünftigen Dorfgemeinschaft.

Es war nun bereits das zweite Frühjahr, das die Neugründung erlebte. Findorff war mit den Fortschritten sehr zufrieden. Er sah aber auch, wenn er von Amtswegen eingreifen, oder unterstützen musste. Seine Visitationen gab den Neubauern Mut, sie halfen ihnen durchzuhalten.

Der strenge Winter in diesem Jahr hatte aber auch andere Folgen, deren Auswirkungen aber erst neun Monate später zu Buche schlugen. Bereits im März sah man auch bei Ann Cathrin, dass die nächste Generation im Spätsommer Zuwachs erhalten würde.

Zunächst aber mussten die Arbeiten des Frühjahrs auf den Stellen, wie in der Gemeinschaft begonnen werden. Es wurden neue Gräben ausgehoben, ältere erneuert, der Bau der Dämme wurde fortgesetzt, die Wege ausgebessert, neue Wege wurden geschaffen, der Torfabbau wurde intensiviert, das Anlegen von Feldern und Gärten, aber auch der Hausbau schritt voran.

Als der alte Johann mit seinem Stiefsohn Daniel im Mai 1762 wieder einmal vorbeikam, lobten sie die Fortschritte, die sie auf allen Stellen sahen, an denen sie vorbeifuhren.

„Junge, euer Damm ist gewachsen und der Weg darauf ist besser geworden", freute sich der Alte, als er Jochen in die Arme schloss.

„Wenn es euch recht ist, bleibe ich bis zur Ernte des Buchweizens bei euch auf dem Hof", bot er Jochen an.

„Aber gerne Vater, und wenn du noch ein wenig länger bleibst, wirst du auch deinen nächsten Enkel begrüßen können", sagte der werdende Vater zu Johann, der seinen Sohn überrascht und freudig zugleich anschaute.

„Ist das wirklich wahr?", fragte er überglücklich.

Zu Daniel gewandt: „Ist es dir recht, wenn ich ein wenig länger bleibe, mein Junge?"

Daniel nickte zustimmend. Er liebte seinen Stiefvater, hatte aber durch seine Abwesenheit im letzten Jahr bemerkt, wie angenehm es für einen Bauern war, wenn der Vater und Vorgänger nicht mit auf dem Hof lebte. Er kam sich freier in seinem Handeln und unbeobachteter vor, auch wenn der Alte ihm hier und da noch immer eine gern gesehene Hilfe, und sein Rat wichtig war. Aber die Aussicht, dieses Gefühl unbeaufsichtigt zu sein, erneut erleben zu dürfen, war sehr verlockend, weswegen er ohne lange überlegen zu müssen einverstanden war.

Ann Cathrin freute sich über die willkommene Hilfe ihres Schwiegervaters. Sie richtete ihm gleich in der zweiten Stube, in der auch Otto schlief, seine Schlafstatt her.

Otto war zwar als Knecht auf dem Hof, doch lebte er als Schwager in der Stube, die später für die Kinder und viel später als Altenteilerstube vorgesehen war.
Das Ehepaar war sich einig. Wenn Ottos Zeit vorbei war und er den Hof verlassen hatte, wollten sie einen Jungknecht einstellen. Der sollte dann aber in der Butze schlafen, die unter der Treppe zum Boden eingebaut und derzeit verwaist war.

Der alte Johann bestaunte das kleine Backhaus, lobte und genoss das frische, weiche Brot, das er weder lutschen noch eintunken musste, um es zu essen. Am liebsten aß er es noch warm, was andere gar nicht vertrugen.

„Vater, du hast doch Ahnung von der Immenzucht und in Hesedorf viele Stöcke gehabt. Morgen bringt der Imker zwei Bienenstöcke. Eigentlich wollte ich erst einmal nur einen haben, auch wenn ich die Genehmigung für sechs habe. Otto hat mich überzeugt, dass zwei besser sind. Ich wollte nachher den Immenzaun fertig stellen und zu dem Ort bringen, an dem er stehen soll. Wenn du magst, hilf mir doch bitte dabei. Du kannst mir dann auch gleich dies und das zu den Bienen sagen, aber auch den von mir gewählten Platz begutachten", bat Jochen den alten Johann.

Er war nicht nur einverstanden, sondern gleich mit Elan dabei. Jochen musste ihm gleich den Immenzaun zeigen, den er ebenso kritisch und sorgfältig untersuchte, wie den Platz, auf dem er stehen sollte.
Jochen war nervös, wie es für einen Sohn üblich ist, wenn der Vater seinen prüfenden Blick schweifen lässt.

Als der alte Johann seine Prüfung abgeschlossen hatte, kam eine knappe Antwort aus seinem Mund.
„Der Platz ist ideal und den Immenzaun hast du sehr gut gebaut. Eine echte Winterarbeit", lobte der Vater.

Am darauffolgenden Abend stand der Immenzaun an der ausgewählten Stelle und war mit zwei Bienenvölkern bewohnt.
„Wieder einen Schritt nach vorne", freute sich der junge Bauer.
„Ja, und bald eigenen Zucker auf dem Butterkuchen", strahlte seine Frau.
Die nächsten Tage verbrachte Johann damit, seinem Sohn alles, was er über Bienen wusste, beizubringen.
Er sprach davon, dass es eine zeitintensive und sehr sorgfältige Tätigkeit war. Das Wohl eines Volkes hing von seinem Imker ab, mahnte ihn der Alte.
Er klärte ihn über Einflugschneisen auf; Jahreszeiten, wann sie welche Blüten besuchten; wie viel Land für ein Volk vorhanden sein musste, damit es leben konnte; über mögliche Krankheiten, sowie Mittel und Wege dagegen vorbeugend und akut tätig zu werden; die Honiggewinnung; der Schutz und der richtige Einsatz von Rauch; dass der richtige Zeitpunkt mit der Bienenzucht der Mai wäre, weil sie sich da vermehren; auch wie man einen weiteren Stock anlegt; die richtige und regelmäßige Kontrolle. Weiterhin wies er ihn ein in das fachmännische Ernten des Honigs; das Entnehmen der Waben; das Entfernen der Wabendeckel; das Ausschleudern, Sieben und Rühren; aber auch das Abfüllen.
Zuletzt erklärte er ihm, wie er die Völker im August für den Winter mit Winterfutter versorgt, damit sie die kalte Jahreszeit überstehen.
Jochen rauchte der Kopf, aber er dankte dem Vater dafür, denn jeder Fehler im Moor bedeutete Verluste, Entbehrungen oder Mehrarbeit, schlimmstenfalls der Tod.
Ab heute war sein abendlicher Gang, der zu seinen Immen.

Nun widmete sich Johann einem größeren Hühnerstall, um Meister Reinecke das Leben zu erschweren, während Jochen und Otto Torf abstachen und zum Trocknen stapelten.

Der Neubauer wollte dieses Jahr erstmal die Haushaltskasse mit dem Verkauf von Torf aufbessern, aber auch für die eigene Feuerstelle genug vorhalten.
Es war eine mühsame, schweißtreibende und kraftraubende Arbeit, die die Männer abends derart ins Bett fallen ließ, dass sie schliefen, noch bevor der Kopf das Kissen berührte.

Inzwischen war es Juni geworden und der werdenden Mutter nun deutlich die Schwangerschaft anzusehen. Auch fiel ihr die Arbeit im Garten und dem Haushalt schwerer. Dazu nahmen die beiden Knaben mit vier und zwei Jahren ihre Mutter sehr in Anspruch. Aber sie war stark und gesund. Eine der Frauen im Dorf war Hebamme, und das war für die zweifache Mutter eine beruhigende Tatsache. Das gemeinsame Backen und die Spinnabende hatten die Frauen einander näher gebracht, sie zusammenwachsen lassen. Zwar gab es ab und an Spannungen, aber die Not und der Zwang deswegen zusammen halten zu müssen, war stärker als für andere, mit gesicherter Existenz.

Mitte August war der alte Johann noch immer in Ostendorf, um die Vorbereitungen der Bienenstöcke zu begleiten, es waren inzwischen drei geworden. Er ließ es seinen Sohn allein bewerkstelligen, schaute aber aufmerksam zu, gab Tipps und Ratschläge, wenn er es für angebracht hielt. Ab und an war Jochen genervt, insgeheim aber froh, denn ein Fehler konnte zum Absterben seiner Immen führen.

Der Hauptgrund für ihn zu bleiben war aber die bevorstehende Geburt seines dritten Enkels. Seiner eigenen Tochter Anna war inzwischen das vierte totgeborene Kind aus dem Schoß gerutscht, niemand konnte aber erklären warum.
Am 3. September wurde das Warten des nunmehr dreifachen Großvaters belohnt.

Ann Cathrin gebar ihren dritten gesunden Knaben, der zwei Tage später in Bremervörde auf den Namen Cord Hinrich getauft wurde.

Jochen hatte vor zwei Wochen eine ältere Witwe aus Bremervörde für zwei Monate gewinnen können, für eine Zeit lang den Haushalt der dreifachen Mutter zu führen. Sie schlief in der verwaisten Butze.

Einige Tage nach der Geburt sagte die junge Mutter zu ihrem Mann: „Jochen, wenn du wieder Vater werden willst, sollten wir im nächsten Jahr nicht nur einen Jungknecht, sondern auch eine Jungmagd einstellen, die mir zur Hand geht."

Jochen dachte über die Worte seine Frau nach, die sich nun um den Haushalt, den Garten und drei kleine Jungen kümmern musste.

„Gut, du suchst dir eine Jungmagd, ich mir einen Jungknecht aus. Ich denke wir können es uns nicht nur leisten, wir müssen es sogar, um aus dieser Kate einen richtigen Hof zu machen. Dein Bruder geht im Januar und mein Vater lebt nicht ewig, um uns zu helfen", lenkte Jochen ein.

„Ich werde im Winter eine Butze für die Magd zimmern", ergänzte er noch. Die meisten Moorbauern lebten noch viele Jahre in Behausungen aus Grassoden, auch wenn es Holz und Material für den Bau eines kleinen Hauses gab. Hoops hatte das Glück, Hilfen und zusätzliches Material zu haben, um ein erstes kleines Haus bauen zu können.

„Ich danke dir. Da uns Otto zu Maria Lichtmess verlässt, sorge im Winter bitte dafür, dass die Stube für die Kinder hergerichtet wird. Die Wiege mit dem Jüngsten bleibt bei uns in der Kammer stehen. Und lass Ottos Bett für deinen Vater in der Stube der Kinder, wenn er im nächsten Jahr wieder bei uns wohnt. Später können die Jungs darin schlafen", bat sie ihren Mann. Zugleich handelte es sich um das Darlegen ihrer Vorstellungen zum Haushalt, die er gerne erfüllen wollte.

„Damit ist die Winterarbeit im Haus festgelegt", sagte er ihr mit humorvoller Stimme.

Zwei Wochen später fuhren Jochen und Otto den alten Johann wieder zu Daniel auf den Hof nach Hesedorf. Sie blieben zwei Tage, weil Otto seinen Bruder in Westerholz besuchen wollte. Johann hatte genug für mehr als einen Winter zu erzählen, und Jochen erhielt während der Fahrt noch einmal acht Stunden lang Ratschläge für den Umgang mit Immen.
Jochen half seinem Stiefbruder während der Zeit auf dem Hof und war als zusätzliche Kraft gern gesehen. Jochen verfügte über ein gutes Händchen im Umgang mit Holz und Daniel hatte lädierte Möbel, die ein begnadetes Händchen benötigten.
Am zweiten Tag war Otto mit dem beplanten Gespann wieder auf dem Hof. Er blieb grinsend auf dem Bock sitzen. Jochen war neugierig geworden, was der Schwager wohl auf dem Wagen hatte und ging zu ihm. Er hatte sich bereits bei Daniel und seiner Familie verabschiedet, auch von seinem Vater, der jetzt aber mit ihm auf den Wagen zuging.
„Otto, was hast du da auf dem Wagen geladen", wollte Jochen wissen. Er hätte die Plane auch anheben und selbst nachsehen können, tat es aber nicht.
Otto antwortete ihm, ohne seine Position zu verändern: „Du brauchst doch Bretter zum Bauen und Stroh für den Stall. Schöne Grüße von meinem Bruder Hinrich."
Mehr sagte Otto nicht, ließ Jochen aufsteigen und lenkte das Fuhrwerk Richtung Ostendorf.

In Ostendorf zurück, entluden sie den Wagen, nachdem Jochen sich versichert hatte, dass alles in bester Ordnung war.
Die alte Witwe hatte ihre Arbeit sehr zuverlässig erledigt. Jochen zahlte ihr den abgesprochenen Lohn und fuhr sie nach Bremervörde zurück.

Auch bestaunte er seinen Schatz an Brettern, Bohlen, Nägeln und Baumaterialen, die jetzt mehr als Gold wert waren.

Das kleine Haus wurde damit winterfest hergerichtet. Sie hatten aus dem letzten Winter gelernt. Alle Ritzen wurden mit Lehm verschmiert, die kleinen Fenster mit alten Lappen von innen verhängt, die Türöffnungen mit Leisten verkleinert und abgedichtet.

Dann begannen die Winterarbeiten mit Reparaturen an Gerät und Werkzeugen, Möbeln, sowie der Bau von einem weiteren Bett für die beiden Söhne, und auch der Bau einer weiteren Butze für die Magd.

Zwei Tage vor dem Heiligen Abend waren alle größeren Arbeiten abgeschlossen.

Jochen sagte zu Otto: „Ich danke dir für alles. Die restlichen kleinen Arbeiten erledige ich im Laufe der Zeit. Zwei Jahre sind sehr schnell vergangen und ohne deine Hilfe wären wir nicht soweit mit unserem Traum gekommen. Ich möchte dir heute deinen Lohn auszahlen. Wir geben dir 10 Taler zusätzlich, damit du deinen Weg gehen und um dir einen Traum zu erfüllen, was immer es auch sei."

Otto wollte etwas sagen, doch seine Schwester fiel ihm ins Wort: „Otto, keine Widerrede. Wir wissen nicht, wie wir dir wirklich danken können. Du hättest auch in Ostendorf bleiben, eine der Witwen heiraten, und so einen eigenen Hof erhalten können, aber das hast du ausgeschlagen. Wenn du magst, bleibe über die Feiertage bis zu Maria Lichtmess bei uns, oder geh zu Hinrich, oder wohin immer du willst. Jochen hat dir eine Bescheinigung und ein Zeugnis für die zwei Jahre ausgestellt."

Dann nahm sie seine Hand und drückte sie fest, als wollte sie ihn nicht gehen lassen und würde ahnen, dass sie ihn nicht wiedersehen würde.

Otto blieb, auch wegen der Neffen, noch bis über den Heiligen Abend hinaus. Da das Wetter eine milde Woche ohne Schneefall und Frost bescherte, wollte sich Otto auf

den Weg nach Stade machen, um dann per Schiff oder Wagen nach Hamburg weiter zu reisen. Dass er sich beim letzten Besuch bei seinem Bruder in Westerholz verabschiedet hatte, verriet er seiner Schwester erst jetzt.
Jochen bot an ihn nach Stade zu fahren, aber das lehnte er ab.
„Wenn du mich nach Bremervörde bringst, wäre es mir sehr recht", bat Otto seinen Schwager.
Jochen tat ihm diesen Gefallen von Herzen gerne. Nach einigen Stunden fuhr er auf den Hof zurück.
„Hat er dir gesagt, wohin er reisen und was er dort machen will?", wollte Ann Cathrin von ihrem Mann wissen. Da Otto auch Jochen nichts verraten hatte, konnte er die Frage nicht beantworten.
Sie sahen und hörten nie wieder etwas von Otto Friedrich Hoops aus Westerholz. Vielleicht war er nach Amerika ausgewandert, oder zur See gefahren, hatte in Hamburg oder anderswo sein Glück gesucht und vielleicht gefunden.

***

1763

Maria Lichtmess fiel dieses Jahr auf einen Mittwoch. Auf dem im Januar zwei Wochen zuvor stattgefundenen Viehmarkt in Bremervörde wurden üblicherweise auch die zukünftigen Dienstverhältnisse abgesprochen.
Dort wurden Jochen und Ann Cathrin rasch fündig und hatten einen 14-jährigen Knaben, Friedrich, aus Oldendorf und ein 16-jähriges Mädchen, Friederike, aus Gräpel gedungen, ihren Dienst am 2. Februar in Ostendorf auf ihrer Moorkate anzutreten.

Es war ein trüber, frostiger, aber schneefallfreier Morgen. Friederike, die Rieke gerufen wurde traf als Erste gegen 10 Uhr ein. Ihr Vater brachte sie mit dem Boot über die Oste ans Ufer, 100 Meter entfernt vom Hofplatz Hoops. Das Dorf Gräpel lag am anderen Ufer, unweit von Ostendorf.
Sie klopfte vorsichtig an der Nebentür des Wohnhauses. Ann Cathrin öffnet und bat sie einzutreten.
Die Begrüßung und die Vorstellung der Kinder waren sehr herzlich.
„Rieke, hier ist dein Haftgeld. Diese Butze ist deine. Ich führe dich nachher im Haus umher und wenn Friedrich angekommen ist, zeigt dir der Bauer auch die Hofstelle und ihre Gefahren. Wir leben hier in einem Moor. Richte dich erst einmal ein, dann komme zu mir ans Feuer, damit ich dir zeige und sage, wie ich es haben will."
Eine Stunde später traf Friedrich auf dem Hofplatz ein. Er war ein wenig verfroren, denn der längere Fußmarsch hatte den jungen Mann ausgekühlt. Jochen schickte ihn erst einmal zum Aufwärmen ans Feuer, bevor Ann Cathrin ihm sein Haftgeld überreichte und ihm seine Butze zeigte.

Rieke hatte bereits den Tisch zur Zufriedenheit von Ann Cathrin mit Brot, Wurst und Butter eingedeckt.
Dann setzten sich alle an den Tisch und aßen.

Anschließend führte Jochen die beiden auf seiner Hofstelle, zu den Nachbarn und der Oste herum. Dabei erklärte er ihnen zugleich ihre Aufgaben, zeigte ihnen aber auch, wo sie was fanden. Es war ja noch kein richtiger Hof, sondern eine Moorkate mit einem kleinen Haus für Mensch und Vieh. Im Vergleich zu dem Hof in Hesedorf hatte sein Haus eher die Größe eines Häuslingshauses, was aber ein Anfang war.

Aufkommende Fragen beantwortete er gerne. Dieses war für mindestens ein Jahr auch das Zuhause der Beiden. Die übersichtliche Führung in dem kleinen Haus übernahm Ann Cathrin. Dabei lernten sie auch die Eigenarten der auf der Stelle lebenden Tiere kennen. Als der Rundgang und das Zeigen beendet waren, hatte sich die Dunkelheit bereits wieder über das Land gelegt.

***
Pfingsten 1763

Zu Pfingsten 1763 wurde in dem entstehenden Moordorf von den Bewohnern beschlossen, hier auch die alten Sitten nicht untergehen zu lassen. So zogen die älteren Kinder nach altem Brauch von Kate zu Kate und sangen:

Pingsvoß, Habergarv, Boukweeitenstroh,
Touken Johr um düsse Tied noch mal wedder so,
Dibber, dibber, dipp,
oh wat`n bunten Hout hev ick,
eier in`n Hout,
Datt lett gout,
Geld in de Mütz,
Datt lett hübsch.

Diesen Reim sangen sie nur dort, wo sie etwas bekamen. Wo es nichts gab, was hier nur bei einer Kate vorkam, weil die alte Frau wirklich nichts zu geben hatte, sangen sie:

Rull, rull, rull,
Datt ulle Wiev is dull,
Witten Twirn und swatten Tweern,
Datt ulle Wiev, das gift nich geern.
Rull, rull, rull,
Datt ulle Wiev is dull.

Nachdem der Burmester Buck dieses erfahren hatte, beschlossen die Bauern, der alten Frau im nächsten Jahr einen Schilling und ein Ei für die umherziehenden Kinder zu geben, damit ihr dieses Lied zukünftig erspart blieb.

„Wir müssen zusammenhalten", sagte Buck, „das schließt auch ein zu wissen, wem es von uns schlecht geht. Ihr wisst selbst, dass uns allen eine harte Zeit bevorsteht und

vielleicht nicht jeder die Jahre allein durchhält. Wenn wir nicht zusammenstehen, werden einige, oder gar viele hier keine eigene Scholle finden und sterben."
Diese Worte hatten sich bei den Menschen in Ostendorf, aber auch in den umliegenden Moorsiedlungen herumgesprochen.
Hoops gab auf seiner Stelle die Weisung aus, die Moorkate als Hof zu bezeichnen, weil es sein Wille war, aus der kleinen Kate und dem wüsten Moorland einen richtigen Hof mit Vieh, Äckern und Weiden zu machen.

Rieke und Friedrich fügten sich rasch und gut in die Ordnung des Hofes ein. Sie erfüllten die Vorstellungen von Jochen und Ann Cathrin zur vollsten Zufriedenheit. Rieke verstand sich gut mit den Söhnen und kümmerte sich liebevoll um den Säugling. Sie war die älteste Tochter ihrer Eltern und hatte selbst noch fünf Geschwister, um die sie sich daheim in Gräpel hatte kümmern müssen. Daher fiel es ihr überhaupt nicht schwer, ihrer Bäuerin im Haushalt und bei den Kindern zu helfen.
Friedrich war gelehrig und ein treuer, fleißiger und grundehrlicher junger Mann der, was er von Jochen einmal gezeigt bekam, behielt und dann genauso ausführte. Seine Verlässlichkeit gefiel dem Neubauern. Nur an seine Bienen ließ er den Jungen nicht heran, nicht weil er ihm das nicht zutraute, sondern weil Jochen seine Liebe an seinen Immen gefunden hatte. Der Umgang und die Pflege der Stöcke gaben ihm die Möglichkeit abzuschalten. Das gleichförmige Summen wirkte auf ihn, bei aller Anspannung und Last die er zu tragen hatte, wohltuend, und er genoss es auch. Er sorgte sich aber, denn es war ein feuchter Sommer, zu feucht.
Nicht nur er fürchtete um die Ernte, auch den Nachbarn erging es da nicht anders.

Das Torfstechen glich, durch die vielen Regentage, eher einer knietiefen Schlammschlacht im morastigen Boden. Ein sauberes Abstechen mit dem Torfspaten fiel ihm schwer. Es war eine sehr schwere Arbeit, an der mancher Moorbauer scheiterte, starb oder aufgab. Das Stapeln zum Trocknen gelang immer weniger, weil die Abstiche sich beim Stapeln und Umstapeln verformten, ausgespült wurden und überhaupt nicht trockneten. So stellte er das Stechen vorübergehend ein.

Wenn er keinen trockenen Torf in ausreichender Menge bis zum Spätherbst zusammen hätte, würde er keine Einkünfte haben. Viel von dem Geld war bereits verbraucht und sie mussten sparsam sein. Aber ohne Hilfen durch den Knecht und die Magd würde sein Ziel einen Hof zu schaffen kaum machbar sein.

Was der Garten, die Kühe und Hühner, aber auch die Buchweizenfelder hergaben reichte derzeit gerade für die auf dem Hof lebenden sieben Menschen. Glücklicherweise mussten sie ja noch keine Steuern zahlen. Bei dem nassen Wetter fürchtete er auch um seine Bienen und die Honigernte.

Das restliche Ersparte durfte nicht angetastet werden. Er sprach mit seiner Frau, dann in deren Beisein mit Rieke und Friedrich.

„Ihr wisst, dass der viele Regen eine gute Ernte gefährdet. Das betrifft den Buchweizen, den Kohlgarten, aber auch das Torfstechen. Natürlich sind auch der Immenzaun und die Heuernte betroffen. Wir bündeln jetzt unsere ganze Kraft darauf, uns auf einen langen Winter vorzubereiten. Dazu ist es erforderlich Brennmaterial zu sammeln. Jeden noch so kleinen trockenen Zweig, den ihr findet, bringt ihr mit. Friedrich, wir stapeln den Torf in der Scheune zum Trocknen auf, nicht mehr auf dem Feld. Es hat noch einen Vorteil. Ist er trocken, müssen wir ihn nicht mehr hertragen. Reicht es am Ende auch noch zum Verkauf, dann ist es gut. Wenn nicht, werden wir es nutzen. Euer Lohn ist nicht in

Gefahr. Das Geld ist vorhanden, also seid unbesorgt. Wir haben ein trockenes Haus. Wir sind mit euch beiden gleichermaßen sehr zufrieden und geben euch ab Sonnabend für drei Tage frei, um die Gelegenheit zu haben eure Familien zu besuchen, wenn ihr möchtet", sagte Jochen. Er gab noch mehr Tipps und Anweisungen, bereits jetzt schon das Überleben für Mensch und Tier zu sichern.
Für die Magd und den Knecht wirkten diese klaren Worte beruhigend. Zwar hatte der Bauer angedeutet, dass es ein schwerer Winter werden könnte, aber daheim bei ihren Eltern hatten sie bereits einige entbehrungsreiche Winter erlebt, bei denen nur noch das Saatgut übrig geblieben war. Nachdem es ausgesät war, hatten die meisten nichts mehr und ernährten sich nicht anders als ihre Kühe auf den Weiden, oder aßen Baumrindenbrot. Wer sein Saatgut aufgegessen hatte, war nicht mehr in der Lage eine Aussaat auszubringen und musste teuer welche kaufen, sich dabei auch noch verschulden. Dass aus dieser Spirale einige nicht mehr herauskamen, verstarben oder die Führung eines Hofes, einer Stelle aufgeben mussten, widerfuhr nicht wenigen.
„Ich möchte hier bleiben", sagte Friedrich. „Es gibt viel zu tun, und wenn es recht ist, würde ich dafür lieber im Winter ein wenig länger bei meiner Familie verbringen dürfen", bat er seinen Bauern.
Jochen strich ihm mit der Hand über den Kopf und nickte zustimmend. Auch Rieke wollte bleiben.
So gingen alle fleißig ans Werk, für den Fall der Fälle alles zu tun, satt und warm durch jegliche Widrigkeiten des Winters zu kommen.

Die Männer hoben die vorhandenen Gräben noch einen Spatenstich tiefer aus, damit das Wasser besser abfließen konnte. Die Hand- und Spanndienste für die Gemeinschaft waren lebensnotwendig für alle Neubauern in den Findorff Siedlungen. Straßen, Gräben und Kanäle waren die

Lebensader, auf denen u.a. auch der getrocknete Torf nach Bremen zum Verkauf transportiert werden konnte.
Bei dieser Arbeit, wie der im Torf, holten sich viele die Schwindsucht, eine Krankheit, die häufig zum Tode führte.

Das Trocknen der Torfsoden in der Scheune erwies sich als eine gute Idee, war aber keine Dauerlösung. Vom einstmals hellen Ufersand in der Scheune blieb nicht viel übrig, denn er färbte sich bräunlich ein. Die Scheune fasste vier Fuder getrockneten Torf. Aber erst einmal musste er gestochen, hierher transportiert und dann zu einem luftigen Turm gestapelt werden. Dazu waren sechs Torfstücke erforderlich die nach einiger Zeit um gestapelt wurden, damit auch die unteren abtrocknen konnten. Dann stapelten sie aus vier Torfstühlen einen Ring, der pyramidenförmig aufgelegt wurde.
Die Männer brachten die Abstiche zur Scheune, die Frauen stapelten sie in der Scheune zunächst maximal hüfthoch zum Trocknen auf. Das Tor blieb offen stehen, damit der Wind beim Trocknen mithelfen konnte.

Inzwischen war das Wetter trockener geworden und alle schöpften die Hoffnung, dass der Torf auch auf der Abstichstelle trocknen würde. Deswegen wurde er nun dort wo er gestochen wurde getrocknet. Sonne und Wind war es nun vorbehalten, diese Arbeit zu verrichten.
Wirklich trockene Stücke brachten sie dennoch zur Scheune, um sie darin aufzustapeln. „Nur zur Sicherheit", hatte der Bauer gesagt.
Das Torfstechen war eine Nebenaufgabe, denn das Hauptaugenmerk lag auf den Feldern und in der Viehwirtschaft.
Dass Jochen bereits Mist auf sein Feld ausbringen konnte, erhöhte seine Ausbeute in der Ernte.
Am meisten freute er sich, dass seine Bienen die feuchte Zeit unbeschadet überstanden hatten.

So vergingen die Wochen. Aus der Scheune nahm er zwei Fuder vollkommen trockenen Torfs, fuhr ihn in zwei Fahrten mit Friedrich zusammen nach Bremervörde und lud ihn am Haus des Zimmermannsmeisters, der einst sein Haus errichtet hatte, ab. Dieser war zufällig vorbeigekommen, weil er auch in der Nachbarschaft tätig gewesen war. So kamen die beiden ins Gespräch und ins Geschäft.
„Solch einen trockenen Torf habe ich hier nicht erwartet, Jochen", sagte er.
Und dann wurden sie handelseinig. Der Meister erhielt zwei Fuder von dem guten Heizmaterial, Jochen ein wenig Holz und Geld.
Mit dem Geld kaufte Ann Cathrin das ihr notwendig erscheinende, und die Bretter brachte Jochen auf den Boden. Er hatte mit dem Zimmermannsmeister bereits für das nächste Jahr das gleiche Geschäft abgesprochen, denn das Holz reichte nur für einen halben Schauer.
Die eingetauschten Bretter sollten für den Schauer sein, den Jochen noch bauen wollte, ja musste, damit der Wagen und die Gerätschaften nicht im Freien, über den Winter hinweg, stehen mussten.
Im letzten Winter stand der Wagen im Flett und war mit Heu beladen, das nach und nach an das Vieh verfüttert wurde. Dann erst wurde das Heu vom Boden geholt und in die Tröge geworfen.
Genauso würde er es jetzt auch wieder tun. In der Scheune war nun wenig Platz, um die Gerätschaften, wie Schaufeln, Schubkarre, Spaten und alle anderen Dinge, die zur Bewirtschaftung der Stelle benötigt wurden, aufzunehmen.
Die restlichen Soden behielt Jochen für den eigenen Hausbrand. Die übrig gebliebenen Holzscheite, die er aus Hesedorf erhalten hatte, waren stets die Notreserve für ganz harte Zeiten.
Drei weitere Fuder Torf vom Stich, die nicht so trocken waren, verkaufte Jochen auch noch. Das Geld ging in der Haushaltskasse auf.

Ann Cathrin und Jochen vertrauten ihren beiden jugendlichen Hilfen den Hof für drei Tage an. Sie fuhren in dieser Zeit mit den drei Söhnen auf dem Gespann zur Hochzeit von Jochens Schwager Hinrich, Ann Cathrins Bruder, nach Westerholz.

„Wir brauchen einen Tag zur Hinfahrt und zur Einquartierung, wie zur Hilfe bei den Vorbereitungen. Dann ist der Tag der Hochzeit mit der Feier gekommen. Am dritten Tag fahren wir zurück und werden dabei in Bremervörde noch einkaufen", sagte Jochen, bevor er den Wagen anfahren ließ. Alles was zu sagen war, war den beiden gesagt worden.

So fuhr das Ehepaar mit ihren drei Söhnen Johann, Joachim und Cord Hinrich nach Westerholz.
Sie freuten sich schon darauf, den alten Johann wiederzusehen, der diesen Sommer bei Daniel geblieben war, da Jochen die Magd und den Knecht gefunden hatte.
„Hinrich hat es geschafft", sagte seine Schwester mit Freude und Stolz in der Stimme zu ihrem auf dem Bock sitzenden Mann, während sie mit den drei Kleinen hinten auf dem Wagen saß.
„Du meinst, weil er Morgen die Witwe auf dem Nachbarhof heiratet? Naja, er war stets ein fleißiger und redlicher Knecht auf dem Hof nebenan. Dass die dortige Erbin vor wenigen Monaten an Schwindsucht starb, ist bedauerlich", war Jochens Antwort.
„Wieso bedauerlich?", frage sie nach.
„Es gibt zwei lebende Hoferben. Von den acht Kindern aus ihrer ersten Ehe sind ihr nur zwei Mädchen geblieben. Damit ist er Interimswirt, wie einst mein Vater auf Daniels Hof", erklärte er seiner Frau.
Sie wechselte für ihn unerklärlich das Thema.
„Wir können von Glück sagen, dass sich das Wetter im Spätsommer noch zu unseren Gunsten verändert hat. Auch die anderen Familien im Dorf sind froh. Der Übernachbarin

ist, durch die Krankheit ihres Mannes bedingt, bange, dass sie es nicht schaffen werden. Ihre zwei kleinen Kinder sind aber wohlauf und das Leben in der Moorhütte, das sie führt, bestätigt mir immer wieder, dass wir einen richtigen Entschluss gefasst hatten, das Haus so früh zu errichten. Du bist ein guter Mann Jochen Hoops."

Jochen schmunzelte und antwortete darauf nur: „Und du eine gute Frau Ann Cathrin Hoops", wobei er dabei immer auf ihren Geburtsnamen anspielte. Einige fragten, wenn sie erfuhren, dass sie eine geborene Hoops sei, ob sie Vetter und Base seien, was beide stets mit einem Lächeln verneinten.

Jochen antwortete darauf ab und an mit einem gewissen Stolz: „Unsere Kinder sind zu 100 Prozent Hoops."

Als sie Bremervörde hinter sich gelassen hatten, drehte sich Jochen nach hinten um. Inzwischen saß lüt Johann vorne auf dem Bock neben seinem Vater.

„Frau, siehe da hinten", rief er und deutete mit der linken Hand in die Richtung, in die er blickte.

„Dort liegt das Hesedorf, von dem ich dir erzählt habe. Immer wenn ich bei uns sage, wir kommen aus Hesedorf, meinen die Leute, ich meine dieses Hesedorf. Deswegen sage ich nun schon, Hesedorf bei Gyhum. Dann fragen sie mich nicht mehr, welches."

Gegen 15 Uhr trafen sie in Westerholz ein. Die kleinen Söhne brauchten zwischendrin doch die eine oder andere Pause, um nicht allzu quengelig zu werden, zudem wollte Joachim auch mal vorne beim Vater sitzen. Zum Schluss saßen beide bei ihm vorne, der einjährige Cord Hinrich schlief bei der Mutter selig und erschöpft im Arm ein.

Als der Wagen bei der Braut auf den Hof rollte, waren alle froh, dass diese lange und für die kleinen Kinder anstrengende Fahrt nun ein Ende finden würde. Jochen lenkte das Gefährt nicht mitten auf den kleinen Hofplatz, sondern ließ es zwischen zwei Eichen neben dem Weg halten. Hinrich hatte sie bereits gesehen und war auf sie zugegangen.

Jochen war bereits vom Wagen gestiegen und hatte seine beiden ältesten Racker auf den trockenen Grasboden gestellt. Die, dort angekommen, gleich auf ihren Onkel Hinrich zuliefen und sich an seine Beine klammerten, dass er stehen bleiben musste, worüber er herzhaft und laut lachte.

Inzwischen war seine Schwester mit dem Jüngsten von der Wagenfläche geklettert. Sie folgte ihren Söhnen, um den Bruder zu befreien, während Jochen sich um die Pferde kümmerte und abspannte.

Die Begrüßungen waren sehr herzlich. Ann Cathrin schickte ihre beiden älteren Kinder zu den Hühnern, dann umarmte sie ihren Bruder, der sich danach anschickte, Jochen bei den Pferden zu helfen.

„Wir bringen sie in den Stall. Dort erhalten sie alles, was sie brauchen", erklärte er seinem Schwager.

Als die Männer aus dem Stall kamen, gingen sie ins Haus zu den Frauen. Dort trafen sie auf Ann Cathrin, die bereits mitten zwischen den anderen Frauen stand und in die Hochzeitsvorbereitungen eingespannt war.

Dann sah Jochen die Braut und begrüßte Anna.

„Hinrich, ist Otto auch da?", fragte Jochen, aber der schüttelte den Kopf.

„Ich weiß nicht wo er ist. In Hamburg verliert sich seine Spur, leider. Dein Vater, aber auch deine Schwester und ihr Mann sind bereits eingetroffen. Er schulmeistert, so wie wir ihn kennen. Lass uns zum Häuslingshaus gehen, wo sie sich derzeit aufhalten", schlug Hinrich vor.

Im Hinübergehen nahm Jochen ihn sachte beiseite. „Du Schwerenöter. Deiner Anna sieht man ja schon deutlich an, dass sie einen Braten in der Röhre hat. Du hast dich wohl nicht zurückhalten können", grinste ihn Jochen an.

„Eine teure Angelegenheit, denn der Pastor hat es bereits bemerkt und sich zunächst geweigert, uns trauen zu wollen.

Anna hat ihm darauf hin gedroht, sich in Zeven trauen zu lassen", erklärte Hinrich.

„Da Anna bereits mehr als ein ganzes Jahr im Witwenstand lebt, wird es nicht als eheliches Kind aus ihrer ersten Ehe gerechnet. Kurz vor dem Tod ihres Mannes, starb meine Verlobte. Und da ich nebenan lebte und arbeitete, hat es sich dann so ergeben, dass ich kurz nach der Beisetzung beider den Hofplatz wechselte. Sie hat zwei süße Töchter, aber sechs Kinder sind ihr jung weggestorben. Einige habe ich persönlich gekannt. Wir haben uns lange Zeit an die Regeln gehalten, und auch noch heute schlafe ich offiziell in der Stube nebenan, aber nur noch eine Nacht. Sie denkt, unser Kind kommt im Mai, also in knapp einem halben Jahr zur Welt", beichtete er ohne Reue.

Inzwischen waren sie beim Häuslingshaus angekommen und Hinrich ließ Jochen allein hineingehen, die Seinen in aller Ruhe zu begrüßen. Er selbst ging zum Wohnhaus zurück.
Als Jochen in der offenen Tür stand, fiel ihm erst seine Schwester Anna, dann der alte Vater in seine Arme. Auch die Begrüßung mit Annas Ehemann war freundlich, der in gewohnter Weise anfing zu schulmeistern, wie Hinrich gesagt hatte. Doch Jochen bremste ihn aus: „Schweig still Friedrich. Ich möchte mit meiner Schwester und meinem Vater reden, denn ich habe sie lange nicht gesehen. Also lass sie reden. Wir zwei haben später sicherlich noch genug Zeit, denn wir fahren erst Übermorgen wieder nach Hause."
Damit war alles gesagt.
„Friedrich, mach dich doch bitte bei den Vorbereitungen nützlich und gehe zu Hinrich. Wir kommen gleich nach, wenn wir mit unserem Vater gesprochen haben", rettete ihn Jochens Schwester.

Der Tag der Hochzeit war gekommen. Es war ein Freitag und der 4. November des Jahres 1763.

Gegen 10 Uhr traf der Scheeßeler Pastor Adolph Johann von Finckh in Begleitung des Küsters in Westerholz ein. Er hatte mit einem strengen Blick die Runde der Gäste gemustert.
Ein jeder wusste, dass er die Eheleute für ihre nunmehr offensichtliche, und nicht mehr zu verbergende und begangene Unzucht bestrafen lassen würde. Die Kirchenbußen seines Vorgängers fielen in der Höhe regelmäßig geringer aus, erinnerten sich die älteren unter den Anwesenden.
Aber er war gekommen und musste diese Verbindung daher nicht in seiner neuen Kirche segnen.

Die Diele war für die Hochzeitsfeier hergerichtet und eingedeckt. Das Essen selbst war fast fertig.
Die Zeremonie war recht schlicht und kurz gehalten, nicht aber ohne mahnende Worte hinsichtlich Moral und die zehn Gebote.
Der Kirchenmann blieb noch einige Stunden. Er war gesättigt, hatte mit dem einen oder anderen gesprochen, und der Küster hatte die Gebühren kassiert.
„Ich möchte vor Anbruch der Dunkelheit wieder im Pfarrhaus sein", verabschiedete er sich.
Kaum war das Gefährt nicht mehr zu hören, wurden Flaschen mit berauschendem Inhalt, die zuvor in einer Truhe auf diesen Moment warteten und vor dem der Geistliche noch während der Trauung gewarnt hatte, auf den Tisch gestellt. Natürlich war von Finckh bewusst, was geschehen würde, nachdem er die Festtafel verlassen hatte. Es wurde noch eine Hochzeitsfeier, die den Meisten in guter Erinnerung geblieben ist, wenn diese auch am nächsten Morgen noch ein wenig blass und verschwommen für den Einzelnen ausgefallen sein mag.

Auf der Rückfahrt gab es eine Menge erlebtes zu erzählen, während die drei kleinen Söhne tief schliefen, was Ann Cathrin natürlich entlastete.
In Bremervörde ließ Jochen seinen Wagen vor dem Haus des Zimmermannsmeisters halten.
Sie stiegen ab und Jochen ging mit lüt Johann zum Meister, während die Mutter mit den zwei anderen Söhnen ihren Einkauf beim Krämer, dessen Geschäft gleich nebenan lag, anging.
Nachdem Jochen den Einkauf seiner Frau auf dem Wagen verstaut hatte, fuhren sie nach Hause.
Unterwegs fragten sie sich, wie Rieke und Friedrich wohl zurechtgekommen waren. Der rechte Nachbar war informiert und hatte zwischendurch einmal nach dem Rechten und dabei auch nach den Immen geschaut.
Schon von weitem sahen sie ihr Haus und waren beruhigt.
Auf dem Hof angekommen, stellten sie fest, dass das Vertrauen durchaus angebracht gewesen war. Beide hatten alle ihnen aufgetragenen Arbeiten erledigt. Rieke hatte vorsorglich den Tisch eingedeckt, hielt auch das Feuer in Gang.
Sie nahm der Mutter den Kleinen ab und wechselte ohne Aufforderung die vollen Leinentücher. Friedrich half den Wagen zu entladen, spannte ab und versorgte die Pferde, während Jochen einen Rundgang über sein Anwesen machte. Zum einen sah er nach dem Rechten, zum anderen vertrat er sich seine Beine, denn die Fahrt hatte seine Glieder steif werden lassen. Er war glücklich, dass der November bislang ohne Niederschlag geblieben war, nicht nur wegen der Fahrt, sondern auch, weil er trockenen Fußes seinen Gang machen konnte. Er führte ihn auch bei seinen Immen vorbei. Anschließend besuchte er noch kurz seine Nachbarn, sich sozusagen gesund zurück zu melden, aber auch um nachzufragen, was sich hier Wissenswertes ereignet hatte.
Danach schlenderte er zufrieden und sorglos zurück.

Während ihr Mann mit Rieke und Friedrich in der Scheune waren, öffnete Ann Cathrin die Truhe mit dem Geld auf der hohen Kante und zählte es nach, stellte aber kein Fehl fest. Sie war zufrieden, den beiden wirklich vertrauen zu können, aber Vorsicht war in diesen schwierigen Zeiten stets geboten.
Dass Jochen für das Notgeld in einem Fuß der Truhe einen Hohlraum geschaffen hatte, dort die Münzen klimperfrei in Wachs gegossen versteckte, wusste nur das Ehepaar.
Das sonstige Geld befand sich auf der hohen Kante und den Schlüssel hatte Jochen seiner Frau anvertraut, den sie ständig am Leib trug.
Er sagte seinerzeit zu ihr: „Wenn einmal Diebe und Räuber kommen, gebe den Schlüssel heraus und überlasse ihnen willig das Geld der Hohen Kante. Sie werden sich damit zufrieden geben, vielleicht noch den Rauch abräumen, aber ohne weiteres das Weite suchen und die Familie verschonen."
Diese Worte fielen ihr ein, als sie den Schlüssel wieder um ihren Hals hängte.

***
1764

Den Winter hatten die Bewohner auf dem Hoopshof in Ostendorf, bis auf ein Huhn unbeschadet überstanden. Der Fuchs oder der Marder hatte zugeschlagen und Jochen verstärkte daher den kleinen Stall. Die Vorräte würden bis zum Frühjahr ausreichen, auch Saatgut war hinreichend vorhanden. Jochen hatte genug damit zu tun, die kleinen und großen Räuber davon fern zu halten. Er hängte alles in kleinen Säcken an Seilen an die Decke, wie die Würste in den Rauch. Damit hatte keine Maus, aber auch keine Ratte die Möglichkeit, sich an dem Vorrat zu vergreifen und, sie hingen trocken, dass auch die Fäulnis keine Chance hatte.
Rieke und Friedrich verlängerten ihr Arbeitsverhältnis um ein weiteres Jahr, denn es gefiel ihnen bei der Familie. Sie hatten eine Menge gelernt, mussten aber auch hart und viel leisten. Zu essen gab es genug, sie hatten zudem das Gefühl, irgendwie zur Familie zu gehören. Sie hatten auch ihren Lohn für das Jahr erhalten.
Rieke kaufte sich von einem Teil einen gestickten weißen Kragen, einen weiteren Teil gab sie in Gräpel ab, und den Rest behielt sie in ihrer Butze versteckt.
Friedrich hingegen bat die Bäuerin, sein Geld für ihn zu verwahren. Wie von Hinrich vorausgesagt, wurde ihm im Mai dieses Jahres ein Sohn geboren, der Hinrich, wie sein Vater getauft wurde. Jochens Schwester freute sich über einen lebend geborenen Sohn, den sie Harm taufen ließ.
Beide Kinder war das Glück nicht mit in die Wiege gelegt worden, denn Hinrichs Sohn starb mit 16 Jahren und Harm noch in diesem Jahr, wenige Wochen alt.

Dieses Jahr wurde für die Neugründung Ostendorf, das bereits 1760 angelegt wurde, ein sehr wichtiges, da es nunmehr offiziell als gegründet galt.

***
Die Meierbriefe

Am 6. Oktober 1764 wurden alle 25 Neubauern zur neunten Stunde auf die Hofstelle 1 zitiert. Es war ein recht sommerlicher Sonnabend und der Hof des Neubauern Jürgen Hinrich Schlobohm füllte sich langsam mit feierlich gekleideten Menschen. Jochen Hoops Wagen war der Letzte der auf die kleine Hofstelle fahren wollte. Da der Platz mehr als gefüllt war, drehte Jochen das Gefährt auf dem schmalen und einspurigen Weg und stellte es in Richtung Rückfahrt ab.
„Die Letzten werden die Ersten sein", sagte er mit einem Grinsen zu seiner Frau.
Dann ging die Familie Hoops zu dem Amtmann, der auf einem Leiterwagen stand, von wo aus er alle sehen konnte.
Dann rief der Amtsschreiber die Namen der Stellenpächter in der Reihenfolge der Hausnummern auf, zuletzt Jochen Hoops.
Zuvor hatte der Amtmann sich die Liste der 25 Neubauern noch einmal reichen lassen und sie durchgesehen. Wenige Namen waren durchgestrichen und dahinter standen andere Namen. Nachdenklich kräuselte sich die Stirn des hohen Beamten.
„Nur drei von den 25 haben bereits aufgegeben und haben die Stellen verlassen", dachte er beim Lesen des Papiers.
Dann schaute er in die Runde der größer werdenden Menschenmenge, die er heute hierher gerufen hatte. Er war froh, für jeden Ausfall sehr rasch Ersatz gefunden zu haben.
Dann begann er seine Begrüßung und seine Rede.
„Es ist nunmehr drei Jahre her, dass ich hier an gleicher Stelle stand und die Stellen ausgelost wurden. Inzwischen hat sich sehr viel getan. Die ersten zwei Häuser stehen bereits und weitere befinden sich im Bau. Bedauert habe ich den Wechsel auf insgesamt zehn Stellen. Heute ist der Tag gekommen, dass ihr alle Euren Meierbrief erhaltet und

damit nunmehr offiziell und rechtswirksam Pächter der zugewiesenen Neubauerstellen seid. Bewahrt diese Urkunden sicher auf. Sie beweisen für Euch die Stellen als Erbpächter. Haltet den Reichstaler bereit um den Weinkauf bei der Aushändigung durch den Amtsschreiber zu tätigen. Was zu besprechen war, haben wir vor wenigen Wochen hier an selbiger Stelle besprochen."

Er gab dem Amtsschreiber wie den Anwesenden ein Handzeichen, das die Ausgabe der Urkunden beginnen ließ. Der Schreiber las einen Namen nach dem anderen vor, nahm den einen Reichstaler entgegen, gab dem Zahler dafür eine Quittung und händigte ihm dann erst seinen Meierbrief aus. Das Ganze hatte durchaus einen feierlichen Charakter.

Nachdem Jochen das lang ersehnte Papier in Händen hatte, hielt er es voller Stolz seiner Familie entgegen. Sein Traum war wahr geworden und das zeigte er allen anderen, die ebenso wie er sich fühlten.

Sie beglückwünschten sich gegenseitig, umarmten sich sogar, dankten dem Amtmann, aber auch dem anwesenden Schwartkittel, der in seiner schwarzen Kutte zwischen den Anzügen und Trachten nicht so sehr auffiel, wie er es sich vielleicht gewünscht hatte.

Der Pastor ging auf den hohen Beamten Arnold Friedrich Meyer zu und beglückwünschte den vom Amtmann zum Oberamtmann beförderten zu seiner Leistung, diese Menschen in dieser schwierigen Situation zu begleiten.

„Warum haben die Stellen 1 und 2 heute keine Meierbriefe erhalten", wollte der Würdenträger vom Staatsdiener wissen.

„Diese Stellen bleiben zunächst beim Amt. Es gibt da noch Grenzstreitigkeiten wie am Ende, wo Hoops lebt", lautete die knappe Antwort. Danach ging jeder seiner Wege.

Als sich das Jahr dem Ende neigte, die Ernte eingefahren, verarbeitet und verstaut war, begann Jochen nach dem Tausch, Torf gegen Bretter und Balken, mit dem Bau eines Wagenschauers. Er sollte als Anbau an die Scheune errichtet

werden und gleichzeitig zwei Wagen hintereinander aufnehmen.
Bevor er anfing, erklärte er Friedrich, wie er sich den Bau vorstellte. Dazu zeichnete er es ihm im Boden mit seiner Messerspitze auf.
„Wir bauen den Schauer also an die lange Seite der Scheune an", resümierte Friedrich laut.
„Ja, Friedrich. Damit sparen wir eine tragende Wand, leiten das Regenwasser von der Schauerwand weg, und erhalten eine lange Wand unter dem Schauer zum Stapeln von Brennholz, aber auch zum Aufhängen der Gerätschaften, wie einen trockenen Unterstand für zwei Wagen", erklärte Jochen begeistert.
„Ja, aber du hast doch nur einen Wagen", räumte der Junge ein.
„Das stimmt, aber irgendwann werde ich einen zweiten brauchen, sobald ich mehr Ackerland habe. Außerdem kann ich dann die voll beladenen Wagen, falls es regnet auch zeitweise unter den Schauer stellen, muss sie dann nicht nass ins Wohnhaus schieben."
Das leuchtete dem Knecht ein. Er fand die Planungen und die überlegte Vorgehensweise seines Bauern gut. So wollte er es auch einmal machen, wenn er Bauer wäre, sagte er Rieke später einmal.
Dann begannen die beiden einen Schauer mit einem flachen von der Scheune weglaufenden, schrägen Dach an die lange Seite zu bauen. Zuerst wurde das Gerüst für das Dach aufgestellt, wobei der Zimmermannsmeister half, der inzwischen auf den Hof geritten war.
Sie stellten nacheinander drei fast eckige Ständer aus Holz auf, die ein Außenmaß einer halben Elle hatten. Sie waren bereits in Bremervörde vorgefertigt worden und verfügten über die Einlässe für die schrägverlaufenden Stützen, die dann nur noch gezapft werden mussten.

„Gut, dass es heute wieder einmal trocken ist, dann geht die Arbeit besser von der Hand", sagte der Meister und trieb einen Holznagel in das Bohrloch.
Nachdem die drei Stützbalken standen, mit der notwendigen Verbindung untereinander und die auch an der Scheune befestigt waren, wurde eine Pause gemacht. Der Meister begutachtete alles noch einmal und schmökte dabei eine Pfeife, in aller Seelenruhe.
„So Bauer, hole du nun die dünnen Bretter für das Dach. Ich nagle sie als Dach von unten nach oben und überlappend, dass das Wasser ablaufen kann."
Während der Meister an seinem Mundstück zog, schaute er den beiden beim Schleppen der Bretter zu.
Mit einem Hobel schrägte er noch ein wenig die Auflagekante an, hielt es immer wieder an, begutachte das Ergebnis und trieb die kleinen Stahlstifte erst ins Holz, nachdem er mit dem Sitz vollkommen zufrieden war.
Das Wohnhaus und die Scheune waren mit Stroh eingedeckt worden. Ziegel konnte sich Jochen derzeit nicht leisten und ein Strohdach erschien ihm für den Anbau nicht notwendig.
Dann kletterte der Meister über eine Leiter auf das Gerüst des Schauers, ließ sich Brett für Brett anreichen und zimmerte in einer Geschwindigkeit, dass die beiden unten anreichenden sich sputen mussten, sein Tempo zu halten.
„Der Meister und sein Holz sind das Geld wert, welches er dafür erhalten hat", sagte Jochen zu Friedrich, aber ohne ihm zu sagen, dass das im Preis für den Torf mit enthalten war.
Nachdem die drei fertig waren, ließen sie ihr Werk durch die zwei Frauen auf dem Hof bestaunen, bevor sie zum Essen ins Haus gingen.
Nachdem der Zimmermannsmeister mit der Zusatzgabe, einer Rauchwurst, zurückgeritten war, meinte Jochen: „Das Tageslicht wird noch für zwei Stunden vorhanden sein. Wir werden daher den Wagen gleich unter den neuen Schauer

stellen, dazu den Pflug und die Gerätschaften, die derzeit noch in der Scheune stehen." Gesagt, getan. Als sie fertig waren, ging der Tag zur Neige.

Da der Platz für den zweiten Wagen noch frei war, holten die beiden Männer so viele Torfsoden vom Abstich, bis kein Platz mehr vorhanden war, damit sie hier weiter trocknen konnten. Es war nicht viel, denn sie konnten die Soden nicht hoch genug stapeln. Aber neben dem Wagen nahmen die Stapel an Umfang zu.
Die nächsten Tage räumten sie in der Scheune um, die über einen kleinen Dachboden verfügte.
Über das Jahr hatten Rieke und Friedrich soviel Zweige und Äste mitgebracht, wie sie nur tragen konnten. Nun stellte Jochen den Holzklotz in die Scheune und hackte die Äste klein. Damit erhöhte er den Vorrat an Feuerholz. In der Scheune hatte er eine Ecke mit einer Bretterwand abgetrennt, wo er das gehackte Kleinholz sammelte, denn stapeln ließ es sich ja nicht.
Friedrich ließ er nicht ans Beil, denn hier konnte er sich im Winter austoben, wenn er nicht auf die Felder konnte.

Als er für den Tag fertig war, setzte er sich auf den Klotz und dachte zufrieden:
„Der Dachboden ist zu zwei Dritteln mit Heu gefüllt und zu einem Drittel mit Stroh. Der Rauch war auch in diesem Jahr gut gefüllt, aber zu einem Schwein hatte es bisher nicht gereicht. Die Hühner hatten sich mit dem Hahn eingelassen und nun liefen bereits 12 gackernde und viele Eier legende Mitbewohner samt einem krähenden Aufpasser herum."

Mit den vielen Eiern hatte seine Frau eine kleine Einnahmequelle für die Haushaltskasse, aber ab und an tauschte sie auch Eier gegen das, was sie brauchen konnten. Die Buchweizenernte war in diesem Jahr überall sehr gut, die Vorratssäcke waren gut gefüllt. Selbst die Honigernte war die Beste, die er bisher eingebracht hatte. Der Krämer nahm ihm Honig, gelegentlich auch Eier ab.

Als der erste Schnee zum Frost hinzukam, war es mit der Arbeit außerhalb des Hauses vorbei. Es begannen die langen, dunklen Tage über mehrere Monate hinweg. Über die Weihnachtstage besuchten Rieke und Friedrich ihre Familien. Familie Hoops mit den 12 Hühnern, dem Hahn, der Katze, den zwei noch sehr kräftigen Pferden, zwei guten Milchkühen, ein paar Mäusen und sonstiges Kleingetier, war alleine auf dem Hof, die drei Immenvölker nicht zu vergessen.

Das Uhlenlock wurde seit dem letzten Sommer durch eine Eule genutzt, die in Konkurrenz mit der Katze die Zahl der Mäuse auf einem erträglichen Niveau hielt.

„Ann Cathrin, wir sollten uns im nächsten Jahr zwei Schweine anschaffen. Ich würde einen kleinen Schweinekoven ans Haus anbauen. Was meinst Du?", wollte er wissen.

„Wenn du mir genau sagen kannst, wie wir für sie genug zum Fressen und Mästen bekommen und woher, dann gerne. Wir sollten die Scheune zur Lagerung für den Torf und das Holz nutzen. Denke aber auch einmal darüber nach, ob Schafe nicht eine wertvollere Anschaffung mit weniger Aufwand wären. Dann könnte ich die Wolle nutzen, sie spinnen und uns Kleidung weben, oder die Wolle verkaufen. Schweine sind ein guter Fleischlieferant, aber du brauchst viel Futter. Wald für die Eichelmast haben wir nicht und die Eicheln, die du vergraben hast, werden dann groß genug gewachsen sein und Eicheln abwerfen, wenn unsere Kindeskinder den Hof übergeben", antwortete sie mit liebevoller Stimme.

Ohne seine Antwort abzuwarten: „Übrigens, der Schauer gefällt mir sehr. Das habt ihr gut gemacht. Auch das kleine Backhaus ist wunderbar. Ich bin sehr glücklich und zufrieden mit dir, Jochen. Aber ich habe noch eine Winteraufgabe für dich. Da wir bald ein weiteres Kind im Haus haben, und deine drei Söhne größer werden, solltest du ihnen einmal ein Schaukelpferdchen bauen, eines zum Reiten und Schaukeln. Du hast doch genug Holz und sehr geschickte Hände."

Er schaute sie erstaunt über ihren ungewöhnlichen Winterarbeitswunsch an, erfüllte aber ihr Begehren. Natürlich ließ er die beiden älteren Knaben mithelfen.

***

1765

Friedrich und Rieke standen nun schon ganze zwei Jahre in Diensten bei Hoops. Friedrich war inzwischen 16 Jahre alt geworden und teilte Jochen seine Entscheidung mit, zum Schuhmacher nach Bremervörde wechseln zu wollen, um das Handwerk zu erlernen. Er bot im Namen seines Vaters an, dass sein zwei Jahre jüngerer Bruder Brune seinen Platz einnehmen könnte, wenn Jochen einverstanden war.
Da sein Bruder den Bauersleuten bekannt war, erklärte sich Jochen einverstanden, dass Brune sich vorstellen sollte, was zwei Wochen später auch geschah. Friedrich brachte nach seinem freien Tag seinen Bruder einfach mit. Sie wurden sich rasch handelseinig, und Brune hatte seine erste Stellung die er in wenigen Tagen antreten würde.
Er war anders, zurückhaltender als sein älterer Bruder.

Rieke war in den zwei Jahren zu einer schlanken und sehr ansehnlichen Magd von 18 Jahren herangewachsen. Sie wollte auf dem Hof bleiben, denn die Arbeit gefiel ihr und die Kinder mochten sie sehr.
Ann Cathrin war darüber sehr froh, bedauerte aber Friedrichs Fortgang, denn er war ihrem Ehemann ein wirklich sehr verlässlicher Helfer.
Als es soweit war, gab Ann Cathrin Friedrich seinen Lohn und sein Geld, das sie für ihn verwahrte plus 20 frisch gekochte Eier mit auf den Weg.
Brune traf gegen Mittag auf Jochens Hof ein. Friedrich hatte ihn an dem Tag, an dem er sich hier vorgestellt hatte schon einmal herumgeführt, ihm dabei die Besonderheiten, auf die der Bauer Wert legte erzählt und gezeigt. Nun stand er vor Jochen und war nervös, denn er wollte alles richtig machen und dass der Bauer ebenso zufrieden mit ihm war, wie bisher mit Friedrich.

Er bezog die Butze in dem heute Morgen noch sein Bruder geschlafen hatte. Rieke hatte ihm einen neuen Sack mit Stroh als Kopfkissen und drei als Matratzen, dazu zwei wollene Decken hineingelegt. Das alte Stroh wanderte stets in die Boxen, in denen die Milchkühe standen, wurde so zu Mist.
Zuerst aber hatte Brune die Aufgabe den Stall auszumisten, seine erste Arbeit. Die zweite war, die Pferdeäpfel einzusammeln und zum Trocknen in die Scheune zu bringen. Jochen nutzte den Mist zum Düngen seines immer größer werdenden Ackerlandes. Die getrockneten Pferdeäpfel hingegen hielt er als Brennmaterial zurück. Sie stanken zwar ein wenig, aber den Torf wollte er ja verkaufen.
Da die Pferde und auch die Kühe im Flett standen, füllte der Geruch ihrer Ausscheidungen sowieso den Raum, weswegen das Verbrennen des getrockneten Kotes niemanden störte.

Rieke übernahm immer mehr Aufgaben der Bäuerin, sie zu entlasten, denn die Geburt des nächsten Kindes würde nur noch vier bis fünf Wochen dauern.
Sie hatte zu Hause schon häufiger miterlebt, wenn die Hebamme ihre jüngeren Geschwister auf die Welt holte. Insgeheim wünschte sie sich, diese Kunst zu erlernen, denn sie liebte Kinder und wollte einmal zehn eigene haben, hatte sie Ann Cathrin einmal erzählt.

Am Abend des 1. März kündigte sich an, dass es bald soweit sein würde. Es dauerte aber noch bis kurz nach Mitternacht am 4. März, bis der Knabe das Licht der Kerze und das Gesicht der seit zwei Tagen im Haus weilenden Hebamme erblickte. Rieke hatte ihr die ganze Zeit auf die Finger geschaut und viel gelernt.
„Es ist ein gesunder Knabe", teilte die Hebamme der erschöpften Mutter mit.

Rieke durfte ihn säubern und in seine ersten Leinen wickeln, um ihn dann Ann Cathrin in den Arm zu legen.
Jochen hatte mit seinen Kindern und Brune im Flett gewartet, bis die Bademutter aus der Kammer kam.
„Es ist ein gesunder Knabe, Bauer. Du kannst mich nun nach Hause fahren", sagte sie, als sie ans Feuer trat.
„Was noch zu tun ist, wird deine gelehrige Magd erledigen. Sie hat mir die letzten zwei Tage Löcher in den Pelz gefragt, aber sie hat das Zeug zur Bademutter", sagte die Hebamme zu Jochen, legte ihren Schal um und zog ihr Wams an.
Die Frau wollte wieder nach Bremervörde zurück, was verständlich war, denn es gab auch noch andere werdende Mütter, die ihre Hilfe benötigten.
Jochen spannte die Pferde vor den Wagen, der unter dem Schauer stand. Es war eine leicht frostige Nacht mit einem klaren Sternenhimmel. Die Erde war mit einer dünnen Schneedecke überzogen, die bei jedem Schritt knirschte. Die Spuren der Wagenräder waren deutlich zu sehen, denn es hatte seit einer Woche nicht mehr geschneit.
Brune blieb auf dem Hof und Jochen fuhr sie nach Hause. Vier Stunden später rollte der Wagen wieder auf den Hof. Brune hatte auf seinen Bauern gewartet und half ihm beim Ausspannen.
Inzwischen war die Zeit vorangeschritten und das Ziffernblatt zeigte schon acht Uhr. Es begann draußen heller zu werden, was die Lichtverhältnisse im Haus allerdings nicht wesentlich verbesserte. Jochen öffnete die Tür zu seiner Kammer und sah seine Frau schlafend, er zog sie deswegen wieder zu. Rieke hatte den Tisch gedeckt und sagte: „Die Kinder schlafen und das Neugeborene liegt im Bett deiner Frau, da ist es am wärmsten."
Jochen nickte nur. Er war müde, schickte Brune in seine Butze zum Schlafen, da er die ganze Nacht wach geblieben war und ihm die Augen zufielen.
Es wurde ein ruhiger Tag für alle. Ann Cathrin schlief aus, denn die Geburt hatte lange gedauert und an ihren Kräften

gezehrt. Das neue Familienmitglied fühlte sich an diesem Montagmorgen in den Armen seiner Mutter offensichtlich sehr wohl. Die Jungs waren früh in ihre Betten geschickt worden und wurden nun munter. Jochen ermahnte sie zur Ruhe und Rieke sorgte dafür, dass die Kinder beschäftigt und leise waren.

Gegen Mittag kroch Brune verschlafen aus seiner Butze, während Jochen sich um das Vieh gekümmert hatte.

Gerade als er damit fertig war, erwachte ein hungriger Säugling und verkündete seinen Wunsch lauthals, als würde er der Familie sagen wollen: „Ich bin jetzt da."

Jochen ging mit den Kindern in die Kammer zu seiner Frau und dem kleinen Schreihals, der plötzlich verstummt war, um den Kindern den Bruder vorzustellen. Als sie in den Raum eintraten sahen sie den Grund der plötzlichen Stille, der durch ein deutlich zu hörendes Schmatzen abgelöst wurde.

Ann Cathrin saß halb im Bett und gab dem kleinen gerade die Brust, was die neugierigen Söhne nicht davon abhielt, sich den Neuen ganz genau anzuschauen.

Die Eltern einigten sich auf den Vornamen Claus, auf den er bereits am darauf folgenden Donnerstag in Bremervörde getauft wurde, weil Jochen seinen Vater dabei haben wollte. Nachdem die Taufgesellschaft in Ostendorf eingetroffen war, hatte Rieke alles vorbereitet. Ann Cathrin war an diesem Morgen das erste Mal von ihrem Lager aufgestanden. Die Ruhe hat ihr gut getan und war auch notwendig, denn die Geburt war für sie sehr anstrengend gewesen.

Dieser Tauffeier folgten noch viele auf diesem Hof. 1767 wurde dem Ehepaar der Sohn Harm, 1770 die Tochter Anna Katharina, 1773 die Tochter Margaretha und 1776 die Tochter Engel auf dem Hof geboren. Sie hatten nun bereits acht Kinder und Rieke war ihnen als Magd geblieben.

Die kleine Engel lebte nur 20 Tage und starb an einem Halsgeschwür. Woher es kam, konnte niemand sagen, aber es war von Anbeginn vorhanden und wuchs sehr rasch. Mit ihrem Tod hielt das erste Mal der Tod und die Trauer auf dem Hoopshof Einzug.

In diesem Augenblick dachte Jochen an das schwere Schicksal seiner Schwester Anna, deren sieben Kinder alle bis auf zwei tot zur Welt kamen. Die zwei, die ihr lebend geboren wurden, lebten aber auch nicht lange. Er war nur überaus froh, dass wenigstens sie gesund geblieben war.

Dann beendete er diese gedankliche Schleife, worauf er wieder das kleine, leblose Bündel vor sich in der Wiege liegen sah. Ann Cathrin stand neben ihm und schaute ihn mit rotgeweinten Augen an.

Er zimmerte der Kleinen aus dem eichenen Holz, das auf seinem Boden lag, einen passenden Sarg, wozu er den nächsten Tag benötigte.

Die Mutter legte ihre Tochter sachte in den kleinen Sarg, und Jochen legte vorsichtig den Deckel darauf. Bei jedem Hammerschlag auf die vier Nägel zuckte seine Frau zusammen. Die verbliebenen sieben Geschwister wohnten dem bei. Rieke hatte den drei Mädchen erklärt, was ihrer kleinen Schwester widerfahren war und was morgen auf der Beisetzung in Bremervörde geschehen würde. Die richtigen Worte für die Kleinen zu finden, fiel ihr nicht leicht. Lüt Johann war inzwischen 18 Jahre alt und war dem Vater eine gute Hilfe, so wie seine Brüder auch, denn Joachim war bereits 16, Cord Hinrich 14, Claus 12 und Harm 9 Jahre alt. Nachdem Brune drei Jahre geblieben war, hatte Jochen keinen Knecht mehr eingestellt, weil er ihn nicht brauchte, da seine Söhne immer mehr auf dem Hof helfen und Aufgaben übernehmen konnten.

Rieke war seiner Frau fast wie eine jüngere Schwester ans Herz gewachsen. Bei jeder Geburt ging sie der Bademutter stets zur Hand und bei den letzten beiden Geburten schaute

die Hebamme nur noch zu, ließ also Rieke ihre ersten Kinder auf diese Welt holen.
Nach Engels frühem Tod hatte Rieke ein schlechtes Gewissen, dass sie daran eine Mitschuld traf. Als die Hebamme das kleine Mädchen mit dem Halsschaden sah, eröffnete sie den Eltern, dass die Überlebenschance sehr gering war, was den Schmerz linderte, weil der Tod nicht unvorbereitet kam.
Zur Beisetzung stellte Jochen den kleinen Sarg auf den Wagen und alle, außer Rieke, stiegen auf den Leiterwagen, den Jochen sich im letzten Jahr gekauft hatte.
Alle hatten den Sonntagsstaat angelegt, den sie normalerweise zum Gottesdienst anzogen.
In Bremervörde angekommen, stiegen sie alle ab. Jochen nahm den kleinen Sarg vom Wagen und trug ihn zum Grab, das der Totengräber morgens ausgehoben hatte.
Es wurde eine kurze Zeremonie mit einer knapp gehaltenen Leichenpredigt durch den Pastor, und Ann Cathrin ließ ihre Tränen laufen, die der leichte Nieselregen gleich wieder abwusch.
Die Rückfahrt verlief wortlos und den Rest des Tages lag eine gedrückte Stimmung auf allen.
Auch die nächsten Tage verliefen seltsam, denn allen fehlte das fast drei Wochen lang gewohnte Weinen und Greinen eines Säuglings.
Ann Cathrin suchte Trost in der Zuwendung zu ihren lebenden Kindern und der Hausarbeit. Sonntags besuchte die Familie Engel stets nach dem Gottesdienst, so blieb sie in der Erinnerung ein Teil der Familie.

***
1778

Als sich ankündigte, dass Ann Cathrin erneut schwanger war, quälte sie der Gedanke an Engel und die Hoffnung, dass das Kind gesund zur Welt kommen sollte.

An einem frostigen Januartag war es endlich soweit. Den Eltern wurde wieder ein Sohn geboren und Rieke war es, die als Bademutter Ann Cathrin half Mutter zu werden.
Rieke hatte auch schon bei anderen Familien in der Nachbarschaft das erlernte anwenden können und mehrere Kinder, alle lebend auf die Welt befördert. Bange war ihr vor der ersten Todgeburt. Die Bademutter aus Bremervörde hatte ihr gesagt, wenn es schwierig werden würde, sollte man sie holen lassen.
Das war heute nicht notwendig, denn der Knabe wollte unbedingt und problemlos seine Geschwister und Eltern sehen. Sie ließen ihn auf den Namen Friedrich taufen.

Am 31. März standen die Familienmitglieder wie jeden Morgen auf. Ann Cathrin gab dem kleinen Friedrich gerade die Brust, als ihr Sohn, lüt Johann, leichenblass in die kleine Kammer der Eltern stürzte und vor ihr stehen blieb. Erschrocken schaute ihn seine Mutter an, er konnte aber nichts sagen. Sein Hals war wie zugeschnürt.
Die Mutter ahnte, dass etwas Schreckliches passiert sein musste. Den Säugling an der Brust rief sie so laut sie konnte: „Rieke!"
Aufgeschreckt lief die Magd in die Kammer der Bäuerin. „Margaretha", konnte der älteste Sohn nur herausbringen. Ohne abzuwarten drehte sich Rieke um und lief in die Kammer der Kinder.
Dort fand sie das kleine Mädchen im Bett liegend. Sie war schon kalt, und es gab keine Anzeichen für die Ursache ihres Todes. Der Tod kam plötzlich und unerwartet.

Der Kirchenbuchführer schrieb als Todesursache in das Totenbuch „*plötzlich*".
Nach der Beisetzung sagte Ann Cathrin nur einen Satz: „Engel ist jetzt nicht mehr alleine."

Der im Jahr 1771 zum Moorkommissar ernannte Jürgen Christian Findorff, schaute immer mal wieder bei seinen Reisen in den Neusiedlungen vorbei, überwachte auch persönlich manches Projekt, aber auch Hand- und Spanndienste, prüfte die Gräben und gab den Menschen Tipps und Ratschläge, wie sie es besser und einfacher machen könnten.
Jochen freute sich jedes Mal, wenn er ihn sah, um ihm die Fortschritte seiner Stelle zu zeigen.
Er gehörte zu den wenigen Familien, die mit sieben lebenden Kindern, einer gesunden Frau und einer fleißigen, treuen Magd gesegnet waren.
Auf einigen Stellen waren die Frauen im Wochenbett oder während der Geburt gestorben, oder die Männer waren verunglückt, dabei verkrüppelt oder verstorben. Manch einer gab auf, anderen erging es wie Jochens Schwester, keines der Kinder überlebte lange oder kam tot zur Welt.
Auf Hoopshof gab es inzwischen zwei junge, kräftige Pferde, vier Milchkühe, so um die 20 Hühner mit einem Hahn, vier Schweine und 25 Schafe, aber auch zwei Immenzäune mit 11 Völkern. Die Mäuse wurden noch immer von einer Eule und inzwischen zwei Katzen auf einer erträglichen Anzahl gehalten. Jochen waren vor Jahren in einem Winter alle seine Völker abgestorben, wie manchem Imker in der Gegend auch.

***
1781

Jochen war gerade beim Holzhacken, als ein Mann auf seinen Hof zuritt. Der Reiter hielt an und fragte: „Bist du Jochen Hoops?"
„Ja, der bin ich", bekam er zur Antwort.
„Ich bin der Knecht von Daniel, und ich bin heute Morgen sehr früh in Hesedorf aufgebrochen. Es tut mir leid, aber dein Vater liegt im Sterben und er möchte dich noch sehen, bevor er geht."
Jochen hiebte das Beil in den Holzklotz.
„Ich spann den Wagen an, und ... ."
Doch er konnte nicht ausreden, denn der Knecht fiel ihm ins Wort.
„Ich fürchte, wenn du den Wagen nimmst, wirst du zu spät kommen", rief ihm der Reiter zu, der bisher nicht abgestiegen war.
„Wenn es so ernst ist, sattle ich mein Pferd und reite. Du kannst hier dein Pferd versorgen, essen, trinken und dich ausruhen, bevor du zurückreitest. Ich finde den Weg alleine."
Jochen ließ ihn stehen und eilte ins Haus. Er sprach kurz mit Ann Cathrin, sattelte seinen Braunen und ritt so schnell es ging nach Hesedorf.
Mit seinem verschwitzten Gaul trabte er auf Daniels Hof, der in der Tür des Häuslingshauses stand, indem sich die Kammer des alten Johann befand.
Noch im Absitzen fragte Jochen seinen Stiefbruder, ob er zu spät komme, was dieser jedoch verneinte.

Der Jungknecht von Daniel nahm die Zügel entgegen und führte das Pferd in den Stall, es zu versorgen.

Die beiden Söhne einer Mutter gingen gemeinsam in die Kammer des sterbenden Vaters und Stiefvaters. Jochen war mulmig zumute, wenn er auch wusste, dass dieser Tag einmal kommen würde.
Als Daniel die Kammertür öffnete sah er seinen Vater, hager, eingefallen und sehr käsig mit glasigem Blick in seinem Bett liegen. Jochens Schwester Anna saß tränenüberströmt auf der Bettkante und hielt die dürre Hand des alten Mannes, dem beim Anblick seines Sohnes ein Lächeln über das Gesicht huschte.
Er streckte ihm die zittrige Hand entgegen und sagte mit schwacher Stimme: „Schön mein Junge, dass du es noch geschafft hast. Der Herr hat es gut mit mir gemeint und mich über 85 Jahre alt werden lassen. Gevatter Hein wartet schon auf mich. Er hat an die Tür geklopft und ich bat um Aufschub, um meine Kinder noch einmal sehen zu können. Ihr seht, diese Bitte wurde mir erfüllt. Ich werde heute eure Mutter, meine Beeke wiedersehen", freute er sich sichtlich.
Dann machte er eine kleine Pause, in der sich die beiden Männer zu ihm setzten und Jochen die Hand seines Vaters in die seine legte.
Der alte Mann holte tief Luft und alle Anwesenden fürchteten, es würde sein letzter Schnaufer gewesen sein, aber Gevatter Hein gab ihm noch eine kurze Galgenfrist.
„Anna, du hast eine umfangreiche Ausstattung zur Hochzeit und Abfindung nach dem Tod deiner Mutter erhalten, einen guten Mann, aber leider noch keine Erben. Daniel, du hast einen wirtschaftlich gesunden Hof, eine fleißige Frau und sechs gesunde, fröhliche Kinder. Und du Jochen hast aus Nichts einen Hof gemacht, der mich stolz hat werden lassen. Auch du hast zur Hochzeit einen Betrag zum Hausbau erhalten. Ich habe seit dem Tod meiner Beeke vor 20 Jahren jedes Jahr sieben Taler für meine Enkel zurückgelegt."
Er musste wegen der Anstrengung erneut eine kleine Pause einlegen.

„Diese 140 Taler habe ich Daniel übergegeben, dass er sie dir geben soll, Jochen. Verwende sie sinnvoll für meine Enkel und deinen Hof."
Dann schaute er ihn an und drückte seine Hand fester.
„Erinnerst du dich, wie ich dich früher einmal auf den Schoß genommen hatte und dich gefragt habe: *Wie wirst du mich sehen meine Junge, wenn ich alt bin?*"
Diesen Satz hatte Gevatter Hein ihm noch gegönnt, die Antwort darauf nicht mehr. Mit dem letzten Wort nahm er den alten Mann mit in die andere Welt.
Für die Anwesenden brach das Geschehen plötzlich ab. Dem Vater wich das Leben wie ein Peitschenknall aus dem Körper, was deshalb auch überraschend für die anwesenden Kinder kam.
Jochen blieb bis zur Beisetzung bei seinem Stiefbruder. Er verbrachte die Zeit damit, ihm auf dem Hof zu helfen und richtete das eine oder andere Möbelstück. Für ihn war es eine gute Ablenkung. Er besuchte zwischendrin auch seinen Schwager Hinrich in Westerholz und sprach viel mit seiner Schwester über ihre Eltern.
Der Knecht, der Jochen die eilige Nachricht überbracht hatte, war ja inzwischen zurückgekehrt und Ann Cathrin hatte ihm ausrichten lassen, er möge sich die Zeit nehmen, die notwendig war. Und wenn es die Zeit zuließe, möge er ihrem Bruder Daniel einen Besuch abstatten.

Da Johanns Bruder Cordt in Höperhöfen bereits vor sieben Jahren verstorben war, hatte niemand seinen Sohn und Nachfolger dort auf dem Hoopshof benachrichtigt. Folgerichtig erschien auch keiner von diesem Teil der Familie Hoops und aus der alten Heimat.

Jochens Erbe, die 140 Taler, gönnten ihm Anna wie Daniel von Herzen. Stellte es doch ein kleines, unerwartetes Vermögen dar, welches der Vater in zwanzig Jahren gesammelt hatte.

Jochen ritt nach der Beisetzung gleich nach Hause zurück. Vor wenigen Tagen hatte er noch den 19ten Geburtstag seines Sohnes Cord Hinrich gefeiert, am Tag darauf verstarb sein Vater.
Der letzte Satz seines Vaters beschäftigte ihn während der gesamten Zeit.
Daheim angekommen, erzählte er was er erlebt hatte und, dass der Großvater nun bei der Großmutter im Himmel war.
Die 140 Taler erwähnte er nicht in großer Runde. Davon erzählte er nur Ann Cathrin, die er heute auf dem Gang zu den Immen mitnahm.
„Mit den sechzig Talern in dem Fuß der Truhe sind das 200 Taler. Damit können wir den Kindern eine gute Abfindung und einen Start ins Leben der nächsten Generation geben", rechnete Jochen zusammen.
„Eine bessere Idee fällt mir nicht ein. Auf der hohen Kante liegt genug zum Leben für das Jahr. Lüt Johann ist ja nun nicht mehr lüt Johann, wo der alte Johann selig ist. Also Johann wird sich freuen, wenn wir ihm Geld für ein größeres, neues Haus übergeben. Es kommt ja der Tag an dem wir aufs Altenteil gehen, da brauchen wir Platz. Stell dir vor, er hat ebenso viele Kinder wie wir, dann ist für uns Alte kein Platz mehr, oder?", schaute sie ihn fragend an.
„Du hast Recht und in zehn Jahren könnte der Wechsel schon geschehen sein", war seine knappe Antwort.

Ende Buch 2

Die Moorsiedler

Eine historische Familiensaga in vier Teilen
von Jürgen Hoops von Scheeßel

Buch 1

MUTTERERDE

250 Seiten, 10/2021

€ 19,90, Paperback | € 9,99, e-book
ISBN 978-3-8382-1639-3 | ISBN 978-3-8382-7639-7

Buch 2

AUFBRUCH

232 Seiten
erhältlich ab Oktober 2022

€ 19,90, Paperback | € 9,99, e-book
ISBN 978-3-8382-1669-0 | ISBN 978-3-8382-7669-4

Buch 3

SCHWERE ZEITEN

250 Seiten
erhältlich ab Oktober 2023

€ 19,90, Paperback | € 9,99, e-book
ISBN 978-3-8382-1679-9 | ISBN 978-3-8382-7679-3

Buch 4

DIE EIGENE SCHOLLE

250 Seiten
erhältlich ab Oktober 2024

€ 19,90, Paperback | € 9,99, e-book
ISBN 978-3-8382-1689-8 | ISBN 978-3-8382-7689-2

Vorbestellbar unter vertrieb@edition-noema.de

Die Hexen-Tetralogie
von Jürgen Hoops von Scheeßel

GRETGE
„mit Hexen verwandt, als Hexe verbrannt"

10/2010, 250 Seiten

€ 19,90, Paperback | € 9,99, e-book
ISBN 978-3-8382-0039-2 | ISBN 978-3-8382-6039-6

TIBKE von Bartelsdorf
„angeklagt im Hexenwahn"

11/2010, 262 Seiten

€ 19,90, Paperback | € 9,99, e-book
ISBN 978-3-8382-0069-9 | ISBN 978-3-8382-6069-3

ANNA, die alte Zauberin
„Der letzte Scheiterhaufen von Rotenburg"

11/2011, 266 Seiten

€ 19,90, Paperback | € 9,99, e-book
ISBN 978-3-8382-0079-8 | ISBN 978-3-8382-6079-2

METTES Flucht in den Tod
„Das verdächtige Gesicht"

11/2012, 260 Seiten

€ 19,90, Paperback | € 9,99, e-book
ISBN 978-3-8382-0229-7 | ISBN 978-3-8382-6229-1

Regionalhistoriografie
von Jürgen Hoops von Scheeßel

mißbraucht & verbrannt
Die Hexenprozesse im Amt Rotenburg, Bistum Verden

zusammengestellt und erarbeitet von
Jürgen Hoops von Scheeßel & Heinrich Ringe von Bartelsdorf

10/2009, 332 Seiten

€ 39,95, Hardcover | € 26,99, e-book
ISBN 978-3-89821-999-0 | ISBN 978-3-8382-5999-4

„LASST SIE BRENNEN!"
Die Geschichte der Hexenverfolgung im Amt Rotenburg

4/2011, 250 Seiten

€ 29,90, Paperback
ISBN 978-3-8382-0199-3

Edition Noëma
Melchiorstr. 15
D-70439 Stuttgart

info@edition-noema.de
www.edition-noema.de
www.autorenbetreuung.de